금강경강의

韶天禪師著

弘法院

금강경강의

韶天禪師著

弘法院

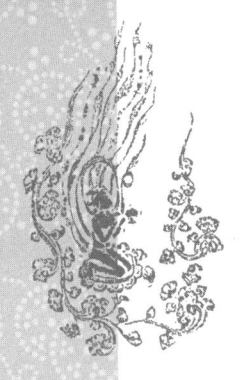

금강경 서문

경에 말씀하시기를 '일체 모든 부처님과 모든 부처님의 아뇩다라삼먁삼보리법이 모두 이 경經으로 쫓아 나온다' 하였으니 진실로 이 말씀과 같을진데 부처님이 성불하시므로부터 열반에 이르시기까지 그 중간에 오직 이 경전 한 권만 설하시면 그만일 것인데 어찌하여 시간으로는 49년이라는 장구한 시일時日에 분량으로는 팔만사천이라는 수 많은 법장法藏을 횡설수설하셨는가?

금강경보다 먼저 설하신 것은 아함阿含과 방등方等이고 이 경전보다 뒤에 설하신 것은 법화法華와 열반涅槃이다.

오시五時로 본다면 정히 한 중간에 있어서 집가운데 있는 보장寶藏을 숨김없이 알게되는 중요한 시분時分과 지위를 점령하고 있는 반야시般若時라 헌옷을 갈아입고 똥통을 치우던 전공前功도 이 때에 값을 받고 가업을 전수할 후사後事도 이 때에 결정되는 것이다.

어째서 그런가하면 전에 설하신 것은 세간법世間法으로부터 출세간법出世間法에, 속제俗諦로부터 진제眞諦에 들어오게 되니 즉 불과不過 유有로부터 유有로 가는데 지나지 못하지만은 이제는 유有를 파하고 공空을 다투며 상相을 떠나서 성性을 밝히어 무상無相의 종宗과 무주無住의 체體를 세우시니 무상無相이므로 삼십이상三十二相이 나타나며 무주無住이므로 시방삼세十方三世에 상주하시는 것이다.

다시 말하면 생계生界의 현실세계로부터 열반의 이상세계理想世界에 가게되는 관문이라 이 관문을 통과하는데는 오직 지혜가 필요될 뿐이오, 지혜라도 견고하지 아니하면 될 수 없으니 이렇게 중요한 지위와 시분時分에 있어서는 일초가 어려운지라 세존께서 이렇게 비요秘要한 이 기회를 잘 파악하시고 금강반야바라밀경을 설說하셨다.

금강金剛은 견고한 비유이며 반야는 지혜의 범어梵語이고 바라밀波羅蜜은 우리말의 도피안이니 견고한 이 지혜로 이 관문을 통과하여야 비로소 현실의 모든 번뇌를 제거하고 생사고生死苦를 해탈하여 이상理想의 열반을 얻어 적멸락寂滅樂을 수용하게 되나니 이 어찌 모든 부처님의 어머니가 아

니며 아뇩다라삼먁삼보리법의 원천源泉이 아니겠는가.

　그러므로 이 경을 지송하는 것은 옛날이나 지금이나 항하의 모래수와 같지만 이 경을 주석하고 강설한 사람도 역시 한량이 없어서 각각 자기의 얻은 바 지혜로 후대 사람의 지혜를 계발啓發하여 한 가지로 이상理想의 피안에 이르기를 기약하였다.

　이제 소천韶天선사도 그 중에 한 사람이니 근본지根本智가 특별히 명량하여 이 경의 무주체無住體를 증득하고 무상용無相用을 발휘하여 벌써 수십년 전에 이 경을 강의하여 많은 대중을 현실에서 제접提接하여 이상理想으로 인도하니 듣고 즐겨하며 보고 찬탄하는 사람이 날로 많아지고, 해가 오랠수록 그 수효 또한 늘고 그 믿음이 깊어지더니 이제 다시 그것을 중간重刊하게 되니 이미 피안에 이른 사람과 지금 이르는 사람과 이 다음 이를 사람들이 어찌 항하의 모래 숫자로만 헤아리고 말겠는가.

　소천선사로 더불어 법문에 생면生面이 아닐 뿐 아니라 이 관문을 투과透過할까 하여 건혜乾慧이나마 관조觀照하는 미력이 있음을 선사가 짐작한 바 있으므로 중간重刊에 이르러 버리지 아니하고 일언一言이 있기를 권하는지라 스스로 생각하건대 하나의 티끌과 한 방울의 물이 능히 태산과 창해滄海에 도움이 없겠지만, 아무리 크고 적음은 같지 않을 망정 그 류類되기에는 부끄럽지 않은 듯 하여 감히 붓을 잡고 알지 못하는 말을 써서 꾸지람을 막을 뿐입니다.

그러나 바라는 바는 반야의 끝자리 빛이라도 나에게 비취게 된 이 수승한 인연으로 한가지 저 언덕에 이르게 될까 하오니 선사禪師는 섭수攝收를 버리지 마소서.

1946년 7월 7일
퇴정 權相老

저자의 말

    우리 부처님이 스물한 해라는 긴 세월에 걸쳐 네 개의 장소로 옮기시면서 열여섯 회에 뻗치는 장광설長廣舌이 계시었으니 이것이 바로 600부 반야경을 내놓은 것이 되었다.
    그 중에서 금강경은 제557권에 꼽히는 경經으로 둘째 장소, 아홉회째 법회에서 말씀하신 것이었다.
    이 경이 비록 분량은 적으나 능히 전全 600부 경의 뜻을 갈무리었으니 이 경은 모든 부처님의 생산지生産地요, 일체 진리의 법왕궁法王宮이다.
    모든 부처님과 모든 깨달음의 법이 이 경에서 나오지 아니한 것이 없는 것을 알아야 한다.
    이 사실은 본 경전에서도 세존이 증명하신 것이니 '일체 모든 부처님과 일체 모든 부처님의 아뇩다라삼먁삼보리법이 다 이 경으로 좇아 나온다' 하신 것이다.
    이것이 어찌 말뿐이랴. 사실에서 증명된 것이니 이 경이 동양에 건너온 지 불과 얼마 아니되어 이 경으로 부처를 이루고 이 경으로 보리를 얻은 자가 수를 헤아릴 수 없었으니 또 이 경을 주해註解한 자만도 실로 800여명에 달하였던 것이다. 이를 생각해 보면 이 경의 공덕의 힘은 말 아니하여도 알 수 있는 것이라 한다. 그런데 이 경으로 부처를 이룰 그 재목은 누구인가? 다른 사람이 아니다. 바로 중생이며 이 법으로 보리가 될 그것도 다른 것이 아니요, 바로 그들의 번뇌인 것이다.

　이것을 안 나는 번뇌바다에 빠진 모든 혈속血屬을 못잊어 그들로 이 경에 잠기게 하고만 싶었다. 그것이 이 경을 번역하고 강술했던 본 뜻인 것이다. 나는 10대에 이 경을 만났고, 20대에 이 경에 잠겼고, 30대에 이 경을 강술講述했던 것이다.

　그 동안에 중판重版도 없지 않았지만 한문이 많이 섞인 이유에서 죄없이 젊은 세대들이 이 경에 잠길 기회가 멀어지는 것이 발견되었다. 나는 이에 애석하여 다시 붓을 들어 내 글로 옮김에 있어서는 시간관계와 그 외의 사정으로 글로만 옮겨졌을 뿐 풀이가 새 말로 옮겨지지 못함, 이것만은 나의 못내 유감으로 생각하며 붓을 놓는 바이다.

1935년 10월 1일
신소천

목 차

제1장 법회인유분 法會因由分 ················· 13
제2장 선현기청분 善現起請分 ················· 27
제3장 대승정종분 大乘正宗分 ················· 41
제4장 묘행무주분 妙行無住分 ················· 61
제5장 여리실견분 如理實見分 ················· 83
제6장 정신희유분 正信希有分 ················· 97
제7장 무득무설분 無得無說分 ················· 121
제8장 의법출생분 依法出生分 ················· 133
제9장 일상무상분 一相無相分 ················· 143
제10장 장엄정토분 莊嚴淨土分 ················ 159
제11장 무위복승분 無爲福勝分 ················ 177
제12장 존중정교분 尊重正敎分 ················ 187
제13장 여법수지분 如法受持分 ················ 195
제14장 이상적멸분 離相寂滅分 ················ 213
제15장 지경공덕분 持經功德分 ················ 251
제16장 능정업장분 能淨業障分 ················ 267

제17장 구경무아분究境無我分 ·················· 285

제18장 일체동관분一切同觀分 ·················· 317

제19장 법계통화분法界通化分 ·················· 331

제20장 이색이상분離色離相分 ·················· 337

제21장 비설소설분非說所說分 ·················· 349

제22장 무법가득분無法可得分 ·················· 361

제23장 정심행선분淨心行善分 ·················· 365

제24장 복지무비분福智無比分 ·················· 381

제25장 화무소화분化無所化分 ·················· 387

제26장 법신비상분法身非相分 ·················· 397

제27장 무단무멸분無斷無滅分 ·················· 407

제28장 불수불탐분不受不貪分 ·················· 417

제29장 위의적정분威儀寂靜分 ·················· 425

제30장 일합이상분一合理相分 ·················· 435

제31장 지견불생분知見不生分 ·················· 447

제32장 응화비진분應化非眞分 ·················· 457

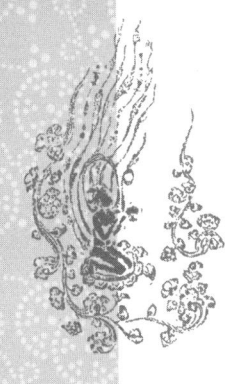

금강반야바라밀경 강의

신소천 강술

【주해】

금강金剛은 모든 쇠가운데 굳센 것이니 못 부술 것이 없다는 뜻이다. 반야바라밀般若波羅密은 범어로 부처님 당시 쓰시던 인도말이니 번역하면 반야는 슬기, 바라밀은 저 언덕에 이른다는 뜻이다. 경經은 바른 법이며, 지름길이며, 부처님의 말씀이란 뜻이다.

【강의】

금강반야바라밀경은 이 경을 이름함이니 말하자면 금강같이 견고한 변치 않는 지혜로 이 언덕을 깨뜨려 부수고 저 언덕에 도달하는 첩경이며 부처님 말씀이라는 뜻이다.

그러면 저 언덕은 어떠한 곳이며 이 언덕은 어떠한 곳인가? 이 언덕은 고해苦海이고 마굴魔窟인 것이며, 저 언덕은 극락이며 불지佛地인 것이다.

또 극락에는 어떠한 즐거움이 있으며 고해에는 어떠한 고통이 있는가?

고해에는 일체 번뇌망상의 속박과 허망하고 몹시 아프

고 괴로운 생사가 있고 극락에는 다함이 없는 깨끗한 안온과 자재구족自在具足한 실다운 이치가 있다.

그렇다면 저러한 낙樂과 고苦는 어디서 생기는가? 저러한 고苦는 누가 주어서 있음이 아니요, 스스로 짓고 스스로 받는 것이다. 스스로 짓고 스스로 받는 다 함은 본래 고苦가 아님을 알지 못하고 고를 망령되이 깨달으므로 전전미혹轉轉迷惑하여, 스스로 지은 고치에 빠져 죽는 누에와 같이 누에가 실을 토하여 스스로 지은 고해에 빠지는 것이다.

그러나 낙樂만은 그렇지 않다. 스스로 짓고 스스로 받는 것도 아니요, 누가 주어서 받는 것도 아니다. 본래부터 있는 낙樂이다.

비유하면 물건을 손에 들고 건망증이 있는 사람이 본래부터 손에 있음을 깨달을 때에 이 물건이 지어서 있는 것도 아니요, 누가 주어서 생긴 것도 아님을 아는 것 같다.

그러므로 이와 같이 만약 고해를 여의고 극락을 얻는다 하여도 낙樂은 어디서 오는 것이 아니요, 본래부터 있었던

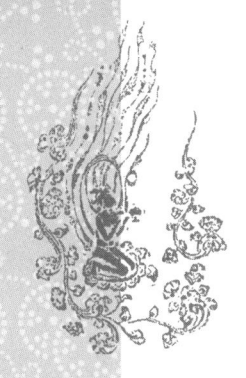

것이다.

그러면 이미 저 고苦가 본래 허망한 것이며 이 낙이 본시 있었던 것이라면 이곳에서는 고와 낙이 둘이 아닐 것이다. 왜냐? 고는 허망이요, 낙은 본래 있었던 까닭이다. 또 동시에 낙樂도 허망인 것을 깨달아야 한다.

왜냐? 낙을 시인하는 때에는 낙이 고를 생生하는 탓이다. 낙樂의 정법定法이 없는 까닭이다. 그래서 이곳은 하나도 아닌 것이다. 그러면 이 하나도 아니요, 둘도 아닌 이 경계가 이른바 저 언덕이라 이름할 것이니, 이 경계야 말로 불변이니 금강이요, 이 경계에서 관찰함은 청정할지니 반야이요, 이 경계에서 관찰함에 고苦가 허망할지니 이 언덕을 깨뜨려 부숨이요, 이 경계에서 고苦가 이미 깨졌음에 낙樂도 존재를 얻지 못할지니 바라밀이요, 이 경계는 부처님께서 친히 설하신 정법正法의 교훈이시니 경經이다. 이것이 금강반야바라밀경이라 이름된 것이다.

PART 1.
법회인유분

第一. 法會因由分

如是我聞一時佛在舍國 祇樹給孤獨園與大比丘眾千二百五十人俱 爾時世尊 食時著衣持鉢 入舍衛大城 乞食於其城中次第乞已還至本處 飯食訖 收衣鉢洗足已敷座而坐

1. 법회인유분法會因由分

如是我聞

이러히 내가 들었다.

【주해】

'이러히'라 한 이는 부처님이 깨달으신 금강심체金剛心體이며, 러는 금강심체의 활구성活句性을 말함인 것이다. 말하자면 심체心體의 작용아닌 작용을 러라 함이다. 이 까닭에 심체心體에는 무량의無量義와 만덕상萬德相이 구족한 것이다.

내 들었다는 나는 이 경을 엮은 아난존자阿難尊者의 자칭사自稱詞이다. 들었다는 이 경을 들은대로 적는다는 뜻이다.

【강의】

이 경은 석가모니불과 그의 제자인 수보리須菩提 사이에 문답하신 것을 다른 제자인 아난阿難이 적은 것이다. 그래서 경머리에 말을 꺼내되 '내가 이러히 우리 스승님께 들음이요, 나의 억측하는 바의 말은 아니다.' 함이다.

그렇지만 이러히라 함에는 아닌게 아니라 깊은 뜻이 포함되었으니 금강경 전체의 뜻을 한 말로써 제일구第一句를 드러냄도 됐고, 반야바라밀의 진리를 이러히라는 한 말의 대명사로 말 밖에 말의 곳으로, 생각 밖에 생각의 곳으로 이끌어 냄도 됨이다.

그러므로 아난이 말한 이러히 내 들었다의 이는 부처님이 금강경에서 보이시려는 삼공처三空處 즉. 청정본성淸淨本性을 가리킨 대명사이요, 러는 삼공처三空處의 동작을 형용한 언사言詞 밖의 언사인 것이다. 다시 말하면 '이'는 삼공처三空處의 체體이요, 러는 삼공처에의 용用인 것이요, 이러라 하면 체體와 용用이 둘이 아닌 산 자성自性인 것이다.

비유하면 사대색신四大色身은 사람의 체體이요, 언어동작은 사람의 용用인 것이요, 체體와 용用이 둘이 아닌 것은 사람의 삶인 것 같은 것이다.

그러므로 체體없는 용用없고, 용用없는 체體없으니 사람이라면 작용 없으면 송장이요, 삼공三空으로는 용을 모르면 사구死句이다. 또 사람으로 체體없으면 혼령魂靈이요, 삼공三空으로 체體를 모르면 망각 아니면 혼미가 되는 것이다.

이 까닭에 체용불이體用不二인 이러처를 아난으로서는 '내가 들었다' 하여서 이러처에 계합해 보였다.

무어냐? 나는 이의 소식이요 들었다는 러의 소식인 까닭

이다. 말하자면 진아眞我(청정본성)인 나로서 그의 활성活性인
러를 러히 하여 들었다는 아난의 말인 것이다.
　그러므로 누구든 이러 뜻을 안 자이면 금강경의 본뜻을
안 사람이니 즉 자기의 이를 러히 한 사람일 것이다. 이것
이 부처님이 가르치시려는 반야바라밀인 것이다.

**一時에 佛이 在舍衛國 祇樹給孤獨園하사 與大比
丘衆 千二百五十人으로 俱하시더니**

　한 때에는 부처님이 사위국 기수급고독원에서 큰 비구들 일천이백오십인 대중과 함께 계시었다.

【주해】

　한 **때**라 함은 이 경을 설하시려던 때이고 **불**이라 함은 석가세존을 일러 말함이니 불은 깨달았다는 뜻이다.
　기수라 함은 사위국 태자의 이름이 기타이니 기타가 심은 나무라 하여 **기수**라 하고 **사위국**은 부처님께서 설법하실 때에 계시던 나라이름이다. **급고독원**이라 함은 '사위국'의 노재상老宰相이며 자선가인 '수달다'라는 사람의 별명이 **급고독**이니 이 별명은 고독한 사람을 잘 구해 준다 해서 생긴 이름이다.
　그런데 이 **급고독재상**이 **기타태자**에게 동산을 빌려 법들

는 강당을 세웠으므로 이름이 **기수급고독원**이고 비구라는 말은 범어이니 번역하면 구걸하는 사람으로 지금의 속어로 승려이다. 그러면 어찌해서 구걸자인가? 위로 법을 부처님께 구걸하여 자기의 영각성靈覺性의 양식이 되며 아래로 의식衣食을 시주에게 구걸하여 자기 색신色身의 식량이 되는 동시에 중생의 복밭이 되는 까닭이다.

【강의】

어느 때 한번에는 부처님께서 자기의 큰 제자들 1,200명의 무리와 함께 **기타태자**와 **급고독**이 세워드린 절에 계시었다는 말이니 이상은 부처님께서 법을 설하시던 장소와 시간과 집회대중의 현상을 말하게 됨인 것이다.

[문] 때를 말함에 년월일시年月日時를 기록하지 아니하고 단지 한 때라 함은 무슨 연고인가?

[답] 경은 본래 시간이 초월되어 존재된 까닭이다. 부처님께서 설하신 법이나 그때는 시회대중時會大衆만을 위하여 설하신 그 법이나 그 때가 아니요, 적어도 시방무량국토十方無量國土에 무량중생을 일시에 향하여 설하신 그 법이요, 그 때인 탓이다. 말하자면 각각 국토의 년월일시年月日時와 각각 국토의 시간관념

이 다른 것이니 이유로는 사천왕四天王의 하루는 인간의 50년이요, 도리천의 일주야는 인간의 100년인 것이다. 이같이 각각 다른 년월일시年月日時를 어떻게 지정指定하여 말하겠는가?

[문] 이미 시간이 그러하면 장소도 그러할 것이니 어찌해서 장소만은 분명히 기록됐는가?

[답] 시간이 공空하였으니 공간인들 아니 공空할 수 없으나 무릇 법이라는 것이 일어나게 되면 기인起因된 곳은 없지 못하므로 장소는 분명히 기록하였다. 왜냐? 법이 일게 된 장소만은 시방국토十方國土가 동일히 한 장소로 되어 있는 까닭이다.

[문] 불佛을 번역하면 깨쳤다는 뜻이라 하니 무엇을 깨쳤으며 그 뜻이 어떠한가?

[답] 부처라 하면 깨쳤다는 뜻이요, 깨달은 이를 말함이니 누구든지 깨달으면 부처인 것이다. 부처라면 중생이 깨침이요, 중생이라면 부처가 미迷한 것이다. 그러면 무엇을 깨치는가? 중생이 없음을 깨칠지니 내가 곧 부처일지요, 또 부처도 없음을 깨칠지니 깨침이 있으면 도리어 중생이 되는 까닭이다.

이 까닭에 깨침에도 여러 가지 구별이 있다. 즉 잘 깨침도 있고, 못 깨침도 있고, 작게 깨침도 있고, 크게 깨침도 있는 것이다.

그러나 불이라 하면 대각大覺과 정각正覺만을 말함이다. 그러므로 성문연각聲聞緣覺, 외도들도 깨침은 있으나 대각과 정각은 못되는 것이다. 성문연각은 깨쳤으나 작게 깨친 까닭이요, 외도들도 깨침은 있으나 잘못 깨친 까닭이다. 그러므로 이 까닭에 그네들은 다 부처라 말하지 못하는 것이다.

[문] 어떻게 깨치는 것이 바로 깨치는 것이고 그릇 깨치는 것이며, 또 크게 깨치는 것이고 작게 깨치는 것인가?

[답] 본래 깨달음 속에는 크고 작은 것이며, 바르고 그른 것이 없겠지만 중생들이 깨달음을 가짐에 비로소 분별이 생기는 것이다. 말하자면 잘 깨치지도 않고 못깨치지도 않고 깨침이 잘 깨침이니 깨침을 두지 않는 연고이다. 만약 잘 깨침이 있다고 하면 이는 그릇 깨침이니 잘 깨침에 걸린 탓이다. 그러므로 크게 깨쳤다 해도 작게 깨침이요, 작게 깨쳤다 해도 작게 깨침이요, 깨침 없음을 깨쳤다 해도 작게 깨침이요, 내지 어떠한 깨침을 깨쳤다 해도 작게 깨침이다. 그러면 실다운 크게 깨침과 바른 깨침이란 어떠한 것인가? 앞으로 이 경에서 세심하게 잘 살펴보

면 알 것이다.

爾時에 世尊이 食時라 着衣持鉢하시고 入舍衛大城하사 乞食於其城中에 次第乞已하시고 還至本處하사 飯食訖하시고 收衣鉢하시며 洗足已하여 敷座而坐하시었다.

그때는 마침 세존께서 진지 잡수실 때인지라 가사입으시고 발우를 가지시어 사위대성으로 들어가서 그 성중에서 진지를 비시되 차례로 비옵시고 본처로 돌아오시어 진지를 잡수시고 의발을 거두시며 발을 씻으시고 자리를 펴시어 앉으시게 된 것이다.

【주해】

세존世尊은 부처님의 열 가지 명호 중의 하나이다. 말하자면 세간이 함께 존경하고 앙모하는 어른이라는 뜻이다. 진지 잡수실 때라 함은 부처님의 진지는 하루 한끼식이니 곧 사시巳時때이다. 가사는 부처님께서 입으시던 법의法衣이며, 발우는 부처님의 진지 그릇이다. 지금 스님들이 가지는 바리때가 그 끼친 법이다.

【강의】

그때는 마침 공양하실 때니 즉 사시巳時이다. 그래서 진지 잡수실 차림을 하심에는 일체대중과 다름없이 법의를 입으시며 발우 가지시고 진지를 빌러 사위성 안으로 들어가시게 되었으니 여기에는 깊은 교훈이 있는 것을 알아야 한다.

또 진지를 비옵시되 빈부와 귀천을 가리지 아니하시고 차례로 평등한 공양을 받아 주시사 균등한 이익을 베푸시니 여기에도 또한 깊은 의미가 계신 것이다.

부처님께서는 본래 한끼에 일곱 집 공양을 나누어 받으시는 전례前例이시니 이 날도 역시 일곱 집을 마치신 후 본곳으로 돌아오시어 또한 평소와 다름없이 비옵신 진지를 잡수시며 발을 씻으시며 자리를 베푸시어 법좌法座에 고요히 앉으셨으니 곧 이 경을 설하시기 위하여 금강삼매金剛三昧에 드시는 것이었다.

그러면 부처님께서 먼저 진지를 잡숫기 위하여 의발衣鉢을 갖추실 때부터 자리를 펴 앉으실 때까지 평범과 예사로움을 떠나지 아니하셨으나 일거일동이 우리에게 말없으신 큰 교훈을 보여 주신 것이 된다. 이것을 아는 사람은 부처님의 간곡하고 분명한 노파심을 알려니와 알지 못하는 사람은 맹인과 같을 것이다.

[문] 빈부귀천을 가리지 아니하시고 차례로 밥을 비심에

는 무슨 의미가 있는가?

[답] 부처님이 밥을 비시게 됨은 밥이 없음이 아니시요, 박복한 중생에게 복 심을 기회를 주심에 있는 것이다. 그러므로 지금 현재는 가난하고 어렵다 하여 걸식乞食해 주지 아니하시면 복 심을 인연이 없으므로 복종자福種子가 끊어질 것이다.

그리고 부자롭고 넉넉하다고 구걸치 아니하시면 복 심을 인연을 주지 아니하는 것이니 현재 지금 누리는 약간의 복이 다 하면 앞 일이 말 아닌 것이다. 이러므로 차례로 구걸해 주시어 고른 은혜를 입히심이니 혜안慧眼으로 보심에는 빈부귀천, 지우열능智愚劣能이 다같이 불쌍하게만 보시는 까닭이다.

저 공평무사公平無私한 태양이 높고 낮은 데와 더럽고 깨끗한 데를 가리지 아니하고 광선의 혜택을 베풂과 같이 부처님의 복 심어 주시는 은혜도 그와 같은 것이다.

[문] 부처님께서 행하신 행동에 크신 교훈과 깊은 뜻이 있다 함은 어떠한 것인가?

[답] 이것을 말함은 뜻을 제한함이 되어 말할 수 없지만 부처님이 자기의 깨달은 바를 우리에게 알려 주심에 있어 어떻게 하시나를 말하여 여러분 생각에 맡

기겠다.

대개 깨달은 이가 깨닫지 못한 자에게 알려주는 방법이 네 가지가 있다. 하나는 입으로 전하고 입으로 받는 법이니 오늘날 아동교육에 실행하는 법과 같이 '가갸거겨' 하면 '가갸거겨' 하고 받아 읽는 것이 그것이요, 둘은 입으로 전하고 마음으로 받는 법이니 오늘날 강연과 강좌 등 같이 입으로 말하여 마음에 깨닫게 함이 그것이다.

셋은 몸소 행하여 전하고 몸소 행하여 받는 법이니 오늘날의 체조훈련과 실습공작 등에서 몸소 행하여 보이며 몸소 행해 받도록 하는 것이 그것이요, 넷에는 마음으로 전하고 마음으로 받는 법이니 이른바 마음에 인印친다는 것이 그것이다.

그런데 우리 부처님께서는 우리를 위해서 이 네 가지 법을 다 행하여 깨닫게 하셨으니 우매한 중생을 깨우쳐 주시려 이 네 법으로 일초일각의 빈틈이 없이 일거일동一擧一動에 끊임이 없이 자기의 깨달은 바인 참 소식을 전수傳授치 아니 하심이 없으신 것이다.

부처님의 행하신 네 가지 법은 어떠한 것이었던가? 첫째는 부처님께서 백천다라니주呪를 친히 설하시어 행하는 자로 받아 외우게 하시므로 필경은 깨달음의 곳에 이끄셨으니 이것은 입으로 전하시고 입으로 받게 하심이다.

둘째는 팔만사천법문을 친히 설하시어 미迷한 사람이 듣고 마음에 깨닫게 하셨으니 이는 입으로 전하시어 마음으로 받게 하심이다.

셋째는 본래 닦으실 것이 없으신 그가 입태출태入胎出胎로부터 4문四門에 유관遊觀하시며 성을 넘어 출가하신 것과 입산수도하신 것과 또는 열반까지 들어入 보이시어 우리로 하여금 배우게 본뜨게 하셨으니 이는 몸으로 전하여 보이시고 몸으로 받게 하심이다.

넷째는 부처님께서 영산회상靈山會相·다보탑상多寶塔上에서 격格밖에 별달리 전하심을 남기셨으니 가섭이라는 제자로 하여금 마음에 인印치게 하셨으니 이것은 마음으로 전하시고 마음으로 받게 하심이다.

그러면 이날도 부처님께서 이 네가지 법으로 행하여 보이시되 진지 잡수실 때가 되니 가사 입으시고 발우 가지시며 자리를 펴고 앉으시는 등 일체 동작이 일찍이 무상법문無上法門을 보이지 않으심이 없으시며 묘법妙法의 진리를 실현치 아니 하심이 없으신 줄 알아야 한다.

그리고 또 부처님께서 이와 같이 하시는 것은 자기의 깨달은 바를 알지 못하는 대중에게 알려 주시려는 간곡하신 자비라는 것도 알아야 할 것이다.

PART 2.
선현기청분

第二. 善現起請分

時 長老須菩提 在大衆中 卽從座起 偏袒右肩右膝著地 合掌恭敬 而白佛言 稀有世尊 如來善護念諸菩薩 善付囑諸菩薩 世尊 善男子善女人發阿耨多羅三藐三菩提心 應云何住 云何降伏其心 佛言 善哉善哉須菩提 如汝所說 如來善護念諸菩薩善付囑諸菩薩 汝今諦聽 當爲汝說 善男子善女人發阿耨多羅三藐三菩提心 應如是住 如是降伏其心 唯然世尊 願樂欲聞

2. 선현기청분善現起請分

　時에 長老인 須菩提가 在大衆中이라가 卽從座起하여 偏袒右肩하고 右膝着地하여 合掌恭敬하고 而白佛言하시되 希有니이다. 世尊이시여

　때에 장로 수보리가 대중 가운데서 자리로부터 일어나서 오른 어깨에 옷을 벗어 메고 오른 무릎을 땅에 붙여 합장하여 공경하므로 부처님께 사뢰어 말씀여쭙되 드무십니다, 세존이시여.

【주해】
　장로는 덕과 나이가 많은 사람을 일컫는 말이다. 수보리는 부처님 제자 중 한 사람이며, 공空한 이치를 잘 알았다는 뜻이다. **자리로 일어남**으로부터 **합장공경**에 이르기까지는 부처님께 법을 청함에 경의를 표하는 의식이다.

【강의】
　부처님께서 말씀하시고 잠잠하시며 움직이시고 그치시

는 사이에 한결 같은 깨달음에 모양하시며 행동하시어 깨달음을 말씀 없이 말씀하시되 혹 체體로, 혹 용用으로, 혹 상相으로, 혹 성性으로 보이시는 자비한 이 교훈법! 자세하시고 간곡하시나 집착이 아니시고 평범하시나 떠남이 아니신 이 교훈법! 그 누가 알았던가?

그의 제자 중에는 수보리라는 제자가 있다. 이는 나이도 많고 덕도 많고 공空의 이치를 잘 안다는 분이다. 이 제자가 대중가운데 있다가 자리로 쫓아 일어나 가사를 오른 어깨에 벗어 메고 스승께 귀의함을 보이며 오른 무릎을 땅에 꿇어 스승께 하심下心함을 보이며 손을 합장하여 바라고 원하는 마음이 한결같음을 보이는 엄숙한 위의를 갖추고 처음으로 말을 꺼내되 '세존이시여 드무십니다' 하는 감탄사를 내는 것이다.

그러면 수보리로 하여금 감탄이 나오도록 하게 한 것은 무엇인가? 부처님께서는 법상에 앉으시어 한 말씀도 하신 일이 없으니 무슨 그 설법에서 감탄이 될 것도 아니고, 또 부처님은 그 상호와 위의가 거룩하시지만 이는 늘 뵙는 것이니 무슨 별안간에 상호에서 감탄이 나오게 될 것도 아니고, 또 부처님은 신통광명과 기사이적奇事異跡도 보이신 일이 없었으니 무슨 미증유未曾有한 일이 있어서 감탄한 것도 아닐 것인데 '드무십니다, 세존이시여' 한 이 감탄은 도무지 어디서 나온 것인지 알 길이 없다.

　그러나 수보리는 공空한 이치를 잘 앎에 있어 부처님의 삼십이상三十二相과 팔십종호八十種好가 공하여 없었고, 부처님의 언어와 행동거지인 위의威儀가 공空하여 없었고, 그의 얻으신 상相과 일체법이 또한 공하여 없을 때에, 상相의 근본처이며, 만법의 근원지인 본공本空의 곳이 수보리의 공한 눈에 드러났던 것이다. 즉 본공本空인 체, 곧 이것이 수보리의 안목에 띄었던 것이다.

　이때에 수보리가 이곳本空에서 보니 부처님은 이곳에 계시사 1,250인의 대중들을 이인 속에 넣어 놓으시고 그들의 허다한 망상, 즉 그들의 가는 망상細障과 작은 깨달음과小乘果를 녹여 없애시려 푹 삶으시는 것이 아니었던가!

　즉 본공本空인 용用 곧 러를 일으키시는 것이 아니었던가! 즉 체용불이體用不二의 작용을 하시는 것이 아니었던가! 즉 이러히 하시는 것이 아니었던가!

　금강경의 말을 빌리면 잘 호념護念하시며 잘 부촉하는 그것이 아니었던가? 이러한 내용을 알고 있는 수보리로는 '드무십니다. 세존이시여' 하는 말씀이 아니 나올 수 없었던 것을 알아야 한다.

　그런데 이상에 한 말은 이론이니 만일 이론을 떠나고 상相을 떠나서 볼 때에 이 수보리의 '드무십니다. 세존이시여'한 이 소리는 실로 청천靑天에 벼락인 것이니 수보리가 본 점은 무엇이든가?

금강처를 말씀하실 세존은 자리에 앉으셨고, 이를 들을 1,250인의 눈동자는 움직이지 않았다.

如來께서 善護念諸菩薩하시고 善付囑諸菩薩하시나이다

여래께서는 모든 보살을 잘 호념하시며 모든 보살을 잘 부촉하시옵니다.

【주해】

여래如來는 부처님 명호 중에 하나이니 여如는 여여如如하여 변함이 아니란 뜻이요, 래來는 중생을 위하여 오셨으나 실은 오심이 아니란 뜻이다. 보살은 범어이니 지혜를 닦음은 보菩이요, 복을 닦음은 살薩이니 보살이라 하면 복과 혜를 쌍으로 닦는 사람이다.

또 보살이라면 능히 자리이타自利利他하는 정도正道를 이름이니 보살이 복을 닦음은 중생을 위함이요, 혜慧를 닦음은 자성自性을 위함이다.

호념護念이라 함은 두호하여 생각함이니 모든 보살들의 깨달음을 잘 두호하여 망상이 일어나지 않게 생각하는 것이다.

부촉付囑은 부탁하여 이르심이니 모든 보살들로 각覺을 잘 부탁해 이르시어 불법이 영원토록 후세에 전하도록 하시는 것이다.

【강의】

이 구절에서는 수보리가 위에서 '세존이시여 드무십니다' 한 이유를 설명함에 불과한 것이다. 세존이 드무신 이유를 이렇게 말했다. '여래 당신은 잘도 이에다가 청중을 넣으시고 잘도 러히 삶으시므로 즉 호념護念하시므로 당신과 같은 이러의 작용자作用者가 되게 하시는 것이며, 또 모든 보살들을 잘도 부촉하시어 이러인 대도大道가 길이 영겁에 전해지도록 하시는 것입니다' 하는 말이었다.

世尊이시여 善男子善女人이 發阿耨多羅三藐三菩提心하오니 應云何住며 云何降伏其心이니잇고

세존이시여 선남자 선여인이 아뇩다라삼먁삼보리심을 발하오니 마땅히 어떻게 머물며 어떻게 그 마음을 항복받으오릿가?

【주해】

선남자 선여인은 좌중座中에 도道를 배우는 사람들이다. 아뇩다라삼먁삼보리심은 범어이니 번역하면 '아'는 없다

는 뜻이요, '녹다라'는 위上라는 뜻이요, '삼'은 바르다는 뜻이요, '먁'은 평등하다는 뜻이요, '보리'는 깨달음이라는 뜻이니 합하여 말하면 '위가 없는 바른 평등이요, 바른 깨달음인 마음'이니 곧 각자의 참 성품인 것이다. 이곳은 형용할 수 없는 곳이니 말이 붙지를 못하는 까닭이요, 이곳은 사량思量이 아니니 생각이 가지지를 못하는 까닭이다.

이 자국을 자기 마음에 제 것인 줄 알면 곧 깨달음이니 깨달으면 부처이다. 이것이 바로 위 없는 바른 평등 바른 깨달음의 마음인 것이다.

【강의】

또 이 구절은 부처님이 호념護念하시고 부촉하신 결과가 어떠했음을 수보리가 이어 말씀드리게 됨이니 '부처님께서 호념해 주신 결과로서 깨달음이 적던 우리들이 큰 깨달음의 아뇩다라삼먁삼보리의 맛을 아옵고 아뇩다라삼먁삼보리심을 발하게 되었습니다' 하여서 부처님의 호념부촉이 발효됨을 말씀드리는 구절이다.

그리고 나서 이 발發해진 마음을 어떻게 머물러 가질 것과 어떻게 안팎으로 항복받을 것을 겸하여 여쭈어 본 것이 된다.

이는 아뇩다라삼먁삼보리심을 발했다고 해서 이 마음을

아주 얻은 것은 아닌 까닭이다. 말하자면 소승심小乘心에 만족했던 그네들이 부처님의 호념부촉하신 은덕으로 해서 소승심小乘心을 버리고 대승심으로 돌아왔다는 말에 그치는 것이다.

그러면 이 마음을 안팎으로 항복받는다는 것은 어떠한 것인가? 안으로 항복이라 하면 발發한 이 대승심大乘心을 놓치지 않고 영원히 내 것으로 만듦이요, 밖으로 항복이라 하면 이 대승심을 퇴전하게 할려는 허다한 망상과 경계를 영원히 굴복시킴인 것이다. 말하자면 팔만사천의 유혹경계와 천태만상의 혼침산란을 항복받음을 말함이다.

佛言하사대 善哉善哉라 須菩提야 如汝所說하여 如來가 善護念諸菩薩하여 善付囑諸菩薩하나니 汝今諦聽하라 當爲汝說하리라

수보리야 네 말과 같이 여래가 모든 보살을 잘 호념했으며 모든 보살을 잘 부촉하느니라. 네 이제 자세히 들으라. 마땅히 너를 위하여 설하여 주리라.

【주해】
부처님께서 수보리의 물음 물음을 보시니 자기의 마음 씀씀이를 잘 파악한 것이었다. 그래서 부처님 뜻에 정히

합하는지라 착하고 착하고나!의 찬사를 내리신 것이다.

그러면 무엇이 그 뜻에 그같이 합하였던가! 본 경전의 말씀대로 '수보리야 네 말과 같이 여래 나는 모든 보살을 잘 호념하여 아뇩다라삼먁삼보리심을 깨닫게 한 것이었으며 모든 보살들을 잘 부촉하여 길이 가지게 하고, 길이 전해지게 하였던 것이다' 한 그것이다.

그래서 인가印可하시는 말씀으로 '과연 내가 모든 보살들을 잘 호념하고 부촉하느니라' 하시어 수보리의 말을 전폭적으로 인가하시는 말씀이다.

그리고 이어서 말씀하시되 '네가 물은 바는 내가 마땅히 너를 위하여 말할 것이니 너희는 마음을 가지런히 하고 깨끗이 해서 자세히 들어 보라' 하시고 주의注意에 암시를 내리셨다.

善男子善女人이 發阿耨多羅三藐三菩提心인대 應如是住하며 如是降伏其心이니라

선남자 선여인이 아뇩다라삼먁삼보리심을 발하였으면 마땅히 이러히 머물지며 이러히 그 마음을 항복받을 것이다.

【강의】
부처님께서 '자세히 들어라'의 암시를 주시어 대중의 마

음을 청정하게 하신 후에 선남자 선여인을 불러 말씀하시되 '너희들이 이미 아뇩다라삼먁삼보리심을 발하였을진댄 곧 망령된 집착과 삿된 지견知見을 여윈 "같지도 않고 다르지도 않은" 참된 경지에 도달하였을 것이니 이곳은 다르지 아니한 탓에 너희 경계가 내 경계와 둘이 아닐지요, 또 이곳은 같지 아니한 탓에 이곳에 집착지 못할지니 여기에서 비로소 아뇩다라삼먁삼보리를 알 수 있을 것이다.

이 아뇩다라삼먁삼보리에는 벌써 주住하느니 항복받으니가 말이 아니되는 때이다. 왜 그러냐? 아뇩다라삼먁삼보리는 하나도 아니니 어떻게 주住할지며 주住가 없으니 누가 항복받을 마음이며 누가 항복바칠 마음이겠는가? 항복이란 없는 말이다. 그러므로 만일 주住한다고 말할지면 '이'에 주住할 뿐이다. 하시고 곧 '이'에 주住하여 보이사 '마땅히 이렇게 주住할지니라' 하신 것이다.

이것이 곧 머믐 바 없이 그 마음을 내라應無所住而生其心한 그것이다. 이 자리는 대중과 부처며 또는 시방세계가 함께 저 언덕에 이른 때이다.

이곳에서 누구든지 자성을 아는 사람은 자기일로 알려니와 알지 못하는 사람은 자기가 즉 주인이면서 손님 노릇을 하고 있는 꼴이 된다.

그러면 지금의 부처가 '응당히 이러히 그 마음을 주住하라' 하시고 보여주신 그 자리는 아뇩다라삼먁삼보리요, 곧 반야바라밀이요, 곧 금강삼매金剛三昧요, 곧 진여불성眞如佛性인 것이다.

그러면 부처님께서 **이렇듯** 보이심으로 그 주住할 곳을 가르치심이요, **이렇듯** 주住하심으로 그 항복받는 법을 가르치셨으니 이에서 금강반야바라밀경을 다 말씀하여 마치신 것이다.

이것이 이른바 제일의제법문第一義諦法門이 되는 것이니 경머리에 '이러히 내 들었다' 한 **이러**에서는 최상승의 근기根器가 제일구第一句를 깨달을 것이요, 다음 **이러히** 머물고 **이러히** 항복받으라 한 **이러**에서는 대승근기가 제일구第一句를 깨달을 것이요, 다음 구절에서 나오는 '보살마하살은 **이러히** 그 마음을 항복 받을지니' 한 대문大文에서는 중근기中根器가 제일구第一句를 깨달을 것이다.

이 외의 허다한 말은 달을 가리키는 손가락밖에 안 되는 것을 알아야 한다.

[문] 달을 가리키는 손가락이란 어떠한 뜻인가?
[답] 달을 아는 사람은 달을 보라면 곧 달을 보겠지만 달을 모르는 사람에게는 손가락으로 달을 가리키면서 '이것이 달이다' 하여 달을 보게 할 것이다. 하지만

이도 어리석은 사람은 손가락을 달로 여겨 손가락을 달로 보는 사람도 있다. 마땅히 손가락이 달이 아닌 줄 알아 손가락 가리킨 곳에 달이 있는 것을 아는 사람은 그 중에서도 지혜있는 사람이지만 우치한 사람은 손가락으로 달을 삼는 것이다.

唯然世尊이시여 願樂欲聞이니다

네 그러하옵니다, 세존이시여. 원하옵건대 즐겨 듣고자 하나이다.

【강의】

이러한 최상승 제일의제법문第一義諦法門을 수보리는 마음에 인印친 바 되어 알게 되었다. 그래서 네, 그러하옵니다 하고는 받아들이어 감당한 것이다. 그러나 이 법은 심히 깊고 묘하여 수보리가 보기에도 손가락만 더듬는 사람이 있었다. 그리고 말세중생에도 있을 것이다. 그래서 부처님께 해설을 요구하였다. 이것도 보리심菩提心이며 자비심인 것이다.

PART 3.
대승정종분

第三. 大乘正宗分

佛告須菩提 諸菩薩摩訶薩 應如是降伏其心 所有一切眾生之類 若卵生 若胎生 若濕生 若化生 若有色若無色 若有想若無想 若非有想 非無想 我皆令入 無餘涅槃 而滅度之 如是滅度無量無數無邊眾生 實無眾生 得滅度者 何以故 須菩提若菩薩有我相人相眾生相 壽者相 卽非菩薩

3. 대승정종분 大乘正宗分

佛告須菩提하시되 諸菩薩摩訶薩은 應如是 降伏其心이니

부처님께서 수보리에게 고하시되 모든 보살마하살은 응당 이러히 그 마음을 항복 받을지니

【주해】

마하는 범어梵語이니 번역하면, 심체心體가 광대하다는 뜻이며, 심체心體가 청정하면 용심用心이 자연 광대이다.

【강의】

수보리의 청법에 따라 근기가 하열한 중생을 위하여 부처님께서 말씀하시는 것이니 곧 달을 가리키려고 손가락이 들리는 것이다.

부처님께서 수보리에게 말씀하시되 '보살마하살이라 함은 대보살이라 함이니 대보살이라는 뜻은 그 마음가짐이 큼을 이름이다. 모든 보살마하살들은 마음 씀씀이를 크고 넓게 하여 내지 허공을 봄에도 큰 바다에 뛰는 한 방울 물만도 못하게 보며, 산하대지인 물체를 봄에도 한 모금 빨아내는 담배연기같이 사라지는 허망무실한 것으로 알며, 부귀빈천을 봄에도 아이들 모래돈과 나무막대기 칼로 부귀를 자랑하는 것같이 여기어 이러히 안과 밖이 걸림없어 마음이 자재自在하며 안온해야 할 것이다.

    그리고 또 세법世法 출세법出世法이며, 외도법 불법佛法이며, 또는 불과佛果까지라도 나의 꺼림없는 이 마음에는 도리어 티끌같이 아는 이러한 광대한 마음을 가져서 일체 번뇌망상이며 일체 분별경계를 족히 하잘것 없는 것으로 알라 하시어서 '이러히 항복받을 것이다.' 로 보이시었다.

所有一切衆生之類에 若卵生이나 若胎生이나 若濕生이나 若化生이나 若有色이나 若無色이나 若有想이나 若無想이나 若非有想非無想이나 我皆令入無餘涅槃하여 而滅度之니

    있는 바 일체중생 종류에 혹 알로 생기는 것, 혹 태로 생기는 것, 혹 습으로 생기는 것, 혹 화化하여 생기는 것, 혹 빛 있이 된 것, 혹 빛 없이된 것, 혹 생각 있이 된 것, 혹 생각 없이 된 것, 혹 생각이 있음도 아니요 없음도 아닌 것으로 된 것이나를 내가 다

하여금 남음 없는 열반에 넣어 멸하여 제도할 것이다.

【주해】

혹 알로 생기는 것으로부터 혹 생각 있음도 아니요, 생각 없음도 아니요까지는 중생의 태어나는 종별을 이름이다. 이같은 중생들이 생활하는 세계를 말하자면 크게 세 개로 나눌 수 있다.

하나는 욕계천欲界天이니 여섯 하늘이 포개있고, 그 다음에는 색계천色界天이니 열 여덟 하늘이 포개있고, 그 다음에는 무색계천無色界天이니 네개의 하늘이 포개져 있는 것이다.

이 크게 구별된 하늘을 일러 삼계三界라 하고 포개인 모든 하늘을 일러 이십팔천이라 한다. 또 이 이십팔천 속에도 가로橫로 무수한 하늘과 무수한 세계가 있는 것이다. 이상은 대략인 세계건립의 분별을 말함이다.

그러면 이 모든 세계에 중생이 많다 해도 태胎·난卵·습濕·화化·유색有色·무색無色·유상有想·무상無想·비유상비무상非有想非無想의 9류 중생에 지나지 못하는 것이다.

그런데 인간과 기타 동물들은 태·난·습·화의 사생四生이 갖춰 있고, 모든 하늘과 지옥과 중음신中陰神들은 오직 화생化生뿐이고, 귀신은 태생胎生과 화생化生의 두 종류가 있

3. 대승정종분 **45**

고, 아수라는 사생四生이 갖춰있는 것이다.

그런데 일부의 하늘과 사람, 지옥과 귀신, 아수라와 축생, 중음신 등은 욕계천欲界天에 속하는 것이요, 무색無色과 유상有想과 무상無想과 비유상비무상非有想非無想들은 무색계천無色界天에 속하는 것이다. 이네들이 이와같은 각각의 차별을 가지고 수생受生함에 따라 고苦와 낙樂도 다를지니 이는 모두가 그 성품을 밝힘 여하에 따라 생기는 차별이다.

이 까닭에 우리 성품 중에도 이러한 가지 가지의 중생의 근성이 있는 것을 알아야 한다. 우리가 이 몸을 가지고 있는 가운데서 이 아홉 가지 중생의 근성을 마음에서 찾을 수 있는 것이다.

가령 말하자면 숙망심宿望心은 태생胎生, 부허심浮虛心은 난생卵生, 감화심感化心은 화생化生, 침울심沈鬱心은 습생濕生, 주의主義나 집착심은 유색有色, 주의주장을 초월하여 있는 마음(즉 외도에서 수행하는 완공頑空 등)은 무색無色, 이상理想과 사상 즉 지장智障은 유상有想, 외도의 적정寂靜은 무상無想, 외도의 낙공落空은 비유상비무상非有想非無想일 것이다.

이와같이 세심하게 찾아보면 우리 마음속에는 무량무수한 구류九類중생이 어지러히 일어나고 어지러히 꺼짐을 볼 수 있다. 이것이 육조六祖스님이 이른바 자성중생自性衆生이니 세계의 중생이 '무량무수'인 것같이 자성의 중생도 무량무수인 것이다.

열반은 불생불멸의 구경무위지究竟無爲地이니, 한 생각 일으킴도 없고 없앰도 없음이 불생불멸이요, 청정하여 흔들림이 없는 것이 무위無爲이요, 필경에 돌아오고 마는 것이 구경究竟인 것이다.

【강의】

말하자면 있는 바 일체중생의 종류에 욕계천欲界天 이하에는 하늘, 사람, 아수라, 귀신, 축생, 지옥, 중음신 등 종류의 중생이 많다 해도 태胎, 난卵, 습濕, 화化, 4생四生에 불과하고 색계천 이상에는 천신天神, 신선神仙, 천마天魔, 허공신虛空神 등 종류의 중생이 많다 해도 유색, 무색, 유상, 무상, 비유상비무상 등 다섯 종류 중생에 불과할지니 합치면 9류중생인 것이다.

이 9류중생이 아무리 많다 해도 삼천대천세계 안에서 살고 삼천대천세계가 아무리 넓고 크다 해도 허공안에 건설돼 있고, 허공이 아무리 넓다 해도 마음속에서는 큰 바다에 뛰는 한낱 물방울과 같은 것이다.

그러면 허공이 나의 넓은 이 마음속에는 이렇듯 족히 괘의掛意할 바 못되나니 하물며 그 안에 있는 삼천대천세계이며 또 그 안에 있는 일체중생일까 보냐? 이렇듯 심체心體를 광대히 하여 중생이며 내지 세계 또는 허공을 항복받을 것이다.

또 내 마음에 있는 바 일체중생(즉 자심중생)으로 말해도 출가(= 心出家)이전에는 희喜, 로怒, 애哀, 락樂, 우憂, 수愁, 사思, 려慮 등의 팔만사천 번뇌망상이 아무리 많다해도 부浮(= 卵), 침沈(= 胎), 산散(= 濕), 난亂(= 化) 네 가지 종류에 불과하고 출가 이후에는 지해智解, 분별分別, 적정寂靜, 주착住着, 법만法慢등의 허다한 중생이 많다 해도 환각, 착각(有色), 완공頑空, 지장智障(= 有想), 탐적貪寂(= 無想), 무기無記(= 非有想非無想) 등 다섯 종류에 불과한 것이다.

이상에 말한 아홉 가지 자심중생自心衆生이 아무리 많다해도 한 마음 가운데서 일어나고 꺼지는 것이며 또 한 마음이 아무리 크다 해도 본래가 허망하여 나我라 할 곳이 없는 것이며 항상이라 할 곳이 없는 것이다.

한 마음도 이러하여 한 마음이라 할 것이 없거니 하물며 이 속에서 어지러히 일어나고 멸하는 번뇌망상이며 삼라만상이겠는가?

이렇게 생각될 때에 천지허공이 어디 있으며, 9류중생이 어디 있으며, 번뇌망상이 어디 있을 것이며, 보리와 성불이 어디 있을 것이며, 또 부처의 마음은 어떠한 것이며, 중생의 마음은 어떠한 것인가?

말하자면 번뇌와 보리와 선심과 악심과 부처와 중생이 모두가 마하본심摩訶本心에서는 하잘것 없는 중생이 되어 내지는 이것을 깨닫는 것까지도 중생이 되고 말 것이다.

이와 같이 하여 외계塵世의 9류중생이나 내계自心의 9류중생이나 또는 심량心量이 광대하다느니 또는 대각大覺 정각正覺하는 것까지도 다 남음이 없이 하잘 것 없는 열반에 집어넣어 소멸하여 없애고 제도하여 건넬 것을 말씀하심이다.

如是滅度無量無數無邊衆生이나 實無衆生이 得滅度者니라

이러히 헤아릴 수 없고 수가 없고 가가 없는 중생을 멸하여 건넬을지라도 실은 멸도를 얻은 중생은 없다.

【강의】

이와 같이 소멸하여 제도한 다음에는 내심중생內心衆生이니 외계중생外界衆生이니가 구별이 없다. 왜냐? 다같이 성性 바다에서는 일고 꺼지는 환幻인 까닭이다. 만일 내계중생內界衆生을 인因이라 하면 외계중생外界衆生은 과果이다.

만일 내계중생內界衆生을 음성적이라 하면 외계중생은 양성적일 것이다. 만일 내심중생內心衆生을 속內이라 하면 외계중外界衆은 밖일 것이다.

실상實相은 이 내외중생을 하나로 보아야 한다. 왜냐? 밖과 속, 음성陰性과 양성陽性만 다를뿐이요 그 체상體相은 한 물건인 까닭이다.

그런데 여기에서 즉 내외를 여읜 중생관衆生觀에서 내외를 여읜 중생관衆生觀을 마저 제도하면 곧 반야바라밀의 땅인 것이다. 실상實相은 이 반야바라밀인 마음중생마저 멸도하면 외계중생은 따라서 멸도滅度를 받을 것이다. 이 까닭에 원각경圓覺經에 '한 마음이 청정하면 많은 마음이 청정하여 내지 시방세계가 청정하다.' 하였다.

그러므로 내 마음 하나가 부처이면 일체법계 일체중생이 다 부처인 것이다. 그러면 이와 같이 안과 밖으로 아무리 무량, 무수, 무변중생을 멸도하였을 지라도 만일 한 중생이라도 멸도함이 있거나 멸도한 생각이 있으면, 이 멸도한 생각이 다시 중생이 되어 실實에는 하나 꺼지고 하나 일어나는 것밖에 아니 되는 것이다.

그러므로 한 중생도 멸도滅度한 생각이 없이 일체중생을 멸도하여야 한다. 이러한 연후에야 남음이 없는 열반인 것이다. 이것이 반야법般若法으로 일체중생을 멸도한 것이다.

그러므로 본 경에 '무량, 무수, 무변중생을 제도했으나 실상實相에서는 한낱 중생도 제도를 얻은 자 없다' 한 것이다. 이것이 앞뒤를 다 떼버린 것이니 본래의 실상은 여기에서 나타난다는 것을 알아야 한다.

何以故요 須菩提야 若菩薩이 有我相 人相 衆生相 壽者相이면 卽非菩薩이니라

어찌한 연고이냐 수보리야 만약 보살이 아상이나 인상이나 중생상이나 수자상이 있으면 곧 보살이 아니니라.

【주해】

상相이라 함은 마음이나 행동으로 드러내 보이는 모양새이니 말하자면 아는체, 양반티, 애들 말로 으시대고 뻐기는 그 행태를 말함이니 이는 생각가짐으로도 되고 업력業力과 습력習力에서도 생기는 것이다.

가령 아상我相이라 하면 아我를 관념함에서 행동이나 생각으로 일어나는 현상이요, 인상人相이라 하면 상대방을 관념함에서 되는 행동과 사념思念의 현상이다. 즉 나로부터 남他이나, 인류로부터 타중생계他衆生界를 비교하고 일어나는 일체의 행동, 사위事爲(사념)의 현상인 것이다.

또 중생상衆生相이라 하면 제삼자의 복수複數를 관념하게 됨이니 동류간同類間에는 대중관념大衆觀念, 타류간他類間에는 일체중생계에 미치는 관념과 행동이다. 말하자면 사람들이 육식을 함은 다른 중생을 하열하게 보는 데서 나온 행

위이니 중생상일 것이요, 또 귀신을 연상하거나 맹수를 대할 때에 공포를 느끼게 됨도 중생상衆生相이다.

또 하늘이나 부처나 산신山神, 칠성七星 등을 향하여 존숭尊崇히 생각하여 기도하는 마음은 중생상에서 나온 마음이다.

수자상壽者相이라 하면 아상我相과 인상人相과 중생상衆生相을 초과하고 생기는 상相이니 즉 아我와 인人과 중생을 하나로 볼 줄 앎이니 소아小我를 정복하여 대아大我를 얻음이라든지 생멸生滅을 항복하여 무량수지無量壽地나 열반지涅槃地를 얻음에서 생기는 관념이다.

그러면 아我를 초월하고 인人을 초월하고 중생을 초월하여 수자壽者이니 수자를 초월하면 곧 무여열반無餘涅槃이요, 반야바라밀땅인 것이다.

금강경은 시작으로부터 끝까지 이 사상四相을 반복하여 말씀함으로 사상四相없는 곳을 드러냈으니 만일 자성을 보려함에는 이 사상四相을 여읨보다 더 긴요한 것은 없는 것이다.

이 경을 연구하려는 사람이 만약 이 사상법四相法을 밝힐 줄 알면 이 경을 알기에는 어렵지 않다고 강술자는 말하고 싶다.

다른 분들이 사상四相을 해석한 것을 보면 수자상을 오래

살자는 생각으로 보나 상세한 강의에 말하겠지만 이 해석은 경전의 뜻을 줄이는 것이라 생각된다.

【강의】

　무량, 무수, 무변, 중생을 멸도滅度했으나 실은 멸도를 얻은 중생이 없다는 것은 무슨 연고인가? 무릇 보살이라면 자기 마음이 청정하고 광대하여 광대함에서는 능히 한 중생으로 부터 많은 중생, 한 세계로 부터 많은 세계, 내지 허공까지 용납함에서 문제도 되지 아니할 것이다.

　또 청정함에서는 허공으로 부터 산하대지山河大地 또는 티끌에도 물듦이 없을 뿐 아니라 도리어 광대에도 머물지 아니하며 청정에도 탐하지 아니하여 다시 광대한 반면에 협착狹窄과 청정 반면에 복잡도 싫음이 없음일 것이다. 이러하고 나서야 가히 보살이라 이를 것이다.

　만약 보살이 무량, 무수, 무변, 중생을 멸도滅度했을지라도 멸도한 흔적이 있으면 이는 멸한 자기가 있으므로 벌써 아상我相에 떨어짐이니 무여열반이 아닐것이요 동시에 보살도 아니다.

　또 비록 아상我相을 떼어 무량, 무수, 무변, 중생을 멸도滅度했을지라도 멸도한 흔적이 있으면 이는 멸도된 대상對象이 있을지니 벌써 인상人相에 떨어짐이라, 무여열반이 아닐지요, 동시에 보살도 아닐 것이다.

또 아상我相 인상人相을 떠나 무량, 무수, 무변, 중생을 멸도滅度했을지라도 멸도한 흔적이 있으면 이와같은 무량무수한 중생에는 다수한 중생계의 종류가 있음을 연상할지며, 따라서 자기의 깨달음에 비하여 중생성衆生性과 불성佛性의 차별을 볼지니 벌써 중생상에 떨어짐이라 무여열반이 아니요, 동시에 보살도 아니다.

또 아상, 인상, 중생상을 떼어 무량, 무수, 무변한 중생을 멸도하여 열반에 들었다 할지라도 이것이 상주불변常住不變의 불생불멸不生不滅인 무량수지無量壽地로 여겨 주住하면 또 수자상壽者相 즉 대아상大我相에 떨어짐이라, 무여열반이 아니요 동시에 보살도 아님이다.

쉽게 말하면 무량, 무수, 무변의 중생을 멸도滅度 했을지라도 멸도함이 없어야 할지니 만약 하나의 중생이라도 멸도한 흔적이 있으면 곧 아상, 인상, 중생상, 수자상에 떨어짐이 되어 중생을 면치 못할것이요 심량心量이 광대한 보살은 아니라 하시는 말씀이다.

또 다시 이것을 뒤집어 말해 보자. 보살이 아무리 무량, 무수, 무변 중생을 다 멸도滅度하여 무여열반을 증득했다 할지라도 아상(대아상 즉 수자상)이 있으면 아我의 상대가 없을 수 없으니 인상人相이 생기고, 인상이 있으면 중생계가 없을 수 없으니 중생상이 생기고, 생긴 다음에는 중생을 상대하는 부처님의 무여열반처가 없을 수 없으니 수자상이 생기는 것이다.

그래서 다시 이 사상四相이 생기어 범부를 면치 못하는 것이니 사상四相에는 아상이 근본이 되는 것이다. 만약 인간이 대아大我로나 소아小我로나 아상我相만 없으면 성자의 자리에 드는 것이다.

[문] 사상四相을 우리가 사회에서 일상적으로 쉽게 사용하는 말로 알아듣게 말하면 어떠한 것인가?

[답] 이미 물었으니 소승인小乘人의 사상법四相法을 말하겠다. 사람쳐놓고 자기몸을 사랑치 않는 자가 없어 날이 다하고 몸이 다하도록 명리名利를 다투어 자기 몸, 자기 자식, 자기 집, 자기 단체, 자기 나라를 위하는데 이것은 다 아상我相에 속하는 것이다.

또 남의 세력을 보면 붙잡고, 남의 연약함을 보면 짓밟으며 남 잘 되는 것을 보면 질투하고 남이 나에게 구하는 것을 보면 아깝게 여기는데 이것은 다 인상人相인 것이다.

또 애욕이 생김에 화합을 계교計較하며 탐진치에 침몰하여 영靈의 근원이 깨끗치 못하므로 동물, 식물, 광물 또는 가지가지 모든 생령生靈, 모든 물건으로 빈부귀천의 차별상을 내는 것이니 이것은 중생상衆生相인 것이다.

또 약藥을 구한다 기도를 한다 운동 등 섭양攝養을 한다 하여 늙지 않고 건강하게 사는 것을 원하는데 이는 수자상壽者相이다. 또 나이 먹은 것을 자세藉勢하며 늙음을 높이 여겨 젊은 이를 경멸히 여겨 늙은 행세를 하는데 이것도 수자상壽者相이다.

애처롭다! 만약 사람이 능히 이 사상四相에 전도顚倒함만 없으면 곧 부처와 중생이 없는 무상보리無上菩提의 본 곳本處이다. 하필 안으로 마음과 밖으로 경계境界의 9류중생九類衆生에 멸도滅度를 기다릴 것이 무엇이며 무여열반을 말할 것이 무엇인가?

또 아뇩다라삼먁삼보리심을 발할 여지가 어디 있으며 주住하고 항복받을 법을 물을 필요가 어디 있겠는가?

그러나 우리의 자성自性은 사상四相에 전도顚倒됨이 오랬다. 그러므로 부처님께서 이 경의 전편全編을 통하여 이 사상법四相法을 근본삼아 반복하셨으니 석가노인이 이 사상四相의 심대한 해독을 아셨던 것이다.

실로 우리 사람은 본성을 여읨이 심하여 전도顚倒에 전도를 거듭함으로써 필경은 아我가 생겼으니 아我가 있으면 인人이 없을 수 없고 인人이 있으면 중생이 없을 수 없고 중생이 있으면 수자壽者가 없을 수 없다.

그리고 또 아我가 생겼으니 생生이면 멸滅이 없을 수 없고 멸이 있으니 생하고 멸하는 이 법이 있는 것이다. 이 생멸법은 곧 괴로움의 법이니 괴로움이 있으면 낙樂을 구할 것이다. 이 낙을 구함으로부터 점점 욕심이 넘쳐 흐르고 탐심이 불어나 아我로 쫓아 인상人相이 생기는 것이니 아我와 인人을 구별하는 탓이요, 아我로 쫓아 중생상衆生相이 생겼으니 차별심이 생긴 탓이요, 아我로 쫓아 수자상壽者相이 생겼으니 수유須臾(시간의 단위로 찰나와 같음)의 생명을 원통히 여기는 탓이다. 이같이 아상我相은 사상四相 중에 중요한 것이니 사상四相의 근본이 되는 까닭이다.

누구나 진실로 아상我相만 잘 살펴 뗄 줄 알면 인상과 중생상과 수자상은 뿌리없는 지엽枝葉같이 오래지 않아 반드시 거꾸러질 것이다.

어떻게 하여 아상我相을 없앨 것인가?

지금까지 내려오며 지견知見하던 일체며, 소유하던 일체를 또는 선법善法, 또는 불법佛法까지도 내외일체를 다 부정함에 있다 하겠다. 왜냐? 이때껏 지견知見하고 소유하던 것은 본성을 여읜 즉 사상四相에 집착한 전도상顚倒相으로서 지견知見하고 소유했던 까닭이다.

이 까닭에 이러히 부정하되 일체를 부정했다는 생각까

지 부정하여 톡톡 털어내고 알몸만 나서야 한다. 이것이 본 경전에 이른바 '있는 바 일체중생 모두를 다 하여금 무여열반無餘涅槃에 넣는(入定하는 것)다' 한 것이다. 또 이것이 경에 이른바 '이러히 무량, 무수, 무변한 중생을 멸도滅度하나 실은 멸도를 얻은 중생은 없다(入定을 부정하는 것)' 한 그것이다.

왜냐? 일체중생을 다 부정했을지라도 다 부정한 지견知見이 있으면 이것(入定知見)이 다시 중생을 지어서 부정지견否定知見이 되는 까닭이다. 부정을 하고도 부정한 자취가 없어야 할 것이다. 이것이 경에 이른바 '만약 보살이 아상, 인상, 중생상, 수자상이 있으면 곧 보살이 아니라' 한 그것이다.

그것은 왜 그러냐? 이미 부정지견否定知見이 있어서 부정이 부정지견이 되는 때에는 사상四相에 착着함을 면치 못하는 까닭이다.

무슨 까닭이냐? 이미 부정한 지견이 남게 될 때에는 부정을 준 자自와 부정을 받은 타他가 있을 것이니 자타가 있을지면 아상我相, 인상人相이요, 일체를 부정했다 하니 중생상衆生相이요, 일체를 부정함으로써 이로 하여금 생멸을 여읜 무량수지無量壽地로 알지니 수자상壽者相이 되는 이유이다.

이러므로 일체를 멸도滅度했을지라도 사상四相에 걸림이 있으면 '곧 멸도가 아니요 무여일반이 아닌 동시 보살이라 할 수 없는 것이다' 하신 것이다.

그런데 본 경전이 이곳까지는 중근기中根器를 위하여 말씀하심인, 달을 가리키는 손가락까지도 끝이 난 것이니 이 아래부터는 손가락을 달로 아는 하근기下根器를 위하여 손가락을 떠나 달을 보라 하심에 횡설수설하신 것이니 하근기를 위하여 설하시는 제3의 법문이 될 것이다.

[문] 삼단법문이란 어떠한 것인가?

[답] 저 언덕에 이른 경계는 하나이지만 중생의 근기가 같지 않으므로 부처님께서 중생의 근기를 대략 삼단으로 나누어 상근기에게는 저 언덕의 경계를 **이러히** 如是라 하여 보이셨으니 이는 제일의체第一義諦 법문이 되는 것이요, 중근기를 위하여는 '**이러히** 주住하고 **이러히** 항복 받을지니' 하고 보이셨으니 이 역시 제일일체第一義諦 법문을 한번 더 드러내 보이심이다.

하근기에게는 '모든 보살마하살은 **이러히** 그 마음을 항복받을지니로 시작하여 일체 중생 종류의 9류 중생을 다 하여금 무여열반無餘涅槃에 집어넣어 멸도滅度할 것이로되 이러히 무량, 무수, 무변 중생을 멸도함에 이르러서는 실은 한 중생도 멸도를 얻은 자가 없어야 하느니라' 하사 결론을 내리신 후 보살이 사상四相이 있으면 곧 보살이 아닌 것으로 인증을 내리신 것이다. 이 역시 하근기로 제일의체第一義諦 법문에 들게 하신 것이다.

이렇게까지 하여 세가지 근기로 제일의체第一義諦 법문에 들게 하여 마치셨건만 다시 말하면 달을 가리키기 위하여 최후 손가락질까지 하시어 보이셨지만 손가락에 탐착하여 달을 못 보는 자를 위하여서는 손가락에서 마음을 떼어 달을 알게 하기 위하여서는 온갖 말씀을 다 하게 되는 것이니 지금부터도 그러한 말씀이 될 것이다.

PART 4.
묘행무주분

第四．妙行無住分

復次須菩提 菩薩 於法應無所住 行於布施 所謂不住色布施不住聲香味觸法布施 須菩提 菩薩 應如是布施不住於相 何以故 若菩薩 不住相布施 其福德不可思量 須菩提 於意云何 東方虛空可思量不不也世尊 須菩提 南西北方四維上下虛空可思量不不也世尊須菩提 菩薩無住相布施 福德亦復如是不可思量須菩提菩薩但應如所教住

4. 묘행무주분 妙行無住分

復次 須菩提야 菩薩於法에 應無所住하여 行於布施니 所謂不住色布施며 不住聲香味觸法布施니 須菩提야 菩薩이 應如是布施하여 不住於相이니라

다시 수보리야, 보살은 마땅히 법에 머무른 바 없이 보시를 행할지니 이른바 색에 머물지 아니한 보시이며 빛과 소리와 냄새와 맛과 부딪침과 요량법에 머물지 않고 하는 보시니 수보리야, 보살은 마땅히 이러히 보시할지요 상에 주하지 아니할 것이다.

【주해】

법이라 함은 육바라밀법을 말씀하심이니 육바라밀이라 함은 보시, 지계, 인욕, 정진, 선정, 지혜이다. 지혜라면 일체 모든 법이 가히 얻을 수 없음을 요달하여 일체에 막힘이 없음을 이름한다.

선정이라 함은 자성自性의 본래 깨끗을 고요히 생각하여 익히는 방법의 이름이요, 정진이라 함은 몸과 마음이 그치지 않고 작정한 것을 매일 정해 놓고 하는 공부를 게으름

없이 행함을 이름함이다.

　인욕이라 함은 욕먹음에 원한치 아니하고 위해줌에 교만치 아니하며 억울하고 애매함에 분내고 성내지 아니함을 이름함이요, 지계持戒라 함은 몸과 입과 뜻의 삼업三業의 악한 버릇을 방지하여 본성을 드러나게 함을 이름함이다.

　보시라 함은 몸과 마음에 있는 일체 것을 희사하여 남을 이롭게 하되 내 몸에 하는 것과 같이 함을 이름함이다.

　그런데 위에서 말한 바와 같은 육바라밀중에 보시가 머리에 놓이게 되는 것은 5바라밀의 근본이 되는 까닭이다.

　색에 머물지 않는다한 색으로 부터 **빛과 소리와 냄새와 맛과 부딪침과 요량**料量에 이르기까지 6바라밀(세상을 여섯 티끌로 보고 하는 소리)이라 하는 것이니 6진六塵이라 하면 6근六根(= 눈, 귀, 코, 혀, 몸, 뜻)의 상대되는 경계를 말함이다.

　첫째의 색진色塵은 눈에 비치는 일체색과 일체의 형상과 모양이니 5색五色과 방方, 원圓, 장長, 단短을 이름이다.

　둘째의 성진聲塵은 귀에 들리는 일체의 음성이니 오음육율五音六律과 희喜, 로怒, 애哀, 락樂과 공포의 음향을 이름이다.

　셋째의 향진香塵은 코에 맡히는 일체의 냄새이니 초목, 음식, 남여 등에 있는 냄새를 이름이다.

　넷째의 미진味塵은 혀에 알리는 일체 맛이니 짜고, 달고,

시고, 쓰고, 맵고 등을 이름이다.

다섯째의 촉진觸塵은 몸에 부딪쳐 오는 일체의 촉감을 이름이니 부드럽고, 깔깔하고, 연하고, 단단하고, 차고, 덥고 등을 말함이다.

여섯째의 법진法塵은 뜻이 위의 5진五塵을 상대한 가타부타 좋다 싫다 등 분별함을 이름이니 일체의 선악법을 지어냄을 말함이다.

【강의】

지금으로부터 부처님께서 제3단 법문을 시작하시는 것이다. 부처님께서 이 금강경을 설하시기 이전에도 저 언덕에 도달하는 법을 여섯 가지로 나누어 말씀하신 적이 있었다. 이것이 곧 6바라밀법이다. 본 강의로 들어가기 전에 이 6바라밀법을 먼저 말해 본다.

첫째는 중생이 탐내는 마음으로 인하여 저 언덕에 도달함에 장애가 되므로 부처님이 보시를 행하도록 하시어 탐심을 대치케 하셨으니 이는 보시바라밀이다.

둘째는 중생들이 악한 버릇으로 해서 저 언덕에 도달함에 장애가 되므로 계戒를 가지도록 하여 악습을 대치對治케 하셨으니 이는 지계바라밀이라는 것이다.

셋째는 중생이 성내고 노함에 중독되어 저 언덕에 도달

함에 장애가 되므로 인욕하게 하여 성냄을 대치케 하셨으니 이는 인욕바라밀이라는 것이다.

넷째는 중생이 게을러서 저 언덕에 도달함에 장애가 되므로 정진을 하도록 하여 나태함을 대치케 하셨으니 이는 정진바라밀이라는 것이다.

다섯째는 중생들이 산란심이 치성하여 저 언덕을 건너는데 장애가 되므로 선정을 닦도록 하여 산란심을 대치게 하셨으니 선정바라밀이라는 것이다.

여섯째는 중생들이 우치하여 저 언덕 도달에 장애가 되므로 지혜를 밝히도록 하여 우치를 대치케 하셨으니 이는 지혜바라밀이라 하는 것이다.

그런데 이 6바라밀 중에서 보시바라밀이 머리에 놓이게 된 것은 까닭이 있다. 보시바라밀은 나머지 5바라밀의 근본이 되는 까닭이다. 왜 그러냐? 보시바라밀은 탐욕심을 대치함이니 탐욕심은 모든 악의 근본이 되는 까닭이며 모든 마군의 괴수가 되는 까닭이다.

이러한 연고로 보시가 머리에 놓이는 것을 알아야 한다. 본 경전에서도 보시만 말씀하시게 된 것이 이 까닭이니 보시만 말씀하셔도 나머지 5바라밀은 따라가는 까닭이다.

지금부터 본 강의로 들어간다. 그러면 부처님이 무슨 까닭으로 돌연 수보리를 불러 바라밀법에 주住하지 말고 보시를 하라 말씀하시었던가? 이 경전은 저 언덕에 도달하는 법을 말씀하신 것이다.

저 언덕에 가는 법으로는 일체중생을 멸도滅度함을 말씀하셨고 이어 자취를 없게 하기 위하여 사상四相에 주住함이 있으면 보살이 아니라 하셨다. 이것이 이 경의 저 언덕에 도달하는 법이다.

그렇지만 이 경을 설하시기 전에도 저 언덕에 도달하는 법을 말씀하시었던 것이다. 그러므로 뒤미처 수보리를 부르시어 자기가 설하였던 육바라밀법을 꺼내시게 되었으니 대중들의 의심을 밝히시려 하심이다.

대중의 의심이란 무엇인가? '일체중생을 무여열반無餘涅槃에 넣어 멸도하되 사상四相에 착着함이 없이 하라' 하시니 이는 전에 말씀하신 육바라밀법과도 배치되는 점이 있다는 것이다. 무엇인가? 육바라밀법으로 말한다면 주住함이 없이 하란 말은 되지 않는 말인 까닭이다.

왜 그럴까? 육바라밀 머리에 있는 보시로만 말해도 주고 받는 사람이 있어야 보시가 될지니 나와 남이 없을 수 없고 나와 남이 있으면 아상我相과 인상人相이 아닐 수 없으니 사상四相에 주住하지 말라는 말씀에 배치가 된다는 말이다.

그 다음 지계라든지, 인욕이라든지, 정진이라든지, 선정이라든지, 지혜라든지 모두가 그러할지니 말하자면 계戒와

계戒를 가지는 자가 있을지며, 인욕과 인욕자가 있을지며, 정진과 정진자가 있을지며, 선정과 선정자가 있을지며, 지혜와 지혜자가 있을지니 곧 상대적이요 상대가 있으면 사상四相이 없을 수 없다.

그렇다면 사상四相을 빼놓고는 육바라밀법을 행한다 함은 사실불능事實不能의 안될 말이니 전에 말씀하신 육바라밀과 이 경에 말씀하신 사상四相에 주住하지 말라하신 말씀은 배치가 아닌가? 하는 의심이다.

부처님께서는 대중의 이 의심을 이미 간파하시었으므로 말머리를 돌리어 이 뜻을 밝히시려 수보리를 불러 즉시 말씀하셨다. '보살이라면, 육바라밀법에도 마땅히 주住한 바 없이 보시를 행할 것이니' 하시고 한 말로써 육바라밀법에도 주住함이 없이 행할 수 있다는 것을 보여 주셨다.

그러면 어떻게 하는 것이 주住함이 없이 행하는 보시인가? 일체중생의 몸과 마음에 있는 바 일체를 중생에게 보시하여 주되 주고 받는 상相이 없어서 내가 내 몸을 이롭게 하듯 함일 것이다.

말하자면 눈에 보이는 청·황·적·백·흑의 다섯 가지 빛과 곱고 더러운 빛에 주착住着하지 아니함이니 이것에 주착하지 아니하면 곱고 추한 것이 없고, 친하고 소원疏遠한 것이 없고, 나와 남이 없는 것이다.

이와 같이 귀에도 코에도 혀에도 몸에도 뜻에도 머물지 아니하면 역시 곱고 추한 것과 친親과 소疏와 자自와 타他가 없을 것이다. 이와 같이 색, 성, 향, 미, 촉에 머물지 아니하고 보시를 하면 종일 보시해도 보시가 아니요, 평생을 보시해도 보시가 아니어서 사상四相에 주착住着함이 되지 아니할 것이다.

이 까닭에 부처님께서 말씀하시되 '수보리야 보살은 마땅히 이와같이 보시하여 상相에 머물지 말지니라' 하여 주신 것이다.

何以故오 若菩薩이 不住相布施하면 其福德이 不可思量이니라

어찌한 까닭이냐? 만약 보살이 상에 머물지 아니하고 보시할지면 그 복덕이 가히 생각으로 헤아릴 수 없는 것이다.

【강의】

부처님께서 수보리에게 육바라밀법을 행하되 육바라밀법에 머물지 말고 행하라 하셨다. 육바라밀법에 머리가 되는 보시만을 가지고 말해도 보시하는 상相이 있으면 곧 보시자와 피보시자가 있으니 아상我相과 인상人相이요, 또 보시물이 있으니 이는 중생상衆生相이요, 또 보시로부터 복덕이 있음을 알지니 이는 수자상壽者相이다.

이것은 사상四相에 착着하는 보시이니 복을 받음에도 사상四相에 착着하는 복을 받을 것이다. 이러한 보시는 범부의 보시이니, 즉 유위有爲보시니 그 받는 복덕도 유위수有爲數에 떨어질 것이다.

이것은 즉 유루법有漏法이라 하는 것이니 이 복은 아무리 큰 복을 지었다 할지라도 필경에는 새어버리고 마는 것이다. 그러므로 샘이 없는 큰 도를 닦는 보살로는 할 바가 아닐 것이다.

보살의 보시라는 것은 마음이 허공같아서 육근六根이 청정함에 육진六塵에 주住함이 없고 육진六塵에 주住함이 없음에 보시함도 청정하여 보시자와 피보시자가 없이 하는 허공같은 보시인 것이다.

허공이 우리에게 찰나를 쉬지 않고 공기를 보시하되 보시하는 상相이 없고 흔적이 없다. 즉 시자施者와 수자受者가 없다. 이것이 이른바 주住함이 없는 보시며, 다함이 없는 보시며, 생生이 없는 보시니 보살의 보시인 것이다.

그러므로 그 받는 복덕도 허공과 같이 제한이 없을지니 불가사량이요, 허공과 같이 괴멸이 없을지니 무루법無漏法이요, 허공과 같이 항상 보시하면서도 보시가 아닐지니 무위법無爲法인 것이다.

이것이 곧 이른바 색에 머물지 아니하는 보시이며 성, 향, 미, 촉, 법에 머물지 아니한 보시이며 사상四相을 떠난 보시이며 육바라밀법에 착하지 아니한 보시인 것이다.

그러므로 경에 말씀하시기를 '보살로는 마땅히 이러히 보시하여 상相에 머물지 말지니라' 하고 끝을 맺으신 것이다.

그러하시고 위에 이어서 '어찌한 연고이냐?' 하심은 무주상無住相 보시의 광대한 복덕을 밝혀주시려 함에 있는 것이다. 말하자면 보살의 보시는 상相을 여읜 보시며, 머믐이 없는 보시며, 공空한 보시이므로 과보도 공空할까 염려하는 대중을 위하여 보시와 수자受者가 공했으므로 보시와 복덕이 공한 단멸법斷滅法으로 알까 염려하심에서다.

그래서 보살은 주住하지 말고 보시하라 한 것은 '어찌한 연고인 줄 아느냐' 물으시어 만약 상相에 주하지 않고 하는 보시일지면 그 보시를 할 때에 상相에 주하지 아니하여 인因을 허공같이 심었을 때 그 받는 바 복덕도 또한 허공같이 가히 생각으로 헤아릴 수 없는 복덕이라는 것을 알리시려 하심이다.

須菩提야 於意에 云何오 東方虛空을 可思量不아

수보리야 네 뜻에 어떠하냐? 동방허공을 가히 생각하여 헤아림으로 알겠는가?

【강의】

부처님께서는 상相에 머물지 아니하고 하는 보시의 복덕을 그냥 '그 복덕이 불가사량이라'고만 해 두시고는 부정하시었던 것이다.

왜 그러냐? 복덕은 불가사량에도 한이 없는 까닭이다. 듣는 대중이 자기가 아는 정도에서만 불가사량으로 알까봐 염려되시었다.

그래서 다시 수보리를 부르시어 물어 주시고 대답하는 법을 취하시어 상相에 머물지 않는 보시의 무량한 복덕을 조금이라도 알리어 주시려 하므로 말씀을 꺼내시되 '네 생각에 어떠하냐? 저 동방허공에 방方, 원圓, 장長, 단短과 대소 색모大小 色貌를 가히 사량思量해서 내게 말해 줄 수 있겠는가?' 하심이다.

不也니다 世尊이시여

못하겠습니다. 세존이시여

【강의】

수보리는 부처님이 물으신 말씀을 듣고 속마음으로 생

각해 보았다. 동방허공을 헤아려보니 어떠한 것이 동방인 줄 부터 몰랐다. 왜냐? 내가 지금 생각하는 동방은 남쪽에서 보면 북방이요, 북쪽에서 보면 남방이요, 동쪽에서 보면 서방이요, 서쪽에서 보면 동방이요, 위에서 보면 하방下方이요, 아래서 보면 상방上方이니 동방부터가 정법定法이 없어서 제한될 수 없을 뿐아니라 제한된다 하더라도 방方, 원圓, 장長, 단短을 무슨 수로 헤아릴 재간이 없었다. 그래서 단순한 한 말로 '못합니다, 세존이시여'를 올린 것이다.

須菩提야 南西北方과 四維上下虛空을 可思量否아

수보리야 남서 북방과 사유 상하 허공을 가히 생각으로 헤아려 알 수 있겠는가?

【주해】

사유四維는 동, 서, 남, 북의 간방間方을 이름함이니 동서남북 사유四維라 하면 일상적인 말로는 사면팔방四面八方이요, 상하를 넣으면 시방十方이 된다.

【강의】

부처님께서는 수보리가 동방허공 하나도 헤아릴 수 없

습니다 하는 말씀을 들으시고도 짐짓 한층 더하시어 남, 서, 북방과 사유상하四維上下 허공을 물어 보시었으니 이는 너의 사량思量하는 힘이 동방 한쪽만도 못 미치는 것을 알리신 뒤에 시방十方을 물으시고 사량할 수 없음에도 이같이 한량이 없음을 암시하여 보이심이다.

말하자면 상相에 머물지 아니하고 하는 한량없는 사량의 복덕도 그냥 사량할 수 없다고만 말할 수 없음이 저와 같으니 너희들 경우에 사량할 수 없음은 동방허공에서 다 되었거늘 하물며 동서 두 방위이며 동·서·남 세 방위이며 동서남북 네 방위이며 또는 팔방八方이며 시방十方이겠느냐 하심인 것이다.

그러므로 이 상相에 머물지 아니하고 하는 보시의 복덕은 이 시방허공을 다 가지고 비유해 보았자 백분의 일도 천분의 일도 또는 백만억분의 일도 못 미칠 것을 보여주신 것이다.

그런데 허공을 비유하심은 웬일인가? 그래도 우리들 경우에다 이 무량한 복덕을 비유해 주심에는 이 허공만한 것도 없는 까닭이다.

不也니다 世尊이시여

아니옵니다. 세존이시여

【강의】

　수보리는 동방허공이 사량할 수 없음과 같이 서방도 그렇고 남방도 그렇고 북방도 그렇고 또는 사면팔방 상하上下 허공이 다 그랬던 것이다. 이같이 동서남북이 어떠한 것인 줄도 알 수 없을 뿐 아니라 사유四維 사방이 어디라고 꼬집어 말할 수 없을 때에 시방十方을 분별하던 생각은 홀연히 흩어졌다.

　동시에 동서남북 사유상하방四維上下方은 거짓인 이 몸 하나를 두고 임시 임시로 생기는 것인 줄 알아졌다. 그때에 동서남북과 사유상하방四維上下方의 이름도 거짓인 이름인 것을 알아냈다.

　그래서 이러한 허망무실한 시방허공十方虛空 가운데에서 또한 허망무실 사대색신四大色身을 가지고 서서 허망무실한 시방허공 명호를 지어내고 있는 사량분별도 또한 허망무실한 놈인 것을 알아냈다.

　여기에서 일체가 다 허망인줄 깨닫고 보니 이곳에는 허공이며 사량이며 색신色身이며가 다 없어지고 말았다.

　이때에 수보리의 생각이 이에 처하여 '세존이시여, 일체가 다 사량이 아니옵니다' 하고서 부정의 언사를 여쭌 것이다. 이 말은 사량할 수 없다는 말보다 "사량이니 비사량非思

量이니가 다 아닙니다" 한 그 말인 것이다.

須菩提야 菩薩의 無住相布施福德도 亦復如是하여 不可思量이니라

수보리야 보살의 상에 머무름이 없는 보시의 복덕도 이와 같으니 사량이 옳지 않으니라.

【강의】
　부처님께서 두 번이나 물으신 사량思量 여부에 두 번이나 다 '못하겠습니다' 라고 대답한 수보리의 말을 들으시고서야 비로서 본디 하시려던 말씀을 꺼내시는 것이 이렇다.
　'수보리야 저 동방허공과 또는 시방허공十方虛空에게 사량이 불가함도 저러히 차이가 있는 것 같이 보살이 상에 주住함 없이 하는 복덕도 또한 그러하여 사량이 불가함에서도 층등層等이 한량없으니 그 가운데서도 상相에 머물지 아니하는 보시의 복덕은 구경究竟인 비사량처非思量處인줄 알아라' 하셨다.
　'어찌한 연고냐? 상相에 머물지 아니한 보시의 복덕으로 말하면 사량할 수 없다는 말도 오히려 사량에서 나온 말이니 저 허공이 사량이 불가하지만 동방으로부터 시방十方까지 차별이 있음과 같이 상相에 머물지 않는 보시의 복덕도

그러하여 비사량非思量에서도 필경 마지막인 비사량처非思量處이니 사량이라는 말이 불가하니라' 하심이다.

왜 그러냐? 보시할 때 주住함이 없이 허공같이 사량을 떠나 보시하였으므로 그 과보가 생김이 또한 그러하여 허공같이 사량을 떠난 곳을 얻는 까닭이다. 그러면 이 곳은 사량을 떠났으므로 비사량非思量이라 한 곳도 떠났을 것이다.

또 사량과 비사량非思量을 함께 떠났으므로 다시 사량도 할 수 있고 비사량非思量도 할 수 있을 것이다. 왜냐? 양끝을 다 놓았으므로 취사取捨가 자유자재한 까닭이다.

그러므로 상相에 주住함이 없이 하는 보시만 할 줄 알고 상相에 머무는 보시를 할 줄 모르면 도리어 상相에 머무는 보시가 되는 것도 알아야 한다. 어떠한 이유냐? 상相에 머물지 않는다 하는데 집착하였으므로 그렇다. 이것은 보시뿐만 아니라 지계, 인욕, 정진, 선정, 지혜도 또한 그러한 것이다.

가령 지계持戒도 지킬줄만 알고 아니 지킬줄 모르면 대승의 지계가 아니다. 어찌한 이유이냐? 지계에 집착함인 까닭이니 지계가 구경이 아님을 모르는 탓이다.

구경땅究竟地인 자성계自性戒로 보면 지계, 비지계非持戒가 다 비지계이다. 자성상自性相으로 보면 선도 악이요, 악도 악이니, 계와 비계非戒가 상관없음에서는 계를 가질 때도

4. 묘행무주분 77

있고 아니 가질 때도 있는 것이다.

이것이 참 계戒를 가짐인 구경땅究竟地인 것이다. 또 설사 구경땅을 얻었다 할지라도 구경땅究竟地을 얻음이 사량되면 실상實相의 구경땅은 아닌 것이다. 구경땅이 비구경非究竟땅인 줄 모르는 탓이다.

그러므로 구경究竟땅을 얻고도 구경땅에 주住하지 말지니 구경땅이 구경땅이 아닌 까닭이요, 비구경非究竟땅을 떠나면서도 비구경땅을 떠나지 말지니 비구경땅이 비구경땅이 아닌 까닭이다.

즉 다시 말하면 구경究竟, 비구경이 정법定法이 없어서 인연을 따라 들고 남入出에 주착住着함이 없이 자유자재히 수용함이 구경땅인 것이다.

이와 같은 논법으로 보시, 지계, 인욕, 정진, 선정, 지혜가 다 그런 것이다. 이쯤 생각해 보면 사량할 수 없는 구경究竟이 될 것이다. 이것이야말로 보살이 주住하지 않는 보시의 복덕인 것이다.

須菩提야 菩薩은 但應如所敎住니라

수보리야 보살은 다못 가르친 바와 같이 반드시 머물 것이다.

【강의】

그러므로 부처님이 끝으로 이 뜻을 거듭 일러주시려 수보리를 불러 가르치시되 '무릇 법을 배우는 너희 보살들은 마땅히 나의 가르친 바와 같이 양쪽을 여읜 무주無住에 다못 주함 없이 주할지니라' 하셨다.

만일 보살이 주하는 무주처無住處가 있으면 이는 무주처를 잘 알지 못함이다. 또 무주처를 바로 알았다 할지라도 주함이 있으면 무주無住에 주함이 아니요, 무주처를 유주처有住處로 만듦이 된다. 여기에서 구경의 무주처를 알아 볼 줄 알아야 한다.

붓이 여기에 이르러 수행하는 여러분에게 한 말씀 붙이고 싶다. 무릇 도道를 배우는 사람은 진실로 이 자리인 묘주처妙住處를 알기가 극히 어렵다. 수정각水晶角 위에 바늘끝을 세움같이 털끝만큼 틀려도 그곳中心處이 아닌 탓이다.

또 이 자리의 묘주처妙住處는 알기가 심히 쉽다. 다른데서 구함이 아니요 한 생각이 한 번만 바로 듦에 있는 탓이다.

그러므로 옛사람이 이 자리를 극히 미묘라 하셨으니 털끝만큼도 틀릴 수 없음이요, 이 자리가 극히 쉽다 하셨으니 한 생각이 바로 응함에 법계法界에 즉할 수 있는 까닭이다.

진실로 이 묘주처妙住處에 머물 줄 아는 사람은 곧 도를

4. 묘행무주분 **79**

아는 사람이니 모든 불보살의 용심처用心處를 알아서 큰 깨달음을 엿볼 것이다.

애처로운 일이다. 수행하는 사람 대부분이 여기에 목표를 잘 못 정해 평생을 그르치고 있다. 아무리 바늘끝을 수정각水晶角 위에 세우기가 어렵다 해도 치밀에 치밀을 극極하여 중심의 미묘微妙를 얻으면 세울 수 있는 것이요, 아무리 일념과 일보一步를 옮김없이 자심自心에서 얻는 용이한 일이라 할지라도 등한히 여겨 온심蘊心의 공空이 없으면 곧 한 생각에서 십만팔천리의 거리가 생기는 것이다.

이 자리를 알려는 사람은 세심하게 참구하여야 할지니 고무줄과 같이 할 것이다. 강한 힘이 와서 비틀면 꼬이었다가도 강한 힘이 가면 다시 원상복구하나니 이는 자기의 본성을 놓치지 않는 까닭이다.

또 오뚝이와 같이 할 것이다. 어떠한 침해하는 힘을 받아 칠전팔도七顚八倒 할지라도 침해력이 자기 몸에서 떠나가면 다시 오뚝 일어서나니 자기의 정신을 변치 아니한 까닭이다.

이 두 물건과 같이 하여 이 두 물건을 모범하되 원각자성圓覺自性을 놓치지 말아서 항상 반조返照할것이요 향상向上하는 일로一路를 변치 말아서 꾸준히 매진해야 할 것이다.

이와 같이 하여 치밀에 치밀을 극하여 참구하며 세심에

세심을 다하면 치밀이 비치밀非緻密이 될 것이며 세심이 비세심非細心일 될 때가 있을 것이다. 이때야 말로 비로서 성력省力의 공功을 얻어 참구參究할 것이니 참구가 아니므로써 참구가 될 것이다. 이러한 참구로서 쉬지 아니하고 나아가면 묘주처妙住處이자 보리자성이 즉각卽刻일 것을 알아야 한다.

PART 5.
여리실견분

第五. 如理實見分

須菩提於意云何可以身相見如來不不也世尊 不可以身相 得見如來 何以故 如來所說身相 即非身相佛告須菩提凡所有相皆是虛妄若見諸相非相即見如來

5. 여리실견본 如理實見分

須菩提야 於意에 云何오 可以身相으로 見如來不아

수보리야 네 뜻에 어떠하냐 신상身相을 가지고 여래라고 하면 옳겠느냐, 옳지 않겠느냐?

【주해】

신상身相은 색신色身이니 부처님이 당시 가지고 계시던 4대색신(지·수·화·풍)이다.

[문] 지, 수, 화, 풍의 4대색신四大色身의 설명을 바란다.
[답] 현재 우리가 가지고 있는 색신色身이 곧 지·수·화·풍 4대로 된 것이다. 왜 그러냐? 가는 곳을 보면 온 곳을 알 것인 연고이다. 말하자면 살, 뼈, 가죽, 손발톱, 터럭, 이빨, 때 등은 땅으로 돌아가고, 눈물, 콧물, 침, 정액, 오줌, 피 등은 물로 돌아가고,

더운 기운은 불로 돌아가고, 운동하는 기운은 바람으로 돌아갈 것이니 이 몸이 지수화풍 4대四大로 된 것은 의심할 여지가 없다.

【강의】

부처님께서는 서른 두 가지의 상相과 여든 가지의 좋으신 모양을 가지셨다(즉 32상三十二相과 80종호八十種好이시니 이는 번거롭기에 생략함). 대략 알기 쉬운 것으로 예를 들자면 몸은 단정하시고 금색광명이 나시는 것이든지, 눈빛은 별과 같이 밝고 깨끗하신 거라든지, 음성은 요량하시어 멀고 가까움 없이 들리는 것이라든지 등의 서른두 가지로 보는 법에 다 합당하시고 여든 가지로 보는 법에 결점이 없으신 구족하신 색신이시었다.

그런데 이러한 원만하신 신상身相으로 항상 제자들을 대해 주실 때에 누추한 신상身相을 가진 제자들은 부처님을 바라뵈올 때마다 흠모하고 공경하는 마음이며 존경하고 찬탄하는 마음이 간절하였던 것이다.

그러자 마침 부처님께서 이 회상에서 상相에 머물지 아니한 복덕이 저렇듯 무량함을 말씀하셨을 때에 제자들은 마음속으로 '저 무량복덕이란 저렇듯 구족원만하신 상호가 아닐까?' 하고 생각하므로 이 뜻을 밝히시려 수보리를 불러 물으시었다.

'네 뜻에 어떠하냐? 나는 소위 너희들이 일컫는 여래이다. 그러면 여래라는 뜻은 내來하였으나 상주하여 여여如如함을 이름이니 방금 내가 가지고 있는 신상身相으로서 여래라고 볼 것 같으면 옳겠느냐? 옳지않겠느냐?' 하시면서 이 색신의 구족상은 상相에 머물지 않는데로 온 복덕이 아님을 밝히시며 동시에 이는 색에 머무는 생각인 것을 일깨워 주셨다.

不也니라 世尊이시여 不可以身相으로 得見如來니이다

아닙니다. 세존이시여 신상으로서 여래라 함이 옳지 않습니다.

【강의】

수보리는 부처님이 물으신 말씀의 뜻을 안 것이다. 그래서 곧 답을 여쭙되 '아니올시다. 세존이시여, 지금 세존이 가지고 계신 신상身相은 아무리 서른두 가지의 이르는 상相이시며 여든 가지의 좋은 모양을 가지셨다 할 지라도 이것은 4대색신에 불과하여 급기야에는 늙고 무너지고 썩는 것이니 이것만은 우리 범부와도 다름이 없으시어 지地는 흙으로 돌아가고 수水는 물로 돌아가고 화火는 불로 돌아가고

풍風은 바람으로 돌아갈지니 이러한 색신으로써 여래라고 보면 이는 대단히 옳지 않습니다.' 하였다.

何以故오 如來所說身相은 卽非身相이니다

왜 그럽니까? 여래께서 말씀하신 바 신상이 곧 상이 아닙니다.

【강의】

'왜 그러합니까? 여래라는 뜻은 여如하고 변함이 없고 중생을 위하여 내현來顯하셨으나 내현來顯이 아닌 뜻이니 말하자면 무너지는 몸이 아닌 것이며 늙는 몸이 아닌 것이며 병드는 몸이 아니며 죽는 몸이 아니며 썩는 몸이 아니며 더러운 음식을 먹음으로 사는 몸이 아닌 것이니 이는 항상 머무는 몸이시며 생生이 없으므로 멸도 없는 몸이시며 늙고 아픔이 없는 몸이시며 죽고 썩음이 없는 몸이시며 다함이 없는 실상법實相法의 몸이시며 변함이 없는 금강의 몸이십니다.

이러한 항상 머물러 변함이 아니신 다함이 없는 법신法身의 여래를 가지고 연緣으로, 모이었다가 인연이 다하면 헤어지는 색신色身, 나고 늙고 병들고 죽고 하는 색신, 허위요, 실이 아닌 무상無相이요, 순간인 색신에다가 말하게 됨은 불가함이 두번도 말할 필요가 없습니다.

왜 그러하옵니까? 여래께서 말씀하신 바 신상身相은 허망하고 실다움 없음이 물거품같고 찰나이고 항상이 없음이 번개 같사옵기 이런 까닭으로 '여래께서 말씀하신 바 신상身相이 곧 신상이 아닙니다.' 한 것입니다.

[문] 그런데 무슨 까닭으로 신상身相이 곧 신상이 아니라는 것을 다시 더 밝히십니까.
[답] 이 몸이 말하자니까 신상身相이라고 부르는 것이다. 실상實相에는 신상이 아니다. 물거품같이 허망무실한 것이다. 가령 물거품이 말이 물거품이요 인연이 다하면 물거품은 찾으려 해야 찾을 수 없고 단지 이름만이 전해지는 것이다.

누가 물거품을 집어서 보여 줄 것인가? 그래서 물거품이 한번 꺼지면 물거품의 존재를 볼 수가 없다. 물은 물일지요 거품은 아니며, 바람은 바람일지요 거품아닌 까닭이다.

그러므로 물의 거품이 거품이 아니다. 실상에는 물과 바람이다. 이와같이 우리 신상身相이 신상이 아니다.

실상實相에는 지·수·화·풍이다. 이 지수화풍 4대가 인연을 따라 화합함에, 거짓 이름하기를 실상實相이라 하는 것이다. 그러므로 이 신상身相이 인연이 다한 후에는 찾으려 해야 찾을 수 없다. 지·수·화·풍은 지·수·화·풍일지요, 실상實相은 아니다.

이러므로 신상身相이라 함은 일종의 명사에 불과할지요, 실재가 없는 것이다. 그러기 때문에 경에 말씀하시되 '신상이 신상이 아니다' 하는 것이다. 그런데 또 그 뿐이랴? 이 지수화풍인 4대까지도 신상身相이 물거품인 것같이 허망하여 실재가 없는 것이다.

그러므로 우리가 신상身相을 실재로 집착하게 되는 것이 얼마나 전도顚倒에 전도를 거듭했는지 모르는 것이다.

또 이 신상身相이 말이 신상이지 실상實相에는 번개불같이 빠른 것이다. 또 저 번개불이 말이 번개불이지 실상에는 말할 여지도 없이 눈 깜짝할 동안이다.

이는 공중에서 음전기와 양전기가 부딪침(즉 인연 화합)에 생기는 빛(즉 신상身相과 같음)이니 이 색상色相이 실재라 할 수 있을까? 우리의 신상도 이와 같으니 어찌 여기에 집착하여 나를 삼을 것인가? 이러므로 신상身相이 실상이 아니다.

[문] 우리의 신상이 허망하여 몸이 아님을 알았으나 어찌하여 번개불의 빠른 것과 인생일대의 빠른 것을 같이 보는가?

[답] 당신은 신상身相에 집착하고 집착이 심한 까닭이다. 이는 당신이 신상身相으로서 나를 삼은 연고에서 신상에 애착하게 되는 것이다. 애착하므로 허망과 찰나임을 깨닫지 못하여서 번개불의 순간과 신상身相의 순간을 다르게 보는 것이다.

시간은 본래 공하거늘 중생이 신상身相을 애착하는 고락苦樂에서 짧고 긴 것을 느끼나니 신상의 순간을 번개불의 순간보다 길게 생각하는 것을 예로 들자면 단지 하루를 못 사는 하루살이나 일 찰나간에 생멸을 받는 미균중생微菌衆生이 자기 생각에는 지루한 긴 세월을 사는줄로 생각하는 것과 같은 것이다.

이렇게 생각해 보면 일 찰나를 사는 미균중생微菌衆生으로부터 또는 대겁大劫을 사는 제천중생諸天衆生까지도 그 사는 기간이 찰나이고 순간임이 번개불 같음은 조금도 틀린 것이 없는 것이다. 그러나 그들이 각기들 그같이 오래임을 느낌은 마음에 그만큼 고락과 애착이 있는 탓이다.

능히 이렇게 볼줄 알면 이것이 달관達觀이요, 신상身相에 집착하지 아니하고 보는 즉 바로 봄인 것이다. 이렇게 볼 줄만 알면 '신상身相이 곧 신상이 아님이다.' 한 수보리의 말씀이 꼭 바른 소리로 들릴 것이다.

왜 그러냐? 이 신상身相은 시時로도 집착할게 못되고 상相

으로도 집착할게 못되는 까닭이다.

佛告須菩提하시되 凡所有相이 皆是虛妄이니 若見諸相非相이면 卽見如來하리라

부처님께서 수보리에게 말씀하시기를 "무릇 있는 바 상이 다 허망이니 만약 모든 상이 상 아님을 보면 곧 여래를 볼 것이다."

【강의】
부처님께서 수보리가 자기의 물으신 뜻을 깨닫고 바로 대답한 것을 옳게 여기셨다. 그래서 이 뜻을 더 분명히 더 철저하게 보이시려 수보리에게 말씀하신다.

'무릇 있는 바 상相 이것은 모두 허망한 것이니 만약 누구든 모든 상相이 상 아님을 보면 곧 여래를 봄인 것이다' 하시었다.

왜냐, 여래가 따로 없고 봄이 곧 여래인 탓이다. 상相이 없을 때의 봄은 곧 여래요 상 없이 봄은 여래동용如來動用인 것이다. 즉 상相없음은 이이요 봄은 러인 것이다.

이것은 앞서 수보리가 말한 '신상이 곧 신상身相이 아니옵니다.' 한 것과 같은 말이다.

일체 있는 바 모든 상相이 다 물거품과 같이, 번개불과 같이 현상現相이 없음은 아니면서도 허망무실성虛妄無實性을

띠우고 있는 것을 말함이니 이것이 모든 상相이 상 아님을 봄인 것이다.

만일 누구든지 제 몸으로부터 산하대지 또는 허공까지라도 이와 같이 상相이 상아닌 줄만 봄이 있어 족히 취取하고 놓을捨 것이 없는 줄만 알면 여래는 보려해서 보아지는 것이 아니다.

비유하면 하늘을 볼려고 하는 사람이 있어서 관찰력이 구름을 떠나지 못하여 구름에만 집착한 바 되면 구름 밖에 다시 하늘이 있는 줄 알지 못하고 구름으로써 하늘을 삼을 것이다.

이는 구름으로 실재를 삼아 이에 주착함이요, 이것이 허망무상한 구름인줄 모르는 탓이다. 즉 구름이 말이 구름이지 실상實相은 구름이라 할게 없는줄 모르는 까닭이다.

만일 구름이 허망무실하여 구름이 구름아닌 줄만 간파하면 하늘에 아무리 구름이 많다 할지라도 또는 아무리 구름만 보일지라도 하늘이 있는줄은 알려해서 알아지는 것이 아닌 것 같다.

여래를 보게됨도 이와 같으니 여래(하늘에 비유)의 일체상一切相(=구름의 비유)이 아무리 많다해도 일체상이 상相 아닌 줄만 간파하면 여래는 볼려해서 보아지는 것이 아니다.

그래서 일체상이 다 없어진 후에야 여래를 보게되는 것

은 아니다. 일체상이 어지러이 일어나고 어지러이 멸하면서도, 방금 일체상에 머물면서도, 여래를 볼 수 있는 것이다.

왜 그러냐? 저 하늘에 무수한 구름이 일고 멸하여 무수한 구름이 있을지라도 이것을 허망히 보는지라 하늘이 있는줄 알기에 힘들지 않은 것 같다.

또한 하늘이 곧 구름이요, 구름이 곧 하늘인 줄 알아야 한다. 만일 하늘을 따로 봄이 있으면 구름이란 영원히 멸도滅度할 수 없다. 또 구름을 달리 봄이 있어도 하늘이란 영영 멸도할 수 없는 것이다.

왜 그러냐, 하늘과 구름을 다 멸도하여야 참 하늘眞空이 나오는 까닭이다. 또 왜 그러냐? 하늘이란 자체가 없는 까닭이다. 그리고 또 하늘과 구름을 즉하여 떠나지 아니하여야 참 멸도滅度인 것이다.

왜 그러냐? 이 역시 하늘이란 자체가 없는 까닭이다. 무슨 까닭이냐? 구름없이 하늘이 아니요, 하늘없이 구름이 아닌 까닭이다.

이와같이 일체상一切相이 곧 여래요, 여래가 곧 일체상인 줄 알아야 할 것이다. 만일 여래를 따로 봄이 있으면 일체상은 멸할 날이 없을지니 여래와 일체상을 둘로 나누는 때는 여래라는 한개 상相만을 더 장만할 뿐인 까닭이다.

또 일체상을 달리 봄이 있어도 여래란 영영 멸도할 수 없을지니 따로 본 여래상如來相이 있으면 곧 여래가 아닌 까닭이다. 그러므로 여래와 일체상을 함께 멸도하여야 한다. 이것이 참 멸도滅度이다.

또 여래와 일체상을 떠나지 아니하고 즉 하여서 여래를 구하여야 한다. 이것이 진여래眞如來이다. 이것이 경에 이른바 '만일 모든 상相이 상 아님을 보면 곧 여래를 봄이라' 한 여래이다.

그런데 이와 뒤집혀顚倒서 상(= 여래상이든 일체상이든)에 주착함이 있으면 곧 아我 · 인人 · 중생衆生 · 수자壽者가 생기어 상주불변하는 여래신如來身을 모른다면 이는 구름으로서 허공을 삼는 것과 같은 까닭이다.

저 허공은 항상 있건만 우리의 봄이 망령되어 전도顚倒되고 착오됨과 같이 여래신如來身은 항상 주하며 변함이 없건만 전도상顚倒想이 거듭 되어 상相이 상 아닌줄 모르므로 해서 여래가 즉처卽處에서 십만팔천리가 멀어지고 즉각卽刻에서 아승지겁 무앙수無央數의 오램이 되는 것이다.

곧 여래면서도 여래와는 상관이 없이 되는 것이다. 즉 **봄**만은 상불멸常不滅하는 것을 모름인 것이다.

보리와 번뇌 사이가 멀다해도 번뇌가 곧 보리인것만 볼 줄 알면 일보一步를 옮기지 않고 십만팔천리에 득달得達할 것이요, 일체상과 여래상을 멸도滅度하기가 요원하다 해도 일체상과 여래상을 즉卽한 후에 진멸도眞滅度인것만 볼 줄 알면 일초의 사이가 없이 3아승지겁이 다 할지니 일체상에 주한들 여래가 아님이 아니며 멸도가 아님이 아니다. 이 **봄**만은 변치 않고 있는 까닭이다.

그러므로 여래도如來道는 한 걸음 한 생각을 움직이지 아니하고 즉처卽處, 즉현실卽現實에서 실현하는 것이다. 털끝만큼이라도 만약 얻음이 있다든지 다름이 있으면 이는 여래도如來道를 얻음이 아니요 외도를 성취함이다. 이것이 여래가 곧 일체상一切相이며 일체상이 곧 여래라 한 것이다.

PART 6.
정신회유분

第六. 正信希有分

須菩提 白佛言 世尊 頗有眾生 得聞如是言說章句生實信不 佛告須菩提 莫作是說 如來滅後後五百歲 有持戒修福者 於此章句 能生信心 以此為實 當知是人不於一佛二佛三四五佛已種善根 已於無量千萬佛所 種諸善根 聞是章句 乃至一念生淨信者 須菩提 如來悉知悉見 是諸眾生 得如是無量福德 何以故 是諸眾生 無復我相人相眾生相壽者相 無法相 亦無非法相 何以故 是諸眾生若心取相 即為著我人眾生壽者 若取法相 即著我人眾生壽者 何以故 若取非法相 即著我人眾生壽者 是故不應取法 不應取非法 以是義故 如來常說 汝等比丘 知我說法如筏喻者 法尚應捨 何況非法

6. 정신희유분 正信希有分

須菩提 白佛言하되 世尊이시여 頗有衆生이 得聞
如是言說章句하고 生實信不릿가

수보리 부처님께 사뢰어 말씀하되 '세존이시여, 이와 같은 말
씀의 장구를 듣고 실다운 믿음을 낼 중생이 자못 있사오리까?'

【강의】

수보리가 이와 같은 심히 깊은 법을 듣고 마음에 염려하
는 생각이 들었다. 그것은 부처님의 말씀하신 법을 듣고 보
니 간단히 말해 '주住함이 없음에서 묘한 행으로 인因을 심
어서 상相이 없음으로 참 깨달음眞覺의 과果를 얻어라' 하심
이니 이것이야 말로 인因도 심히 깊고 과果도 심히 깊은 것
이다.

이같이 심히 깊은 미묘법은 얻어 듣기가 매우 어려운 것
이다. 우리는 무슨 다행으로 부처님을 친히 모시고 듣는지
라 믿을 수도 있거니와 부처님이 입적入寂하신 후 뒤 중생

들은 이러한 깊은 법을 만나기도 심히 어렵지만 다행히 만난다 하더라도 믿기부터가 어려울 것이니 어찌할까 염려되었다.

그래서 부처님께 사뢰어 말씀 드리되 '세존이시여, 대저 믿음은 법 배우는 자의 없지 못할 가장 중요한 것이온데 저의 생각 같아서는 후래 중생들이 이러한 매우 깊은 말씀 장구長句에 이르러서는 실다운 믿음을 낼는지가 의문이올시다.

왜 그럽니까? 중생들의 근기는 박약하기가 미세한 티끌 같고 이 법체法體의 심원深遠함은 허공 같사오니 작은 것으로 큰 것을 용납하기가 첫째 어려웁고, 둘째로 말하오면 이 법을 값 없는 보배구슬이라 하면 중생들은 술을 거르고 난 찌꺼기나 똥거름을 즐기는 개나 돼지 같사오니 술찌꺼기나 똥거름을 좋아하는 축생에게 최상의 보배구슬의 공덕을 설명해 주어도 알아 듣지 못하는 것과 같은 까닭입니다' 하였다.

佛告須菩提하시되 莫作是說하라 如來滅後 後五百歲에 有持戒修福者면 於此章句에 能生信心하여 以此爲實하리라

부처님께서 수보리에게 말씀하시되, 이러한 말을 하지마라. 여래가 멸한 후에 오백세를 뒤로 하여 계를 가져 복을 닦는 자면 이 장구章句에 능히 믿는 마음을 내리니 이로서 실답게 여길 것이다.

【주해】

'후오백세'라 함은 혹은 말하되 대집경大集經이란 경전에 다섯개의 5백세가 있다 하였으므로 지금 이후後 5백세인 즉 2,500년이라 하여 말세末世를 의미한다.

그러나 우의愚意에는 경의 뜻이 다못 2,500년 후만을 가리킴이 아닌가 한다. 왜 그러냐? 하필 2,500세만이 이 장구長句에 신심을 낼리가 없는 까닭이다.

나의 생각에는 후오백세後五百歲하여 한량없는 후오백세를 의미한 후라고 본다. 경전의 뜻을 보아도 더욱 분명하다.

'계를 가진다' 함은 계행의 굴레로 하여금 무명번뇌를 단속하는 뜻이다.

'복을 닦는자'라 함은 무위자성복無爲自性福의 곳으로 간다는 뜻이니, 붙여 말하면 자성自性에 비치어 계를 가짐으로 무명혹無明惑을 끊고 무위복無爲福으로 가는 사람이란 말이다.

【강의】

'이러히 심히 깊은 말씀 장구長句에 후래의 중생의 신심이 의문이올시다.' 한 수보리 말씀에 응하사 수보리에게 말씀하시되 '너는 이것이 무슨 소리냐! 믿을 사람이 없다는 말은 내지 말아라' 하여 한 말씀으로 그렇지 아니한 것을 깨뜨리신 후 이어서 말씀하신다.

'대저 주住함이 없는 묘행과 변함이 아닌 실체에는 반드시 신근信根이 순숙淳熟한 대근기大根器라야 바야흐로 믿을지니 어렵기는 어려운 일이다. 하지만 법의 실체는 항상 밝아 있어 멸함이 아닌고로 전하고 전하는 마음 등은 비록 찰나라도 꺼질날이 없을 줄 믿어라.' 어찌 한 까닭이냐?

"이 본성의 실체에는 시간으로는 과거, 현재, 미래가 없고, 공간으로는 방위方位와 원근遠近이 없고, 넓고 좁음이 없는 까닭이다. 그런 까닭으로 여기에는 흥망 성쇠, 고금古今 우열優劣이 없는 것이다."

왜 그러냐? "시간과 공간이 초월되어 있는 까닭이다."

'그러하건만 네 수보리가 말한 바 뜻을 살펴 보면 지금 부처님 앞에서 법을 듣는 대중은 후래중생보다 수승하니라. 첫째는 여래의 가르침을 친히 받으며, 둘째는 법기法器가 성숙하며, 셋째는 법이 성행盛行하는 정법正法의 때인 것 등이다.

그렇다면 후래중생은 이러한 다행이 없음을 염려함이

아닌가? 이는 법성法性의 자체가 위와같이 시간과 공간이 초월됨을 알지 못함이다.

후래중생을 걱정하는 것! 이는 무슨 망상이며 또 너는 후래중생이 여래의 가르침을 친히 받지 못할 것을 걱정하니 말이다. 너는 여래를 변천하고, 괴멸하는 여래로 보는 것이로구나!

또 너는 후래중생이 법의 그릇이 박약한 것을 걱정하니 말이다. 내가 설하는 이 무주무상법無住無相法에는 우열과 지우智愚가 없는 줄 알지 못함이로구나. 또 너는 후래중생은 말세 상법象法때임을 염려하니 말이다. 다 망상이니 그러한 말을 하지마라.'

'그러하나 또 유상편有相便으로 나와서는 그러한 차별이 없을 수 없으니 유상편有相便으로도 말할 것이니 들어 보라. 후래의 중생이 너희들 보다 못하다는 것은 너희들 보다 좀 더 미했을 뿐인 것이니 너희들 보다 좀 더 시일을 경과하여 닦으면 그만이 아니겠는가?

그러므로 여래가 멸한 후 5백세에 자성이 청정한 계戒인 무주계無住戒와 자성계自性戒를 가지고 무위無爲의 복덕을 닦는 자가 곧 너희와 같이 신심을 내어 깨달을 자가 있을 것이다.

왜 그러냐? 5백세 동안에 자성을 밝힌 덕이다. 또 후오백세도 그러하고 또 후오백세에도 그러하여 이 무주상법無住相法은 한량없도록 끊일 날이 없을지니 이것을 실다운 말로 여길 것이다.'

當知하라 是人은 不於一佛二佛三四五佛하여 而種善根이요 已於無量千萬佛所에 種諸善根이니라

마땅히 알아라. 이 사람은 한 부처나 두 부처 셋, 넷, 다섯 부처에게 선근을 심었음이 아니요, 이미 무량한 천만 부처님 처소에 모든 선근을 심었음이다.

'그러나 이 신심중생信心衆生들이 이러한 심히 깊은 장구長句에 신심을 내는 것이 그렇게 수월한 일인 줄만은 알지 말아라. 왜 그러냐? 이 사람들은 적어도 한 부처나 두 부처나 셋, 넷, 다섯 이러한 소수의 부처님께 선근을 심어서 이렇게 됨이 아니요 이미 무량천만 부처님께 모든 선근을 심었으므로 어려운 장구章句에 신심이 생기는 것이다.

왜 그러냐? 이 장구章句가 그리 쉬운 장구가 아님이니 앞서 말과 같이 이 장구章句의 뜻은 허공같이 광대하고 보배구슬과 같이 고귀하여서 티끌같이 협착狹窄하고, 개, 돼지같이 하열한 근기로는 도저히 불가능한 것이지만 5백세라는 긴 세월을 두고 무량 부처님께 모든 선근을 심기를 거듭하고 거듭한 결과 근기가 순숙하여 대도大道를 감내할만한, 힘을 기달리어 신심이 일어난 연고이다.

그러므로 이 장구章句에 이르러 신심을 내는 자는 과거 무량한 부처님께 무량한 공덕을 쌓았음인 줄 마땅히 알아라. 너희들도 그러했고 나도 그러했느니라.' 하심이다.

聞是章句코 乃至一念이라도 生淨信者면 須菩提야 如來가 悉知悉見하나니 是諸衆生이 得如是無量福德이니라

이 장구를 듣고 내지 한 생각이라도 깨끗한 믿음을 내는 자를 수보리야 여래께서 다 아시고 다 보시나니 이 모든 중생이 이러한 무량복덕을 얻게 되는 것이다.

'이 장구章句는 알 사람은 이러하게 근기가 수승한 사람일 것이니 이러한 깊고 미묘한 장구章句에 말이다. 누구든지 듣고서 내지 한 생각이라도 깨끗한 믿음을 내는 사람은 공空으로 공에 합하는 것 같은 청정한 믿음을 내는 사람일지니 이것이 여래께서 다 아시고 다 보신다는 것이다.'

그것은 어떠한 까닭이냐? "여래는 만고萬古를 전前하되 전前함이 없고, 만고萬古를 후後하되 후後함이 없고, 시방十方에 다했으되 다함이 없고, 티끌에 용납하되 좁음이 없고,

성聖에 처하되 더함이 없고, 범凡에 있으되 감減이 없고, 악에 대하여 책責함이 없고, 선善을 행하여 찬讚함이 없기 때문이다."

무슨 까닭이냐? "선과 악에 분별문제를 여읜 연고이며, 성聖과 범凡에 차별문제를 여읜 연고이며, 광廣과 협狹에 공간문제를 여읜 연고이며, 고古와 금今에 시간문제를 여읜 연고이며, 시是와 비非에 사량문제를 여읜 연고니라."

여래의 땅은 이러히 청정한 곳이니 "탕탕하여 미세한 티끌의 집착이 없으며, 호호浩浩하여 미세한 티끌의 버림이 없는 곳이다."

그러면 이곳에서는 버릴 바가 없으니 십악十惡 또는 마법魔法을 미워할 것 무엇이며, 이곳에는 집착이 없으니 십선十善 또는 성법聖法을 찬양할 것 무엇이며, 이곳에는 고古와 금今이 없으니 불시佛時와 금시今時가 다른 것이 무엇이며, 이곳에는 방소方所가 없으니 사위국舍衛國과 대한민국을 가릴것이 무엇이며, 이곳에는 범凡과 성聖이 없으니 부처와 중생을 찾을 것이 무엇인가?

이와 같이 아는 신심이 즉 사량분별을 여읜 집착과 망상이 없는, 이른바 깨끗한 믿음인 것이다.

그러면 다못 이같이 한 생각 사이라도 깨끗한 믿음이 생긴다면 곧 여래께서 아심이 되고 보심이 된다. 또 내가 곧 여래를 알고 여래를 본다해도 될 것이다. 아니다. 여래가 곧 나요, 내가 곧 여래인 것이다.

何以故오 是諸衆生이 無復我相人相衆生相壽者相이며 無法相이며 亦無非法相이니

무슨 연고냐? 이 모든 중생이 다시 아상, 인상, 중생상, 수자상이 없음이며 법상이 없음이며 또한 법 아닌 상도 없음인 것이다.

그러면 이 모든 중생淨信衆生이 이와 같은 복(여래가 곧 나이며, 내가 곧 여래인 복)을 얻게 되는 것은 어떠한 까닭이냐? 이 역시 모든 중생淨信衆生이 일체상一切相이 없었음이다.

번거로이 말하자면 이 모든 중생이 아상我相이 없었음이다. 아상이 없으면 아我가 공했고 아我가 공하므로 아我를 두고 일어나는 일체번뇌, 망상, 집착, 탐욕 업력이 멀리 떠나는 것이다. 이런고로 이런 복을 받게 되는 것이다.

또 인상人相이 없음이다. 인상이 없으면 인人이 공했고 인人이 공하면 인人을 두고 일어나던 일체 번뇌와 망상, 분별과 집착, 진에眞恚업력이 멀리 떠나는 것이다. 이런고로 복을 받게 되는 것이다.

또 중생상衆生相이 없음이다. 중생상이 없으면 곧 중생이 공했고 중생이 공하면 중생을 두고 일어나던 일체망상, 집착, 분별, 치암 업력이 멀어지는 것이다. 이러한 고로 이러한 복을 받게 되는 것이다.

또한 이 아我, 인人, 중생衆生 3상三相이 멀어짐으로 부터 탐진치의 삼독심이 멀어질 것이니 삼독심이 멀어지면 삼취정계三取淨戒를 실현하여 계정혜가 둘이 아님을 알아서 비로서 청정자성에 생멸이 없음을 맛보고 생멸이 끊임을 맛볼 때에 "이곳이 무량수지無量壽地요, 열반의 땅"인줄 아는 수자상壽者相이 생기게 된다. 이러한 수자상이 없음이다.

수자상이 없으면 열반이 공했고 열반이 공했으므로 열반(즉 수자상이니 얻음)을 두고 일어나는 일체의 깨달음, 증득, 얻은바가 멀리 떠나는 것이니 이러한고로 이러한 복을 받게 되는 것이다.

또 이와 같이 사상四相을 다 멀리 떠나서 적실한 피안에 이르렀을지라도 만약 내가 말미암은 이 법이 실다운 정법이요, 반야법이요, 큰 법이라 집착하고 다른 법을 삿된 법이라 버리면 참 정법을 모르는 법집法執이다.

이는 법에 정법定法이 없음을 알지 못함이며, 이는 피안에 가서는 정법正法도 멀리 여의어야 함을 오히려 알지 못하는 것이니 이것은 법상法相이 되는 것이다.

또 법상(= 사상四相을 여의는 법)이 없음이다. 법상法相이 없으면 법상이 공했으므로 사상四相이 공했고 또한 사상법四相法

의 명사까지도 공하여 비로서 아我가 공(아상과 수자상이 공)하고 법이 공(즉 4상법과 보리법이 공)함에 이르는 것이니 이러한고로 이러한 복을 받게 되는 것이다.

또 아我가 공하고 법이 공한 곳에 이르렀을지라도 그 곳에 주住함으로만 능사로 알고 단멸할 수 없는 묘용妙用의 자취를 알지 못하면 곧 비법상非法相이 된다.

다시 말하면 실상을 드러내게 하기 위하여 막히고 가리었던 일체의 가법假法을 부인하였더니 실상을 보기에 미처서는 실상實相의 묘용妙用인 정법正法까지도 감히 생각을 내지 못하게 되는 것이다.

말하자면 실상이 드러나게 하기 위하여 혼란복잡한 생각을 내지 못하게 하는 것인데도, 비유하면 기계의 실다운 상태를 보게 하기 위하여 혼란복잡한 엔진의 윤전輪轉을 정지시킨 것이어늘 실상을 보기에 이르러서는 정지상태로만 있는 것이 본분인줄 그릇 아는 것과 같다.

또 이러한 비법상非法相이 없음이다. 비법상이 없으면 비법상이 공했고 비법상이 공했으면 아법구공我法具空이 또한 공하여 완공頑空이 아니요, 완공頑空이 아니면 단멸이 아니니 단멸이 아니므로 진공묘유眞空妙有의 합치하는 이러한 복을 받게 되는 것이다.

何以故오 是諸衆生이 若心取相이면 則爲着我人衆生壽者이니 若取法相이라도 卽着我人衆生壽者일새이니라

무슨 연고이냐? 이 모든 중생이 만약 마음에 상을 취하면 곧 아상, 인상, 중생상, 수자상에 집착함이 되는 것이요, 만일 법상을 취해도 아상, 인상, 중생상, 수자상에 착하게 됨인 것이다.

그러하면 어찌한 까닭으로 사상四相이며 법상法相이며 비법상非法相이 없어서 이러한 무량복덕을 받게 되느냐 하는 까닭을 한번 더 캐자면
"이 깨끗한 믿음이 있는 모든 중생이 만약 마음에 아我, 인人, 중생衆生, 수자壽者간에 상相이거나, 또는 이 사상四相이 없는 상相이라도 취하게 되면 이는 곧 아, 인, 중생, 수자에 도로 착함이 되는 탓이니 깨끗한 믿음이라 할 수 없어서 무량복덕(내가 곧 여래요, 여래가 곧 나인 복)을 받을 수 없는 것이 된다.
왜 그러냐? 이 무량한 깨끗인 믿음의 복덕성품에는 청정한 마음의 깨달음이 아니고는 합침을 얻지 못하는 이유이다.
또 이에서 한층 더 나아가, 이와 같은 사상四相이 없는 상까지 없는 무법無法의 상(즉 법상)까지라도 취하면 또한 아,

인, 중생, 수자의 사상四相에 도로 착함이 되는 것이어서 깨끗한 믿음이라 할 수 없음으로써 여래에 합치는 무량복덕을 받을 수 없는 것이다.

왜 그러냐? 이 무량한 청정복덕에는 무상청정無相淸淨한 믿음의 깨달음이 아니면 합하여 얻을 수 없는 연고이다. 왜 그러냐? 내 마음이 청정하여 무위무상無爲無相의 청정실상을 믿게 됨은 내 마음이 모든 상相을 무위무상無爲無相의 청정실상이 되는 때인 연고이다.

何以故오 若取非法相이라 卽着我人衆生壽者리니

무슨 연고이냐? 법이 아니라는 상을 취할지라도 곧 아상, 인상, 중생상, 수자상에 착하게 됨일새니.

그러면 사상四相에도 착하지 아니하며, 사상법四相法에도 착하지 아니하며, 또 이러한 데를 착하면 못쓰느니라 하는 법상法相에도 착하지 아니한다면 일체법을 쓰지 아니하는 끊지고 멸한 듯 한 곳, 즉 비법상非法相을 취할 것인가? 이것이 무위무상無爲無相의 청정실상인 그곳일까?

아니다. '어찌한 연고로 그러하냐. 만약 비법상非法相이라도 취하면 도리어 아, 인, 중생, 수자상에 착함이 되는 탓이니 이는 사상四相이 없는 정신淨信(= 깨끗한 마음)이 못되므로 무량복덕을 받을 수 없다.

왜 그러냐? 깨끗한 믿음이라는 깨끗에는 사상四相을 여읜 법상法相으로, 법상을 여읜 비법상非法相까지도 용납되지 못하는 까닭이다. 이 깨끗에는 얼씬만 해도 사상四相이 되는 까닭이다. 이 깨끗에는 집착함도 사상四相이 되고 떠남도 사상이 되는 것을 알아야 한다.

[문] 그런데 이 비법상非法相까지 여의면 어디로 가는가? 다시 법상法相으로 가는가? 왔다 갔다 하는가? 중간에 있는가?

[답] 이미 생각이 이곳에까지 이르렀으니 한번 살펴보자. 가령 내 마음이 청정하여 사상四相이 없으므로 아我이니 인人이니 중생이니가 없고 또는 득처得處(=수자)까지 없을지라도 마음에 없는 것을 알 때에는 아직도 중생집衆生執을 면치 못함이 된다.

왜 그러냐? 이것은 청정심과 청정을 깨닫는 마음이 벌써 둘이 되었으니 아상, 인상이요 따라서 청정이 있으므로 해서 비非청정이 있을지니 중생상衆生相이요, 또 청정을 얻은 것으로 해서 열반처를 느낄지니 수자상壽者相이다.

그러므로 이것은 아무리 깨달음과 아는 것이 있을지라도 중생분별계衆生分別界에 노는 것이므로 중생집衆生執을 면치 못한다 하는 것이다. 또 능히 이 중생집을 떼어 중생분별계衆生分別界를 떠났다 할지라도 가졌던 법은 오히려 남으리니 이것이 법집法執이다.

그러므로 법상과 비법상이 함께 법집法執에 속한 것이다. 그러면 법집 중에서 법상法相, 비법상非法相을 어떻게 분별하겠는가? 법상은 중생분별계를 떠났을지라도 오히려 지키던 법, 가졌던 법, 분별계分別界를 여의므로 얻은 법은 남아 있을 것이다.

이 일체 분별은 없다 할지라도 법 하나는 가지고 놓지 못할 것이니, 이것을 법상法相의 법집法執이라는 것이다.

비유하면 배를 타고 저 언덕에 까지 갔을지라도 이 배가 나를 이곳까지 오게 해준 것만을 생각하고 차마 배를 떠나 언덕에 오르지 못한다 하면 이는 배에 집착하여 언덕을 모름이니 법에 집착하여 피안을 모름도 이와 같다. 그런고로 법상法相의 집착執이 있으면 다시 사상四相에 집착하게 될 것이다.

어찌 함이냐? 법에 걸림이 있을진댄 법에 걸려 있는 놈도 있을지니 걸려진 놈은 아상我相이요, 법은 인상人相이 될 것이다. 또 자기가 처한 바 법을 둘도 없는 정법正法으로 집착할지니 이미 정법이 있는 바에는 사법邪法이 없을 수 없을지니 중생상衆生相이다.

또 이 법은 만고불변의 대진리라 할지니 수자상壽者相이다. 그러므로 법상法相이 아무리 사상四相을 여읜다 할지라도 법집法執에 불과한 연고가 이것이다. 이것이 법집에 속한 법상이다.

또 능히 사상四相을 없애되 중생집衆生執을 여의었으므로 일체 중생계에 분별이 없고 법집法執을 여의었으므로 일체 법에 집착이 없으면 어떻게 될 것인가? 능히 네가지 상相으로부터 중생집衆生執, 중생집으로부터 법집法執을 여의어서 얻은 법에는 집착이 없다할지라도 법을 여읨을 진제眞諦로 알지니 이것은 비법상非法相이다.

비유하면 능히 배를 놓고 피안에 올랐다 할지라도 피안에 도달한 줄 알면 실은 못 오름이다. 왜 그러냐? 피안은 법을 놓고 취함에 있는 것이 아닌 까닭이다. 이 배는 배를 놓는 것도 태워지는 것이요, 배를 취해서 태워지는 까닭이다.

무슨 연고이냐? 저 언덕은 오름없이 오르는 것이며 이 배는 버림없이 버리는 까닭이다.

그런데 이 배는 버림없이 버릴 줄 모르면 항상 이 배에 실려 있음일지니 이 배에만 실리면 법상法相이나 비법상非法相할 것 없이 네가지 상에 집착함이 되는 것이다.

어찌 함이냐? 법상은 앞에서 말하였으니 그만 두고 비법상非法相으로 말하자면 비법상에 취하면 법을 돈연頓然히 여읨이 못되고 법상을 상대함이 되는 것이니 비법상은 아상이요 법상은 인상人相인 것이다.

또 비법상과 법상이 상대되었으니 사상(邪法)이 오히려 멸치 못함인지라 중생상衆生相인 것이다. 또 법상을 여읨으로 해서 피안에 도달한 느낌이 있을지니 수자상壽者相인 것이다.

그러므로 비법상이 아무리 법상을 여읜다 해도 오히려 법집法執에 불과할 것이니 진제眞諦에는 도달 못한 것이다. 이것은 법집法執에 속한 비법상非法相이다.

그런데 이 비법상非法相을 마저 여의고 버리면 어디인가? 물은다면 물론 진제眞諦라 답할 것이다. 그러나 진제眞諦를 취함이 있으면 참으로 비법상을 여읨이 아니요, 따라서 이른 곳도 진제眞諦가 아닐 것이다.

진제는 법상을 여읨 것도 아니요, 비법상을 여읨 것도 아니다. 또 법상, 비법상에 착한 것도 아니다. 왜냐? 진제眞諦는 법상, 비법상을 여의고 붙임에 있는 것이 아니요 진제는 법상, 비법상을 여의지도 말고 붙이지도 말고 있는 까닭이다.

왜냐? 진제眞諦는 법상法相, 비법상非法相을 여의든 붙이든 간에 함께 착着이 되는 까닭이다. 그러므로 비법상非法相을 여의면 어디로 가느냐 하는 것은 아니되는 말이다.

만일 비법상을 여의고 어디로 가는 데가 있다면 비법상은 여읨이 없이 여의어야 할지니 비법상을 여의든 놓든 다 착着이 되는 것을 모르는 것이 된다. 비법상은 여읨없이 여의어야 할 것이니 진제眞諦는 여의든 아니 여의든 본래가 부동인 까닭이다. 그렇거든 항차 왔다 갔다 한다든가 중간에 있는가 하는 물음은 부당한 물음이다.

是故로 不應取法이며 不應取非法인 것이다

이러한 고로 응당 법에 취하지도 말아야 하며 법 아님에 취하지도 말아야 한다.

【주해】

이 대문大文에 **법**이니 **비법**이니 하는 것은 윗 대문에 "법상, 비법상"의 "법, 비법"과는 현격한 차이가 있다. 이 대문에서 법이라 함은 법상, 비법상을 함께 취하고 놓는 것을 여읜 법을 이름이요, 비법이라 함은 법상 비법상에 속하는 법이다.

【강의】

이런고로 부처님께서 다시 이 진제眞諦를 바르게 하시려

말씀하신다. '진제眞諦에는 법상法相 비법상非法相을 양면에서 함께 취사取捨를 여읜 법까지도 마땅히 취하지 말아야 할 것이다. 취하면 아무리 진제법眞諦法이라 해도 법집法執이 되는 까닭이다."不應取法 그러나 이 진제법眞諦法에 취하지 않고 나면 다시 법상이나 비법상에 붙기가 쉽다. 왜 그러냐? 갈 데가 없는 탓이다.

그러므로 부처님이 다시 말씀하시되 '마땅히 비법非法에 취하지 말아야 한다.' 하셨다. 이 비법非法이란 본래부터 법집法執이 되는 "법상, 비법상"이므로 그렇게 말씀하셨다.

以是義故로 如來常說하시되 如等比丘가 知我說法을 如筏喩者댄 法尙應捨어든 何況非法가하니라

이러한 뜻인 연고로써 여래가 항상 말씀하시되 '너희들 비구가 나의 설한 바 법을 뗏목으로 비유함 같은 줄 알지면 법도 오히려 마땅히 버리려든 하물며 법아닌 법이겠느냐' 하였다.

이러한 연고로서 여래께서 항상 말씀하시었다. '너희들이 내가 설한 바 법을 비유해서 뗏목같은 줄 알다면 정말로 저 언덕에 도달케 하는 법(법상, 비법상을 여읜 법)도 필경에는 버리고야 말 것이어늘 하물며 저 언덕에 도달하는 법도 못되는 비법非法(= 법상, 비법상 등 법)이겠느냐?' 하시었다.

6. 정신희유분

자세히 말하면 어떠한 사람이 있어 뗏목을 타고 저 언덕까지 도달하면 이 뗏목이 저 언덕에 도달케 해준 진제법眞諦法이건만도 저 언덕에 이른 후에는 오히려 아니 버릴 수 없게 되는 것이다. 이 뗏목을 버리지 아니하고는 저 언덕에 오를 수 없는 탓이다. '이같은 진제법眞諦法인 뗏목도 이러하거늘 하물며 저 언덕에 도달케도 못하는 비법非法이야 말할 것도 없다.' 하신 것이다.

저 언덕에 이르면 법상法相, 비법상非法相을 취하고 놓음을 다 여읜 진실법도 이러하거늘 법상法相, 비법상이 다 비법非法에 떨어지고 마는 이러한 법이야 말할 것도 없는 것이다. 그러므로 경經에 '마땅히 법에 취하지 말고 마땅히 비법非法을 취하지도 말라' 하신 것이다.

옛 성인도 말씀하시기를 '부처님이 일체법을 설하신 것은 일체의 마음을 제除하게 하기 위함이시니 내가 일체 마음이 없거니 일체법은 무엇에 쓰리오?' 하신 것이다.

과연 그렇다. 자기의 일체 번뇌망상을 없애기 위하여 법을 씀이요, 망상이 없는 바에야 어떠한 법인들 소용있겠는가?

이때에 법은 병없는 자의 약과 같은 것이니 병없는 사람에게는 약도 도리어 병이 되는 것 같이 일체 마음이 없는 사람에게는 법도 도리어 망妄이 되는 것이다. "이같이 병도 없고 약도 없는 곳, 곧 저 언덕, 곧 진제眞諦는 어떠한 것인가?" 물을 것 같으면 "법도 없거니 비법非法이겠는가" 하고 답할 것이다.

왜냐? 병을 놓아 버린 건강한 사람, 곧 저 언덕에는 병을 낳게 한 참약, 곧 진실법眞實法도 소용 없거니 병에 가당치도 않은 약, 곧 비법非法이야 말할 것이 있겠느냐는 말씀이다.

이러한 자리라야 진실로 주住함이 없고 착着함이 없는 곳이라 할 것이니 어찌한 연고이냐? 주착住着함이 없으면서도, 주착함이 없음이 없이 주착住着이 없는 까닭이다.

PART 7.

무독무설분

第七. 無得無說分

須菩提於意云何 如來 得阿耨多羅三藐三菩提耶 如來有所說法耶 須菩提言 如我解佛所說義 無有定法 名阿耨多羅三藐三菩提 亦無有定法 如來可說 何以故 如來所說法 皆不可取 不可說 非法非非法 所以者何 一切賢聖皆以無爲法而有差別

7. 무득무설분無得無說分

須菩提야 於意에 云何오 如來得阿耨多羅三藐三
菩提耶아 如來有所說法耶아

수보리야 네 뜻에 어떠하냐? 여래가 아뇩다라삼먁삼보리를 얻
었느냐? 여래가 설한 바 법이 있느냐?

【강의】
　부처님이 이러한 구경究竟의 말씀을 해놓으시고서는 청
중이 바로 들었을까가 의문이시었다.
　그것은 무엇이냐? 구경의 땅인 진제眞諦 곧 여래의 땅인
아뇩다라삼먁삼보리에는 진제법眞諦法 곧 아뇩다라삼먁삼
보리도 두지 않거늘 진제법이 아닌 곧 아뇩다라삼먁삼보리
가 아닌 법이야 말할 것도 없다 하시었으니 진제법도 두지
않는다 하심은 얻음이 없으심이거늘 지금 여래가 가지고
계신 아뇩다라삼먁삼보리는 얻음이 아니면 무엇이며, 지
금 여래가 우리에게 말씀하시는 법은 법이 아니고 무엇인

가 하는 의문이 나오기 쉬운 까닭이다.

그러므로 수보리를 부르시어 물어 보시되 '내 여래가 진실로 그 아뇩다라삼먁삼보리를 얻었느냐?' 일깨우셨으니 이 말씀 속에는 너희들이 나더라 얻었다고 하는 소위 아뇩다라삼먁삼보리는 아뇩다라삼먁삼보리이면서도 아뇩다라삼먁삼보리가 아니어서 아뇩다라삼먁삼보리가 되는 것이니 아뇩다라삼먁삼보리 자체가 이러하니만치 나도 이것을 얻을 때에 얻으면서 얻음이 없이 얻으므로 묘히 합한 것이니 얻음 이것이 곧 아뇩다라삼먁삼보리요, 아뇩다라삼먁삼보리가 곧 얻음이 되어 어떠한 것이 아뇩다라삼먁삼보리이며 어떠한 것이 얻음인지 모르겠노라 하심인 것이다.

왜 그러냐? 아뇩다라삼먁삼보리도 본래가 없는 것이요, 얻음도 본래 없는 것이니 만약 얻음이 있으면 아뇩다라삼먁삼보리는 아닌 까닭이다.

그 까닭이 무엇이냐? 얻음이면 벌써 유有이고 아뇩다라삼먁삼보리면 본래가 무無인 까닭이다.

그러므로 "아뇩다라삼먁삼보리는 얻었다든지 증證했다든지 하면 안되는 소리다." 하시는 뜻이 '내가 아뇩다라삼먁삼보리를 얻었느냐?' 하시는 말씀속에 들어 있는 것이다.

그렇게 말씀하시고서도 또 '내가 설한 바 법이 있느냐?'

하시는 말씀을 물으셨으니 이 말씀속에는 이러히 얻음이 아닌 아뇩다라삼먁삼보리에는 법이니 비법非法이니가 말도 안 붙을 것이니 무슨 말이 있겠느냐 하시는 말씀이 숨어있는 것이다.

그러므로 내(여래)가 설하게 된 것은 너희들에게 아뇩다라삼먁삼보리를 알려주기 위하여 설說이 아닌 것을 설해지게 된 것이니 이를 여래의 입장에서 보면 설한 것이 없는 것이니 설說도 없고 따라서 법도 없다.

왜냐? 아뇩다라삼먁삼보리에는 본래에 법이 없으니 설이 있을 것인가? 만약 설이 있다면 설이 아닌 것을 설하여 설說아님을 알리려 함일지니 필경에 설 아닌줄 알아야 한다는 것이다.

須菩提言하되 **如我解佛所說義**하면 **無有定法**이 **名阿耨多羅三藐三菩提**이옵고 **亦無有定法**을 **如來可說**이니이다

수보리 말씀드리되 부처님 말씀하신 바 뜻을 제가 알음 같아서는 정한 법이 있지 아니함을 이름하되 아뇩다라삼먁삼보리라 하옵겠고 또한 정한법이 있지 아니함을 여래께서 가히 설하신 것일 것입니다.

부처님의 깊으신 이 물음을 수보리는 알아챘다. 그래서 곧 말씀드리되 '제가 부처님 말씀하신 뜻을 아는 것 같아서는 정법定法이 있지 아니함이 이름이 아뇩다라삼먁삼보리이옵고 또 여래가 법을 설하신다 해도 이 정법定法에 있지 아니한 이것일 것입니다' 하였다.

어찌한 말이냐? 소위 아뇩다라삼먁삼보리법 자체가 정한 법이 없거니 얻음이 아니 그러할 수 없고 얻음이 그러하니 행함이 아니 그럴할 수 없고, 행함이 그러하니 설함도 아니 그러할 수 없다한 것이다.

그것은 또 왜 그러냐? 아뇩다라삼먁삼보리는 아뇩다라삼먁삼보리가 아니므로 아뇩다라삼먁삼보리이니 아뇩다라삼먁삼보리가 없는 바는 아니로되 정定한 법이 없음이요, 또 법을 얻음에도 그러하여 얻음이 없음으로 얻음을 삼으니 얻음이 없음은 아니로되 정한 법이 없음임을 이름이다.

이는 즉 얻음과 법이 일시에 공空하여 머무르고 정定할 곳과 그렇게 할 자가 있지 아니한 이것이 바로 아뇩다라삼먁삼보리인 까닭이다.

이곳은 머무르고 정定함이 없는지라 취하고 사捨함이 자재로울 것이요, 이곳은 정한 법이 없는지라 착着하고 떠남이 임의로울 것이다.

또 취取와 사捨이며 착着과 이離를 두지 않는지라 때와 인연을 따라 들고 남이 자재함에 일정한 곳이 따로 있지 않을 것이며 일정한 법이 따로 있지 아니 할지니 이러므로 경經에 정법定法이 있지 아니 함이 아뇩다라삼먁삼보리요, 정법定法이 있지 아니 하므로 여래가 가히 설하실 것입니다' 하였다.

何以故오 如來所說法은 皆不可取며 不可說이며 非法이며 非非法이니다

어찌한 연고입니까? 여래께서 말씀하신 법은 다 가히 취할 수 없으며 가히 말할 수 없으며 법이 아니며 법 아님도 아닙니다.

어찌한 연고로 그러한가 하시면 아뇩다라삼먁삼보리를 두지 아니한 연고로 인연을 따라 머무르며 때를 따라 들고 남이 자재인지라 정법定法이 없음이오니 여래께서 아무리 천언만어千言萬語를 말씀하신다 해도 이같은 정법定法이 없는 법으로서 이같은 정법定法이 없는 법을 말씀하심이니 아무리 말씀하셔도 말씀이 아니요, 아무리 법을 지어내셔도 법이 아니십니다.

왜 그러합니까? 정해 놓은 법이 따로 없고 때를 따라 생기는 까닭이오며 정한 말이 따로 없고 기틀을 따라 하시게 되는 말씀인 까닭입니다.

그런고로 여래께서 설하시는 그 법은 다 가히 취할 것이 못 되오며 가히 말할 것이 못 되옵니다. 그러하므로 다시 함께 가히 취할 것 아님이 없사옵니다.

왜 그러합니까? 정법定法이 없는 까닭입니다. 이 까닭에 부처님께서 '법도 아니요 비법非法도 아니라' 하셨습니다. 왜 그러할까요? 정법定法이 있지 아니 하오니 불가不可 무불가無不可이옵고 또 불가不可이오니 비법非法이라 하겠고, 무불가無不可이오니 비법非法이 아니라 하겠습니다.

所以者何오 一切賢聖이 皆以無爲法으로 而有差別이니이다

그 이유가 무엇일까요? 일체 성현이 다 함이 없는 법을 쓰시어 차별이 있게 되는 것입니다.

【주해】

'함이 없는 법'이라 함은 자성自性이 본래 다함이 없어 인작人作을 가차假借치 않으므로 함이 없는 법이라 한다.

【강의】

수보리가 이어 말씀드리되 '제가 앞서 말해온 불가 무불가不可 無不可라 함은 그 까닭이 무엇이겠습니까? 대개 아뇩다라삼먁삼보리는 다함이 없이 청정한 본연의 자성自性이라 임의로 조작을 기다려 됨이 아니오니 시방삼세의 모든 불보살들은 다 이 인위人爲의 조작이 아닌, 곧 자성, 곧 다함이 없는 법에 주住하여 다함이 없는 법을 행사하시되 수연수시隨緣隨時하여 출몰함에는 가지가지의 차별이 있게 되는 것입니다' 하였다.

왜 그러할까요? 이 아뇩다라삼먁삼보리의 성품은 탕연히 담적湛寂하여 다함이 없는 법이로되 담적에 걸리지 아니하며, 이 아뇩다라삼먁삼보리의 성품은 소연昭然히 밝아 응하지 아니함이 없는 정법定法이되 정법에 걸리지 아니하는 까닭입니다.

어찌한 연고입니까? 만약 정법定法이 있으면 유위법은 유위법이요 무위법無爲法이 될 수 없고, 무위법은 무위법이요 유위법有爲法이 될 수 없는 것입니다.

여래법은 불가취不可取, 불가설不可說, 비법非法, 비비법非非法 이어 정법定法이 없는고로 일체 성현들이 이것을 써서 무량무수의 차별을 내는 것이다.

이러하므로 모든 불보살들이 무량한 중생계에다 인연과 시대를 따라 제도 하심에 이르러서는 혹 불보살신(身) 혹 천왕인왕신, 혹은 제천 제마신, 혹은 사문이나 외도의 몸, 혹

7. 무득무설분

은 선인이나 악인의 몸, 혹은 아귀나 축생의 몸등 무량무수한 차별신을 나투시어 모든 중생들을 제도하시는 것이다.

이는 다함이 없는 법을 써서 다함이 있는 법을 드러내심이다. 다함이 있는 법이라 함은 모든 차별신을 나투심인 것이요, 다함이 없는 법을 쓰신다 함은 본연자성本然自性으로 보아서 일찍이 한 법도 일어남이 없는 탓인 것이다.

이러하므로 정법이 없다 하는 것이고, 정법定法이 없으므로 불가 무불가不可 無不可라 하는 것이다. 또 불가 무불가不可 無不可인 고로 비법非法, 비비법非非法인 것이다. 이것이 '일체 성현이 다 함이 없는 법을 쓰나 차별이 있습니다' 한 것이다.

또 일체성현에게서도 차별이 없지는 않은 것이다. 다함이 없는 청정한 본성체本性體에는 크게 깨치고 작게 깨침이 없으며 잘 깨치고 못 깨침도 없을지니 성聖이니 현賢이니가 없는 것이다.

하지만 정법定法이 없음을 씀인 연고로 불, 보살, 성문, 연각 외도外道 등의 차별이 생기게 되는 것이다.

왜 그러냐? 성聖이니 현賢이니가 다 함께 다함이 없는 법을 써서 깨달으며 다함이 없는 법이 정법定法이 없는 까닭이다.

그러므로 같은 다함이 없는 법을 쓰는 것은 성현에게만 이러한 차별이 있는 것이 아니요, 부처와 중생이 똑같이 이 다함이 없는 법을 가지고 쓰여지는 까닭에 무량무수한 등급과 차별이 있게 되는 것을 알아야 한다.

PART 8.
의법출생분

第八. 依法出生分

須菩提 於意云何 若人 滿三千大千世界七寶 以用布施 是人 所得福德 寧爲多不 須菩提言 甚多世尊 何以故 是福德卽非福德性是故如來說福德多若復有人於此經中受持乃至四句偈等 爲他人說其福勝彼何以故 須菩提 一切諸佛 及諸佛阿耨多羅三藐三菩提法 皆從此經出 須菩提 所謂佛法者卽非佛法

8. 의법출생분依法出生分

須菩提야 於意云何오 若人이 滿三千大千世界七寶
하여 以用布施라면 是人의 所得福德이 寧爲多不아

수보리야 네 뜻에 어떠하냐? 만약 어떠한 사람이 삼천대천세계
에 가득찬 칠보로써 보시에 사용하다면 이 사람의 얻는 바 복덕이
얼마나 많겠느냐?

【주해】

　삼천대천세계三千大千世界는 세계가 많음을 표시함이다.
세계라 하면 세간의 방위方位와 한계를 이름이요, 삼천대천
三千大千이라 함은 숫자를 이름이니 일소천一小千이 천이면
일중천一中千이요, 일중천이 천이면 일대천一大千이다. 불교
의 세계관은 종縱으로는 삼계三界가 있고 횡橫으로는 대천大
千이 있다.
　칠보는 금金, 은銀, 유리琉璃, 산호珊瑚, 진주珍珠, 마뇌瑪瑙,
파리玻璃(수정을 말함) 등이다.
　보시는 두 가지가 있으니 하나는 재보시財布施요, 둘은 법

보시法布施이다. 재보시는 재물로 보시함이요, 법보시는 정법正法을 다른 사람으로 하여금 깨닫도록 해 주는 일체의 행동, 언사, 사업 등이다.

【강의】

일체법에는 정법定法이 있지 아니하여 불가不可, 무불가無不可이니 그러한 까닭은 '일체 성인이 무위법無爲法을 쓰시므로 해서 차별이 있는 것입니다' 한 수보리의 말이 부처님께서 들으시기에는 힘이 없으시었던 것이다.

그러므로 아무 말씀도 아니하여 묵인하시고 말머리를 돌이켜 무위법無爲法의 공덕을 쳐드시게 되었으니 이는 이 같은 무위법無爲法을 가지는 사람이면 어떠한 공덕이 있겠는가를 말씀하실 생각으로 수보리를 부르시고 물어 보신다.

'만약 어떠한 사람이 있어 삼천대천세계에 가득찬 칠보七寶를 가지고 보시하기 위해 다 썼다하면 네 뜻에 어떠하냐?' '이 사람이 이렇게 보시하는 공덕으로 말미암아 얻을 바 복덕이 얼마나 많겠느냐' 하심이다.

須菩提言하되 甚多니다 世尊이시여

수보리 말씀드리되 심히 많겠습니다. 세존이시여

수보리는 부처님이 말씀하신 뜻이 어디에 계신 줄 아는 까닭으로 '심히 많습니다' 하고 여쭈었으니 이 대답은 수보리 자기가 만족하게 아는 그러한 많은 것이 아니다.

왜냐? 삼천대천세계에 가득찬 칠보도 적은 것은 아니지만 이것은 상相에 집착하는 재물보시에 불과한지라 아무리 많다해도 수량이 있을 것이요, 수량이 있으면 새漏는 법이요, 다함이 있는 법인 것이다. 이 까닭에 받는 바 복도 다함이 있을 것이요, 새는 복福인 것을 아는 까닭이다.

그러므로 이곳에서 심히 많습니다 한 그 소리는 실은 적다는 소리다. 왜냐? '수량을 초과한 많음은 아니요 수량에 잡힌, 다함이 있는 법, 샘이 있는 법중法中에서는 심히 많겠습니다' 한 그러한 많음인 것이다.

何以故오 是福德이 卽非福德性이니이다

어찌한 연고입니까? 이 복덕이 곧 복덕성은 아닙니다.

무슨 연고로 그러하겠습니까? 칠보의 보시로 생기는 복덕은 아무리 많다해도 유상有相에 속하는 물질보시로 생김이니 무상無相의 본성이 다함이 없는 묘법妙法과는 전연 다른 것입니다.

이같은 다함이 있고, 샘이 있고, 상이 있는 복덕이 비록 많다 해도 마침내 다함이 없고, 샘이 없고, 상이 없는 복덕의 성품은 아닌 까닭입니다.

이 샘이 없고, 다함이 없고, 상이 없는 복덕의 성품은 그 공덕이 비수량처非數量處요, 비사량처非思量處인 가히 헤아릴 수 없고 가히 말할 수 없는 많음이지만, 셈이 있고 상相이 있고, 다함이 있는 복덕은 복덕이 복덕상福德相일 뿐이므로 많다해도 사량思量에 언설言說에 그치고 말 것입니다.

是故로 如來가 說福德多니라

이런고로 여래께서 복덕이 많다 말씀하셨습니다.

이 까닭에 여래께서 상相이 있는 보시인 삼천대천세계三千大千世界의 칠보보시 복덕을 물어 주실 때에 있어서도 '복덕이 많으냐' 하시고 많다는 말씀을 붙이신 것입니다. 만약 수량을 초과한 사량할 수 없는 많음이었던들 많다는 말씀을 사용하지 아니 하셨을 것이니 많다는 말은 다함이 있고 상相이 있는 수량에나 쓰는 용어인 까닭입니다.

若復有人이 於此經中에 受持 乃至 四句偈等하여 爲他人說하면 其福이 勝彼니라

만약 다시 사람이 있어 이 경 가운데에 내지 사구게등이라도 받아 가지고 타인을 위하여 말해주면 그 복덕이 저보다 나으리라.

【주해】

'만약 다시'는 사람이 있어 삼천대천세계에 칠보를 가지고 보시함 같이 또 다시 만약 사람이 있으면 하는 말이다.

'받아 가지고'라 함은 믿음으로 받고 성심으로 가진다 함이다.

'사구게四句偈'는 소수少數를 들어 말함이니 하물며 다수이며 하물며 경전 전체이겠느냐 함이다.

또 무위법無爲法은 많은 말이 필요없는 것이다. 말 여읜 말로라면 일거수一擧手 일투족一投足인 일게반구一喝半句에 드러 낼 수 있다. 하지만 중생경계衆生境界의 말을 쓰자면 최소 사구四句는 소요되는 까닭이니 말하자면 주主, 객客, 논論, 결結이 필요한 것이다.

어떠한 사구게四句偈라도 한 구절은 주격主格이요, 한 구절은 객격客格이요, 한 구절은 논격論格이요, 한 구절은 결론격結論格인 법문이 되어 가지고 한 법문체法門體를 완성시키는 것이다.

【강의】

 부처님이 수보리의 삼천대천세계의 칠보로 보시한 복덕은 상相이 없는 보시이니 복덕성이 아니므로 많기는 심히 많으나 불가사량의 많음은 아닙니다 한 말의 뜻을 들으시고 다시 수보리에게 말씀하셨다.

 '만약 다른 사람이 있어서 이 다함이 없는 법 가운데서 단지 사구게四句偈만 가지고라도 가령 예를 들면 '무릇 있는 바 상相이(주격) 다 허망하니(객격) 만약 상 아님을 보면(논격) 곧 여래를 봄이니라(결론격)' 한 이런 사구게에 불과한 것을 가지고라도 마음에 그 뜻을 밝히고 익히며 다시 다른 사람을 위하여 알도록 해설해 주면 이는 자리이타自利利他인지라, 그 믿는 바 복덕이 저 삼천대천세계의 칠보 보시로 얻는 복덕보다 나으리라' 하셨다.

 何以故오 須菩提야 一切諸佛과 及諸佛의 阿耨多羅三藐三菩提法이 皆從此經出이니라

 어찌한 연고이냐? 수보리야, 일체 모든 부처와 모든 부처의 아뇩다라삼먁삼보리법이 다 이 경으로 쫓아 나옴인 것이다.

 그러면 그 나온 까닭은 무엇인가? 저 삼천대천세계의 칠보는 아무리 어떠한 복덕을 짓는다 해도 아침 노을과 같이, 저녁 연기와 같이 허망하여 지은 복이 다하면 타락하는 재물보시이고, 다함이 없는 이 법은 다못 사구게四句偈만이라도 항상 주住하여 변치않는 실다운 이치가 실려있는 묘법인 고로 샘漏이 없는 결과를 얻게 되는 법보시가 되는 까닭인 것이다.

 이러한 연고로 부처님이 수보리를 부르사 '일체 모든 부처님이 다 이 경에 실린 바 뜻을 좇아, 샘漏이 없는 불과佛果를 얻으시게 된 것이요, 또 이 부처님이 얻은 바 아뇩다라삼먁삼보리법도 다 금강경의 주住함이 없는 묘한 이치를 떠나지 아니하고 흘러나온 것이니 수보리야 이 경은 과연 모든 부처님의 근본이며 모든 불법佛法이 어머니인줄 마땅히 알아라' 하심이다.

須菩提야 所謂佛法者는 卽非佛法이니라

 수보리야 이른바 불과 법이란 것도 곧 불과 법이 아닌 것이다.

 부처님께서 이어 말씀하시되 '수보리야 지금에 말한 일체제불一切諸佛과 아뇩다라삼먁삼보리법이 실다웁게 있는 것인 줄 아느냐? 아니다. 만약 제불諸佛과 제법諸法이 이렇다 할 취착점取着點이 있으면 곧 상相에 주住함이 될지니 소위 반야의 제불제법諸佛諸法은 아닌 것이다.

또 제불과 제법이 이렇다 할 지정처指定處가 있다면 곧 정법定法이 될지니 소위 반야의 제불과 제법은 아닌 것이다.'

'왜 그러냐? 부처니 법이니가 중생을 개오開悟케 할 필요에서 이름이 생긴 것이니 중생개오衆生開悟에 적합하면 모두 반야의 제불과 제법이 되는 까닭이다.'

'이러므로 정법定法이 없다는 것이요, 또 이러므로 제불제법이 없은 연후에야 바야흐로 제불과 제법의 반야법이 생기게 되는 것이니 역시 이러므로 주住함이 없다는 것이다.

이러한 까닭에 부처님께서 말씀하신 바 제불과 제법인 아뇩다라삼먁삼보리법이 이 경에서 나왔다 하심을 듣고 말에 끌리는 중생들이 진실로 지정할 제불과 제법이 있는 줄 알까봐 하시어서 곧 뒤미쳐 수보리를 불러 '이른바 불佛과 법이라 한 것은 곧 불과 법이 아닌 줄 알아야 한다.' 하셨다.

PART 9.
일상무상분

第九. 一相無相分

須菩提於意云何 須陀洹 能作是念 我得須陀洹果不須菩提言不也世尊何以故須陀洹 名爲入流 而無所入 不入 色聲香味觸 法 是名須陀洹須菩提 於意云何 斯陀含能作是念 我得斯陀含果不 須菩提言不也世尊何以故斯陀含 名一往 來 而實無往來 是名斯陀含須菩提 於意云何阿那含能作是念我得阿那 含果 不 須菩提 言不也世尊何以故 阿那含名爲不來而實無不來是故名阿那含須菩提於意云何阿羅漢能作是念 我得阿羅漢道不 須菩提言不也 世尊何以故 實無有法名阿羅漢世尊若阿羅漢作是念 我得阿羅漢道卽爲著我人衆生壽者世尊 佛說我得無諍三昧人中 最爲第一是 第一離欲阿羅漢 我不作是念我是離欲阿羅漢 世尊我若作是念我得阿羅漢道 世尊 卽佛說須菩提 是樂阿蘭那行者 以須菩提 實無所行而名須菩提是樂阿蘭那行

9. 일상무상분一相無相分

須菩提야 於意에 云何오 須陀洹이 能作是念하되
我得須陀洹果不아

수보리야 네 뜻에 어떠하냐? '수다원이 능히 내가 수다원과를
얻었다' 하는 생각을 가지겠느냐?

【주해】

'수다원' '사다함' '아나함' '아라한'은 소승사과小乘四
果의 이름이니 도道에 들어간 심천深淺을 말하는 과果의 이
름이다. 수다원은 초과初果 이름이니 번역하면 유류에 든다
의 뜻이다. 즉 성인류聖人流에 들어간다는 말이다.
  정도程度를 말하자면 삼계三界의 견혹見惑(= 지견으로 미혹된 것)
을 다 끊어서 성현류聖賢流에 들어간 것이다. 나머지 삼과三
果의 이름은 다음으로 설명될 것이다.

【강의】

　불佛과 법이 곧 불과 법이 아니요, 말하자니까 불이니 법이니 이름지은 것이므로 실상實相에는 '불을 가히 이룰 것 없고 법을 가히 설할 것 없다' 하시게 되니 말이다.

　그렇다면 지금, 우리에게 설하시는 아뇩다라삼먁삼보리법은 설說이 아니시면 무엇이며, 현재 지금 가지신 불과佛果는 이루심이 아니시면 무엇일까?

　이렇게 생각하는 청중의 의심을 부처님께서는 알고 계심으로 '내가 불과佛果에 있으나 상相에 주하지 아니하여 부처와 중생을 떠났으므로 이룬 곳이 없다 한 것이요, 또 내가 아뇩다라삼먁삼보리법을 얻음은 있으나 이 법이 본래 정법定法이 아니므로 설할 처소와 말할 능력이 없으매 설이 가당치 아니하므로 설할 것이 없다 한 것이다' 라고 깨치게 해 주시려는 것이었다.

　여기에서는 일찍이 사과四果를 얻은 대중들에게 먼저 성문승聲聞乘의 사과四果에도 상相에 주함이 없어서 얻어짐과 얻을 곳이 없은 연후에 사과四果에 이름을 얻게되는 것을 되 깨우쳐 주심으로 차차 불과佛果와 불법에까지 미치게 하실려 하심인 것이다.

　그러므로 수보리를 부르시어 맨 처음으로 초과初果인 수다원과부터 꺼내시어 수보리로 대답이 나오게 하신다. '수보리야 네 뜻에 어떠하냐? 수다원이 저희가 생각하기를 내가 수다원과果를 얻었다는 생각이 있겠는가 없겠는가 대답해 보라' 하시는 것이다.

須菩提言하되 不也니이다 世尊이시여 何以故오 須陀洹은 名爲入流로되 而無所入이니 不入色聲香味觸法이 是名須陀洹이니이다

수보리 말씀드리되 '아니옵니다. 세존이시여 어찌한 연고입니까? 수다원은 류에 든다 이름하나 들어간 바가 없으니 빛과 소리와 향기와 맛고 부딪침과 법에 들지 아니함이 이 이름이 수다원이라 하는 것입니다.'

【강의】

수보리는 부처님께서 말씀한 바 뜻을 아는지라 곧 말씀여쭙는다. '아니옵니다. 세존이시여 수다원이라는 뜻은 성현류聖賢流에 들어간다는 이름이오니 성류聖流에 들었는지라 수다원은 마음속에 과果를 얻었다는 생각이 없습니다. 왜 그러합니까?

수다원이 만일 내가 수다원과를 얻었다는 생각이 있으면 곧 상相에 집착함이 될지니 수다원이 될 수는 없습니다. 수다원과는 얻어도 얻음이 없이 얻어야 할지니 일찍이 성

9. 일상무상분 147

류聖流에 들어가도 곧 성류聖流에 들어감이 없습니다.'

'또 수다원과에 있지 아니함이 아니로되 일찍이 성류聖流에 들어간 바가 없을 뿐 아니라 다시 색色, 성聲, 향香, 미味, 촉觸, 법法 등 육진 경계에도 끌려들지 않습니까? 이와 같이 색, 성, 향, 미, 촉, 법에 들지 않은 연후에야 수다원이라는 이름을 갖게 되는 것이오니 수다원이 내가 수다원과를 얻었다는 생각을 가질리가 있겠습니까?' 한 것이다.

이후부터 사과四果에 대하여 일과一果씩 부처님께서 물으시고 수보리로 대답케하여 사과의 취득取得이 없음을 알리신 후에 부처님 자신이 하시려든 말씀이 나오실 것이다.

須菩提야 於意에 云何오 斯陀含이 能作是念하되 我得斯陀含果不아

수보리야 네 뜻에 어떠하냐? 사다함이 능히 이러한 생각을 짓되 내가 사다함과를 얻었다 하겠느냐?

【주해】

사다함은 제2과果의 이름이니 번역하면 한번 왕래한다는 뜻이다. 말하자면 망념妄念이 일었다가 깨달았으므로 곧 여의어 깨끗한 자성自性 바다에 한 무늬가 다녀 갈 뿐임을 의미한다. 이런 사람은 욕계欲界의 9품(상중하 3품에서 다시 각기 3품이 있음) 사혹思惑(=5근五根이 5진五塵을 대할 때 마음에 일어나는 탐애와 미혹) 중에 앞 6품을 끊고 뒤 3품이 오히려 남아 욕계欲界에 잠깐 왔다 가는 것이니 이런고로 한번 왕래한다는 것이다.

【강의】

수보리가 '초과初果인 수다원이 비록 이름이 성류聖流에 든다하여도 들어간 자취가 없으므로 수다원이라는 이름을 가지게 되는 것입니다.' 한 말을 들으신 부처님께서는 또다시 제2과果인 사다함을 똑같으신 의미의 문법問法으로 말씀하시어 '사다함이 제가 생각짓기를 내가 사다함과를 얻었다 하겠느냐? 수보리 너 대답해 보라' 하셨다.

須菩提言하되 不也니다 世尊이시여 何以故오 斯陀舍은 名一往來나 而實無往來일새 是名斯陀舍이니다

수보리 말씀 여쭙되 아니옵니다. 세존이시여 어찌한 연고입니까? 사다함은 한번 왕래한다 이름할지나 실은 왕래함이 없으므로 이름이 사다함이라 하는 것입니다.

【강의】

　수보리 말이 먼저 대답과 같이 '아니옵니다. 세존이시여' 하였다. 그리고 왜 아닌 이유를 이렇게 말한다.

　'사다함은 9품사혹九品思惑에서 앞 6품이 이미 끊어지고 나머지 3품만 남았으므로 망념이 엷고 본 성품이 가까워 안근眼根이 모든 색경계色境界를 대하게 됨에 마음이 오히려 일생일멸一生一滅을 지을지니 일왕래一往來라 아니할 수 없으나 전전轉傳 미혹하는 제2 생멸이 아니어 전념前念이 미혹함에 후념後念이 각覺하고 전념이 착着이면 후념이 이離하여 실은 왕래라 할 수 없습니다.

　이 까닭에 이름을 사다함이라 하는 것입니다. 만약 사다함이 사다함과果를 얻었다는 생각이 있으면 이는 제2 생멸에 떨어질지니 사다함이라 할 수 없습니다. 이는 상相에 착着함이 되는 것이오니 어찌 사다함이라 하오리까?' 하였다.

　[문] 제2 생멸이란 어떠한 것입니까?
　[답] 본성本性은 본래 생멸이 없어 생멸도 생멸이 아니니 이를 깨달았건만 다생의 업력이 무거운지라 그만 본성을 잊고 망령된 경계境界에 왔다가 문득 깨달을 때 다시 본성에 돌아감을 일왕래一往來 즉 제일생멸第

一生滅이라 한다.

만일 다시 여기에서 돌이키지 못하고 망상경계에로 또 한번 굴르면 제2 생멸이라 하는 것이다. 소위 망妄에 거듭하여 허망이 중중重重함이니 제2 생멸부터는 본성을 전연 망각妄覺함이 되는 것이다.

須菩提야 於意云何오 阿那舍이 能作是念호되 我得阿那舍果不아

수보리야 네 뜻에 어떠하냐? 아나함이 능히 이러한 생각을 짓되 내가 아나함과를 얻었다 하겠는가?

【주해】

아나함은 제3과果의 이름이니 번역하면 오지 않았다不來. 또는 욕심에서 벗어났다의 뜻이다. 망념이 오지 아니하면 모든 욕심에서 벗어날 것이다. 제2과果에서 남은 욕계欲界의 후後3품 사혹思惑을 마저 끊어 다하고 다시는 욕계에 오지 아니한다는 뜻이다.

【강의】

부처님께서 수보리의 말씀을 들으시고는 또 다시 제3과인 아나함을 전前과 같으신 문법問法으로 물으사 과果는 얻

음이 없이 얻어야 하는 것이라는 것을 즉 보살이 사상四相에 주착하면 곧 보살이 아니라 한 구절을 잊었느냐 하는 뜻으로 연連해 제기하여 보이시사 법듣는 모든 보살들로 무아無我 무법無法 무득無得의 묘법과 무위無爲 무주無住 무상無相의 진리를 일깨워 주심이 되는 것이다.

須菩提言하되 不也니다 世尊이시여 何以故오 阿那舍은 名爲不來로되 而實無不來할새 是故로 名阿那舍이니다

수보리 말씀드리되 아니옵니다. 세존이시여 왜 그러하옵니까? 아나함은 '오지 아니 한다' 이름할지나 실은 오지 아니함이 없을새 이것이 아나함이라 이름하는 연고입니다.

【강의】

수보리가 세존의 물으심에 이어 곧 답을 드리되 '아니옵니다. 세존이시여 왜 그런가를 말씀드리겠습니다. 아나함은 망념에 물들지 아니하여 모든 욕심에서 벗어났다는 뜻이오니 망념에 물들지 아니하면 마음이 깨끗하고 마음이 깨끗하면 마음이 공空하여 아我가 없을 것이요, 모든 욕심欲心에서 나왔으면 육진심식六塵心識의 사혹思惑이 끊어져 얻음이 없을것이니 누가 오지 아니함을 둘 것이며 어디다 오지 아니함을 주住할 것이겠습니까?

　이러한고로 아나함의 이름이 오지 않는다 해도 실은 오지 아니함이 아닐 것이오니 이는 상相에 주住함이 없는 까닭이요, 마음에 얻음을 두지 않는 까닭이옵니다. 이러한 연고로 아나함이라 이름한 것이옵니다. 그러하옵거니 무슨 과果를 얻었다는 생각이 있겠습니까?' 하였다.

須菩提야 於意云何오 阿羅漢이 能作是念이로되 我得阿羅漢道不아

　수보리야 네 뜻에 어떠하냐? 아라한이 이러한 생각을 짓되 내가 아라한도를 얻었다 하겠느냐?

【주해】

　아라한은 제4과果의 이름이니 번역하면 무학無學(= 배움이 없다), 살적殺賊(= 도적을 죽인다)의 뜻이다. 삼계三界에 무명인 번뇌 도적을 죽여버려서 사혹思惑을 멸도滅度했으므로 이미 구경의 진리인지라 가히 배울 것도 없는고로 무학無學이라 했고, 또 여섯도적六賊을 죽였음인지라 살적殺賊이라 한다.

【강의】

　부처님이 수보리의 대답을 들으시고 제4과果인 아라한

을 먼저와 같이 물어 주시사 수보리의 마지막 대답을 마저 들으시려 함이시니 이렇게 하는 사이에서는 자연 부처님이 들으시려는 뜻이 드러나게 될 것이다.

須菩提言하되 不也니다 世尊이시여 何以故오 實無有法이 名阿羅漢이오니 世尊이시여 若阿羅漢이 作是念하되 我得阿羅漢道라 하면 卽爲着我人衆生壽者이니다

수보리 말씀드리되 아니옵니다. 세존이시여 왜 그러합니까? 실로 법이 있음이 없음을 아라한이라 이름하나이다. 세존이시여 만약 아라한이 '내가 아라한도를 얻었다 이렇게 생각을 할 것 같으면 곧 아, 인, 중생, 수자에 착하는 것입니다.'

【강의】

수보리가 세존께서 물으심에 지체없이 곧 대답을 드리되 '아니옵니다. 세존이시여 아니온 연고는 무엇이겠습니까? 아라한은 무학無學 또는 살적殺賊의 뜻이오니 모든 번뇌의 적을 다 죽여 버렸으므로 그 마음이 청정하여 열반의 저 언덕에 도달했습니다.

이곳은 다시 살적殺賊한 바도 없고 청정한 바도 없으므로 이렇다 할 곳도 없고 이렇다 할 법도 없으니 실상實相에는 한 법도 가히 얻을 것이 없으므로 해서 본래의 성품이 스스로 공했으니 이것을 이름하여 아라한이라 하는 것이옵거니 어찌하여 아라한이 생각을 짓되 아라한과果를 얻었다' 하겠습니까?'

만약 아라한이 생각하기를 내가 아라한과果를 얻었다 할 것 같으면 이는 곧 얻은 바 마음을 오히려 제거하지 못함이어서 저절로 아상我相, 인상人相, 중생상衆生相, 수자상壽者相에 착着함을 면치 못할 것입니다.

만약 '보살이 아상, 인상, 중생상, 수자상이 있으면 곧 보살이 아니라' 하심과 같이 아라한 등 4과四果들도 만약 사상四相이 있으면 곧 아라한 등 4과四果가 아닐 것입니다.

또 세존께서 얻으신 바 아뇩다라삼먁삼보리법이 가히 얻을바 법이 없이 얻으심과 같이 이 아라한 등의 얻은 바 법도 또한 그러합니다.

이 수다원과果로부터 또는 아라한과 까지가 비록 불과佛果에는 못 미친다 할지라도 그 얻음에 있어 얻음이 없이 얻고 그 법에 있어 이렇다 할 법이 없음만은 동일한 것입니다' 하였다.

世尊이시여 佛說我得無諍三昧가 人中에 最爲第一이라하시나니 是는 第一離欲阿羅漢이오나 世尊

이시여 我不作是念하되 我是離欲阿羅漢이니이다
世尊이시여 我若作是念하되 我得阿羅漢道라하면
世尊이 卽佛說하시되 須菩提是樂阿蘭那行者라하시
련만 以須菩提가 實無所行일새 而名須菩提 로 是樂
阿蘭那行이라하시나이다

   세존이시여 부처님께서 나를 다툼이 없는 삼매를 얻음이 사람 가운데에 제일이라 말씀하셨으니 이는 욕을 여읜 제일의 아라한이오나 세존이시여 저는 욕을 여읜 아라한이라는 생각을 갖지 않습니다.
   세존이시여 제가 만일 내가 아라한도를 얻었다 생각할지면 세존께서 곧 수보리로 아난나행을 즐기는 자라고 말씀 아니하셨을 것입니다. 수보리가 실은 행한 바가 없을새 수보리로 아난나행을 즐기는 자라 이름하신 것입니다.

【주해】

   다툼이 없는 삼매란 삼매는 바로 받고 바로 안정한다는 뜻이니 바로 받는다는 것은 깨끗한 다함이 없는 본심에 즉했다는 뜻이요, 바로 안정됐다는 말은 다함이 없는 본심에 즉했을 때 적멸자성寂滅自性에 항상 머물러 생멸이 안정했다는 뜻이다.
   또 **다툼이 없다는 것은** 마음이 공空하여 항상 적정寂靜하니 어디로 쫓아 다툼이 생기며 무엇을 인하여 마음이 일어날 것인가?

　대부분 다툼이란 욕심이 있음에서 생기게 되는 것이니 이미 욕심을 떠난지라 무슨 다툼이 있을 것인가? 또 욕심에 미迷하게 되는 것은 두 까닭이 있었으니 하나는 알지 못함이요, 하나는 앎이 있음이다. 만일 알지 못함을 없애자면 상相에 착着하지 아니할 것이요, 앎을 여읠려면 무상無相에 착하지 아니할 것인고로 다툼이 없음이요, '아난나행行'이란 범어梵語이니 즉 다툼이 없는 행行이다.

【강의】

　수보리가 자기의 실례를 들어 말씀 여쭈려 하여 앞에 하던 말끝을 이어 이렇게 말씀드린다. '세존께서 평일에 나에게 하신 말씀이 계시니 이를 들어 인증引證하겠습니다.
　부처님께서는 나를 지목하여 다툼없는 삼매를 얻음이 사람가운데 제일이다 하셨습니다' 그러나 '이는 수보리가 과果를 얻음이 비록 아라한에 그치지만 능이 안팎으로 욕심을 여의어 깨끗한 성품에 부동不動함이 다른 사람들 가운데서 제일이라 하시는 말씀입니다.
　그러나 수보리 저로는 이런 생각을 갖지 않았습니다. 내가 욕欲을 여읠 아라한이거니 하는 생각은 염두에도 없습니다. 왜 그럽니까? 내가 만일 조금이라도 염두에 두었다면 첫째 세존부터 수보리를 가리켜 아난나행을 즐기는 자라고 아니 하셨을 것입니다.

수보리 저는 이러한 욕심을 여읜 다툼없는 삼매에 있으나 실은 주住하여 착着함이 없고 얻어서 상이 없으므로 아난나행을 즐긴다는 말을 듣는 것입니다' 하였다.

여기까지는 부처님께서 물으신 4과四果에 대하여 수보리의 대답이 끝난 것이니 '소위 불佛과 법이라는 자는 곧 불과 법이 아니라' 하신 부처님의 말씀에 불과 법을 의심하던 대중으로 이곳까지 끌고 오시사 성문승聲聞乘인 자기들의 얻은 4과四果로 스스로 깨닫게 하여 불佛 불법佛法도 그러함을 알리려 하심이었다. 아래에서 부처님이 연등불燃燈佛에게 얻은 바 아뇩다라삼먁삼보리법을 물으시게 된 것을 보아도 알 것이다.

PART 10.
장엄정토분

第十. 莊嚴淨土分

佛告須菩提 於意云何 如來昔在燃燈佛所 於法有所得不 不也世尊 如來在燃燈佛所 於法實無所得 須菩提於意云何 菩薩莊嚴佛土不 不也世尊 何以故莊嚴佛土者 即非莊嚴是名莊嚴 是故須菩提 諸菩薩摩訶薩 應如是生清淨心 不應住色生心 不應住聲香味觸法生心 應無所住而生其心 須菩提 譬如有人身如須彌山王 於意云何 是身為大不 須菩提言甚大世尊 何以故佛說非身是名大身

10. 장엄정토분莊嚴淨土分

佛告須菩提하시되 於意云何오 如來가 昔在燃燈佛所하여 於法에 有所得不아

부처님께서 수보리에게 고하시되 '네 뜻에 어떠하냐? 여래가 예전 연등불소에서 법에 얻은 바가 있다고 하겠느냐?'

【주해】

연등불燃燈佛은 석존께서 수기授記받으시던 예전 부처님의 이름이다.

【강의】

부처님께서 사과四果에 대하여 낱낱이 물어 올라 가시다가 수보리로 하여금 주住가 없고 상相이 없고 얻음이 없음에 계합한 연후에 과果가 생김을 새롭게 해 주신 후에 다시 말머리를 돌리어 석가모니 자신이 연등불께 얻은 법이 있느냐? 없느냐?로 돌리셨으니 이것은 본래 부처님께서 말씀하시려던 바 '부처를 가히 이룰 것이 없고 법을 가히 설할 것이 없으니 소위 부처니 법이니가 곧 불과 법이 아니니라'에 의심을 품은 대중의 의혹이 되는 '세존이 얻으신 불법과 불과佛果 역시 너희가 얻음같이 얻음없이 얻은 불법과 불과佛果니라'의 뜻을 보이심이 된다.

不也니다 世尊이시여 如來께서 在燃燈佛所하와 於法에 實無所得이니다

아니옵니다. 세존이시여 여래께서 연등불소에서 법에 실로 얻은 바가 없습니다.

【강의】

수보리는 곧 그 뜻을 알아채고 말씀여쭙되 '아니옵니다. 세존이시여 여래께서 비록 연등불께 법을 얻지 아니하심은 아니로되 실은 법에 얻으신 바가 없습니다.

왜일까요? 이 아뇩다라삼먁삼보리법은 연등불이 줄 수도 없는 것이요 세존이 얻으실 수도 없는 것입니다. 또 연등불이 일깨워 줄 수도 없는 것이요 세존이 깨달을 수도 없는 것입니다.

만약 세존이 얻으실 수 있다면 곧 수자상壽者相이니 아뇩다라삼먁삼보리는 아닐 것입니다. 만약 세존이 이 법을 깨

달으셨다면 곧 망어妄語이오니 아뇩다라삼먁삼보리가 아닙니다.'

왜 그럽니까? 이 법은 깨닫는 법이 아니며 얻는 법이 아니옵니다. 얻었다면 도적을 자식으로 아는 것이요 깨달았다면 이 법에서 그릇친 것일 것입니다. 그렇거든 하물며 선불先佛이 주고 후불後佛이 받는다는 것은 말도 아니 됩니다.

왜 그렇습니까? 이 법은 선불先佛에게서 후불後佛에게 오는 것이 아닙니다. 선불先佛과 후불後佛에 통해서 있는 것입니다. 이 법은 색, 성, 향, 미, 촉, 법을 떠났으나 다함이 없는 열반에 들어가지도 않습니다.

또 중도中道에 처하지도 않습니다. 그러므로 다시 색, 성, 향, 미, 촉, 법에서 즉卽함이 되며 다함이 없는 열반에 들어감이 되며 중도中道에 처함도 됩니다.

이 법은 본래가 그러하여 취하지도 않고 놓지도 않으나 일찍이 얻음 아님이 아니요, 또 이 법은 주지도 않고 받지도 않으나 일찍이 받지 아니함이 아니요, 또 이 법은 깨닫지도 미혹하지도 않으나 일찍 깨달음 아님이 아닙니다.

이 법이 이러한 연고로 여래께서 연등불께 법을 얻지 않으심이 아니로되 실은 법을 얻으신 바는 없습니다.

須菩提야 於意에 云何오 菩薩이 莊嚴佛土不아

수보리야 네 뜻에 어떠하냐? 보살이 불토를 장엄하느냐?

【주해】

　　장엄은 굉장하고 엄숙함이요, **불토**佛土는 불국토이다. 불토를 장엄한다는 말은 부처님 도량을 건설하는데 금, 은, 유리 등 칠보로 탑묘塔廟를 건축하는 등 상相이 있는 가지가지의 불사佛事이니 이같은 불사는 속된 승려와 우치한 신도 간에 행하는 장엄불토이다, 지혜있는 사람의 불토를 장엄함은 한 생각이 깨치면 불토佛土요, 만행萬行이 구족하면 장엄이다.

【강의】

　　'보살법이 본래 이러하고 불佛의 과果가 또한 이러하여 실상 얻을 바 법과 과果가 없습니다.' 한 수보리의 말씀을 부처님은 들으시고 다시 염려하시되 알지 못하는 대중 가운데 혹은 '불과佛果가 공空하여 없을진댄 불토를 장엄함도 없을 것이어늘 이제 세존의 불토佛土를 보니 하늘이 꽃을 내리는 등, 땅이 육종진동六種振動하는 등 칠보와 이름난 향으로 공양하는 등 천룡팔부天龍八部가 호위하는 등, 실로 삼천위의三千威儀를 갖추는 장엄이 이루 말할 수 없다.

만일 불과佛果가 없으셨다면 어찌 장엄불토가 이렇듯 갖추셨으리요 하는 것이다.

또 보살법과 불과佛果가 여여如如하여서 얻을 바가 없으셨다 하시니 과거 인因이 그러하셨으므로 현재과現在果가 또한 이러하심이 아닌가 하여 청중들이 '우리도 이러한 장엄이 생기도록 얻음이 없이 얻어야 하겠다' 하거늘 이것을 간파하신 세존께서는 이를 밝히려 수보리를 불러 말씀하심이다. '네 뜻에 어떠하냐? 보살이 불토를 장엄하느냐?' 물으셨다.

不也니다 世尊이시여 何以故오 莊嚴佛土者가 卽非莊嚴이요 是名莊嚴이니다

아니옵니다. 세존이시여 어찌한 연고입니까? 불토를 장엄함이 곧 장엄이 아니요 이 이름이 장엄입니다.

【강의】

수보리는 곧 부처님의 뜻을 알고 여쭙되 '아니옵니다. 보살이 불토를 장엄하는 것이 없습니다. 왜 그럽니까? 아무리 도량이 장엄이고 회중會衆이 장엄이고 상서祥瑞가 장엄이고 불토가 장엄이라 할지라도 이것은 모두가 상相이 있고, 다함이 있고, 샘이 있는 장엄에 불과한 것입니다.'

'이러한 장엄은 다 한도가 있고 수數가 있고 허망함이 있으니 장엄이 장엄아니요, 일시일시一時一時 말하자니까 명사名詞만 장엄입니다. 장엄이란 원래가 근거가 없는 것입니다.'

'그리고 다시 상相을 여읜 보살의 불토佛土로 말할지라도 장엄불토가 곧 장엄이 아니요 이 이름이 장엄입니다. 왜 그렇습니까? 불토佛土가 곧 정토이니 마음이 청정하면 정토이고 마음이 청정함에는 자연히 일만행一萬行이 구족할 것입니다.

이것이 장엄입니다. 마음이 청정하면 세계가 청정하고 마음이 청정치 못하면 세계가 청정치 못하오리니 불토의 장엄을 어찌 마음에서 구하지 않고 다른데서 구하오리까?'

'불토를 장엄함은 단지 마음에 있사오니 마음이 청정하면 식심識心과 망념이 쉬고 제업諸業이 공空하여 청정한 마음이 또한 공空할지니 불토는 어느 마음으로 삼을 것이며 장엄은 어느 마음으로 구할 것입니까?

이러한 연고로 불토를 장엄함이 곧 장엄이 아니요 비록 상相'을 여읜 보살장엄이라 해도 또한 일시일시一時一時 말하자니 명사名詞만이 장엄입니다.'

是故로 須菩提야 諸菩薩摩訶薩은 應如是生淸淨
心하여 不應住色生心이며 不應住聲香味觸法生心이
니 應無所住하여 而生其心이니라

　이런고로 수보리야 모든 보살마하살은 응당 이와 같이 청정한 마음을 낼지니 응당히 색에 주하여 마음을 내지 말지며 소리와 향내와 맛과 부딪침과 요량법에 주하여 마음을 내지 말지니 응당히 주한 바 없이 그 마음을 낼 것이다.

【강의】
　부처님께서 수보리의 말한 바 뜻을 옳게 여기시고 결론을 지어 말씀하신다.
　'너의 말한 바와 같이 보살마하살은 응당 이와 같은 청정심을 낼지니 금, 은, 유리, 칠보 등 일체 색장엄色莊嚴에 주住하여 마음을 내지 말지며, 하늘 풍류風流와 육종진동六種振動 등 일체 성장엄聲莊嚴에 주住하여 마음을 내지 말라.
　또한 도향塗香, 말향末香, 소향燒香 등 일체 향장엄香莊嚴에 주住하여 마음을 내지 말지며, 천인天人의 헌공 등 일체 미장엄味莊嚴에 주住하여 마음을 내지 말지며, 하늘옷과 금침, 좌복 등 일체 촉장엄觸莊嚴에 주住하여 마음을 내지 말지며 (이상 모든 장엄은 부처님 당시에 있던 사실), 아뇩다라삼먁삼보리법, 불가사의의 크고 작은 모든 법 등 일체 법장엄法莊嚴에 주住

하여 마음을 내지 말아야 할지니, 응당 이러히 그 마음을 청정히 하여 주住한 바 없는 그 마음이 살아나게 할 것이다' 하시었다.

이와 같이 상相이 있는 모든 장엄에나 상相을 떠난 장엄에나 유무내외有無內外로 철저히 주착住着하지 아니하여 눈이 일체색一切色을 대할 때 색경계色境界에 주住하여 마음을 내지 아니하며, 귀와 코와 혀와 몸과 뜻이 일체 성향미촉법聲香味觸法의 모든 경계를 대할 때 위 다섯 경계에 주住하여 마음을 내지 아니하면 이는 일체 처소와 일체 경계에 마음을 내지 아니함인 것이다.

소위 청정한 마음이라는 것은 찬 재와 같이 적연寂然함을 이름이며, 토목土木같이 고연固然함을 이름이며, 정신이 어지러워 넘어지는 혼도昏倒와 같이 죽음에 임하는 것을 이름함인가? 아니다. 색성향미촉법色聲香味觸法에 주하여 마음을 내지 말 뿐이다.

이 육진경계六塵境界에 주하지 아니한다고 해서 그 마음 곧 본심조차 단멸하여 없는 것은 아니다. 이 본 마음은 사연死然한 적멸의 단공斷空이 아니요, 고연固然한 토목이나 화석化石이 아니다. 단지 모든 경계를 따르지 않을 뿐 영영불매靈靈不昧한 본 마음은 항상 여여如如한 것이다.

그러므로 경經에 '마땅히 머무른 바 없이 그 마음을 내라' 했다. 이 말씀은 육진경계六塵境界에 걸리어 그 마음을 상실치 말고 육진경계에서 육진경계에 끌리지 아니하여 상주常住한 본마음을 살리라 하심이다.

비유하면 거울이 만 가지 물상物像이 거래去來함을 당할 때 거울속에 비록 만 가지 물상의 그림자만은 왕래할지라도 거울의 밝음만은 만 가지 물상에 집착함이 없는지라. 그 밝음을 잃지 아니하고 항상 여여如如할지니 이 마음이 항상 여여함도 이와 같은 것이다.

그러므로 주住한 바 없이 그 마음을 내라 한다고 해서 무기無記의 단멸상斷滅相인 것은 아니다.

須菩提야 譬如有人이 身如須彌山王하면 於意에 云何오 是身이 爲大不아

수보리야 비유컨대 사람이 있어 몸이 수미산왕만 하다면 뜻에 어떻다 하겠느냐? 이 몸이 크다 하게는가?

【주해】

수미산왕須彌山王이라 함은 제일 크고 높은 산의 이름이니 높고 넓기가 3백3십6만리나 된다. 번역하면 수미는 묘妙히 높다는 뜻이요, 산왕이라 함은 뭇 산 가운데에 가장 높다 하여 하는 말이다.

【강의】

　위에 부처님께서 수보리의 말을 결론지어 '부처님과 보리법을 공空히 하고 불토와 장엄을 공空히 하여 이러히 청정한 마음을 내어서 뚜렷이 밝은 본마음을 살리라' 하실 때 청중이 이러한 생각을 하되 "묘히 얻으신 불과佛果, 즉 얻음이 없이 얻으셨다는 불과佛果에는 불토에 장엄까지 없으시다 하시니 부처님이 부처되신 특색은 어디서 찾을 것인가" 이렇게 생각될 때에 아래와 같이 생각을 해 볼 것이다.

　"부처님께서는 법신法身, 보신報身, 화신의 세 몸이 계신 것이니 법신은 우리들과 같거니와 보신, 화신은 우리네들과 다름이 있는 것이다. 이른바 '청정한 불과佛果라면 장엄을 불토 즉 법신에는 얻지 못하여도 보신, 화신에는 있는 것이 아닐까?' 하는 것이다."

　'이와 같이 아직까지도 분별상分別相을 여의지 못하여 사상四相을 떠나지 못한 대중은 이러한 의심들이 부처라고 부르는 나는 그만 두고라도 어떠한 사람이 있어서 몸 크기가 삼백삼십만리나 되는 수미산왕만 하다 하면 네 뜻에 어떠하겠느냐?' 물으시는 것이었다.

　그것은 제일 크고 높은 수미산왕을 이끄시여 비유하게

되는 이유를 말하면 부처님이 특수한 몸을 갖으신 이유이니 말하자면 하늘, 사람, 아수라 등 육취중생六趣衆生에 아무리 큰 몸을 가진 사람이라도 부처님 앞에서는 반드시 부처님의 몸보다는 비교할 수 없는 특수 과보가 계신 까닭이다.

이 까닭에 이 불과佛果의 장엄은 신상身相에 있는 것인가 하는 대중의 의심을 일으키게 하신 것이었다. 그러므로 부처님께서 몸이 큰 것으로 장엄을 삼은 대중을 위하여 산 가운데에 제일 큰 수미산왕을 꺼내사 몸의 큼을 비유하신 것이니 부처님 몸이 중생 몸 중에 제일 크신 것도 은근히 알리시는 때에 비록 특수하신 몸인 이러한 큰 몸이라도 때로 변멸變滅을 받는 이름뿐의 큰 몸인 것을 알려주신 것이다.

[문] 부처님의 법신, 보신, 화신이란 어떠한 것인가?

[답] 법신은 위에서도 많이 말한 바 있거니와 곧 우리의 청정자성이 그것이다. 이 경에 이른바 피안彼岸이 그요, 실상實相이 그요, 청정본심淸淨本心이 그것이다. 그러므로 이 법신만은 중생과 부처 사이에 둘이 아니다. 이런 까닭으로 이 법신을 깨달으면 부처가 곧 중생이요, 중생이 곧 부처인 것이다. 아니 부처와

중생이 없는 것이다.

다음 보신報身은 과거생에 지은 바 업業과 심은 바 인因으로 생기는 과보의 몸이 그것이다.

그럼으로 현재 우리들이 가지고 있는 색신色身은 전생의 업력으로 생기는 과보의 몸인 것이다. 부처님의 보신은 천장千丈의 노사나신盧舍那身이시다.

우리 중생으로는 볼 수 없는 몸이시다. 이유는 너무 커서 뵐 수 없는 것이다. 그것을 비유하면 한 마리의 파리가 우리의 몸에 앉게 되는 것은 시야가 좁아서 사람을 보지 못하는 까닭이니 우리가 부처님의 보신報身을 보지 못함도 이러한 것이다.

다음 화신化身은 중생을 제도하기 위하여 화작化作한 몸이시다. 우리 사람을 제도키 위하여서는 사람의 몸으로 화작化作하시고, 아귀를 제도하기 위하여서는 아귀의 몸으로 화작化作하시는 그 몸이시다.

왜 화신을 내느냐고요? 그의 법신이나 보신은 볼 수 없는 까닭이다. 왜 못 뵙느냐고요? 우리가 뵈올 능력이 없을 뿐이다. 혹 뵙게 될지라도 그의 교화를 받기 전에 공포심으로 견디지 못하는 까닭이다.

왜 그러냐고요? 열등 동물 즉 미약한 중생은 우월한 중생을 대할 때에는 놀라서 달아나는 것 같다.

부처님이 우리에게 적당한 화신化身을 지어서 우리와 친구가 되게 하신 그 몸이 곧 화신이다. 비유하면 불행에 빠진 조그만한 새가 있어 어떠한 철망속에 구속되었을 때 이것을 본 한 자비한 사람은 새를 구해주려 하여 살펴 보는 것이었다. 그 철망의 바닥은 지면과 통하게 되었으므로 철망만 들어주면 새는 구할 수 있었다.

그러나 철망이 놓인 지면에는 불행히도 작은 쥐구멍이 하나 있었다. 자비한 사람은 얼른 생각했다. 철망을 위로 들어 올리려 하다가는 새가 구원되기 전에 새를 죽음의 길로 재촉하는 것이 될 것을 알았다.

그것은 새가 사람이 두려워서 쥐구멍으로 도망할 것을 안 까닭이다. 이것을 안 자비한 사람은 자기에게 본래 있던 신통을 사용하여 곧 새로 화작化作한 것이다. 그는 그의 동무가 되므로 새가 놀라지 않게 한 후 철망을 들어주므로 불행한 새를 구해 주자 함인 것이다. 이같이 부처님이 우리를 위하여 화작化作하여 오신 화신化身도 이러한 몸이시다.

須菩提言하되 甚大니다 世尊이시여 何以故오 佛說非身이 是名大身이니이다

수보리 말씀드리되 심히 큽니다. 세존이시여 어찌한 연고이겠습니까? 부처님께서는 몸 아닌 것을 말씀하시어 큰 몸이라 이름하셨나이다.

【강의】

부처님께서 딱하게 여기시어 수미산으로 비유하시사 '이 몸이 크다하여 장엄으로 여기겠느냐 또는 크다는 것이 실다운 큰 것이냐?' 물으심에 수보리 알아듣고 말씀 여쭙는다. '심히 큽니다. 세존이시여' 하였으니 이 큼은 절대의 큼이거나 비사량非思量의 큼은 아니다.

수미산왕이 다함이 있고 상相이 있는 이상 아무리 크다 해도 사량할 수 있고 말할 수 있는 큼일 것이다. 이와 같이 부처님의 보신報身이 아무리 크다해도 구경에는 사량이고 언설의 큼이요(부처님의 보신이 아무리 큰 것을 측량하기 어렵다 해도 부처님사이에는 사량할 것이다. 그러나 비언설非言說 비사량非思量인 곳에는 비록 불이라 해도 비사량非思量으로 합할 지언정 사량으로는 불능이니 만약 사량이라 하면 그곳이 아닌 때에 불佛도 아닐 것이다), 비사량非思量 비언설非言說의 큼은 아닐 것이다. 그리고도 또 따라서 허망무실성虛妄無實性을 띠우고 있는 것이다.

이러하므로 수보리가 '심히 큽니다.' 하여서 왜 언설상言說相에 떨어지는 말을 한 연고를 이렇게 말씀드렸다.

'세존이시여, 다함이 없고 상相이 없는 이러한 몸 아닌 몸이라야 비사량非思量, 비언설非言說의 큰 몸입니다'를 여쭈어 이곳이라야 '심히 크다'는 말이 못 붙는 것을 알려드렸다.

그러므로 수미산왕 같은 큰 몸이라 해도 다함이 있고 상相이 있을 때에는 비할 수 있는 큰 몸이거나 거짓말하는 큰 몸이어서 이름뿐인 큰 몸일지요 말뿐이 큰 몸일 것이다.

또 다시 사실 수미산왕만한 큰 몸이 있을지라도 다함이 있고 상相이 있을 때에는 허망의 큰 몸이요, 실없는 큰 몸이어서 역시 이름뿐 말뿐의 큰 몸인 것이다.

PART 11.
무위복승분

第十一. 無爲福勝分

須菩提如恒河中所有沙數 如是沙等恒河於意云何是諸恒河沙 寧爲多不 須菩提言 甚多世尊但諸恒河 尚多無數何況其沙須菩提我今實言告汝若有善男子善女人 以七寶滿爾所恒河沙數三千大千世界以用布施 得福 多不 須菩提言 甚多世尊佛告須菩提 若善男子 善女人 於此經中 乃至受持四句偈等爲他人說而此福德勝前福德

11. 무위복승분無爲福勝分

　須菩提야 如恒河中에 所有沙數하여 如是沙等恒河하면 於意에 云何오 是諸恒河沙가 寧爲多不아

　수보리야 항하수 가운데 있는 모래수와 같이 이렇게 많은 모래들 같은 항하수라하면 네 뜻에 어떠하냐? 이 모든 항하수들의 모래가 어떻게 많다 하겠느냐?

【주해】

　항하수恒河水는 천축 즉 인도에 있는 강물의 이름이니 주위가 40리에 모래가 가늘기로 유명한 하수河水이다. 부처님께서 많이 이곳에서 법을 설하시게 된 고로 흔히 이 항하수를 들어 비교하셨다.

【강의】

　부처을 가히 이룰 것이 없으며 불토를 가히 장엄할 것이 없으며 불보佛報를 가히 취착取着할 것이 없음을 안 수보리는 비록 수미산왕의 큰 몸이라 해도 말뿐의 큰 몸일지요,

실지의 큰 몸은 아닌 유명무실한 몸이므로 크다는 것도 헛말에 지나지 아니할 것이다. 또 실지에 수미산왕만한 큰 몸이 있다해도 생멸生滅을 면치 못할 것이니 이 몸도 필경 몸이라 이름할 수 없을 것이니 이도 또한 유명무실의 큰 몸일 것이다. 헛말에 불과한 것이다.

'오직 부처님이 말씀하신 바 청정한 본 마음, 즉 몸이 아닌 몸이라야 바야흐로 큰 몸이 될 것입니다' 한 수보리의 말에 부처님께서는 옳게 여기셨다. 그래서 묵묵하시고 말머리를 돌리어 수보리를 불러 말씀하시는 것이다.

'너는 지금 이 항하수를 보느냐. 이 항하수 가운데 있는 모래수가 이렇게 가늘고 많으니 말이다. 이 모래 수대로 또 항하수가 있다면 네 뜻에 어떻다 하겠느냐? 이 모래수와 같은 항하수에 각각 있는 모래 수효가 많다고 할까? 적다고 할까? 이렇게 물으셨다.

이것은 법에 공功과 덕이 수승함을 재차 드러내실 심산으로 그와같은 궁벽한 비유를 일으키신 것이다. 불가사의한 공덕을 인식하게 하실 뜻이시니 복덕의 많고 적음을 계교計較해 헤아려 보게 하실 의향이시었다.

須菩提言하되 甚多니다 世尊이시여 但諸恒河도 尚多無數이온 何況其沙리까

수보리 말씀드렸다. '심히 많습니다. 세존이시여 다못 모든 항하만도 오히려 많은 수가 되겠거늘 항차 그 모래겠습니까?'

【강의】

수보리는 사실대로 심히 많은 모래입니다 하고 여쭈었다. 그 심히 많다는 내막을 말하자면 한개 항하수의 모래 수효도 셀 수 없을 만큼 그 수효가 많겠는데 항차 그 모래 수효대로의 항하수가 또 있어서 다시 그 모든 항하수 모래수야 말해 무엇합니까? 하는 말이었다. 그래서 부처님의 견주어 헤아리실려는 수數의 많음을 더 분명히 해 드린 것이다.

須菩提야 我今實言告汝하노니 若有善男子 善女人이 以七寶滿爾所恒河沙數 三千大千世界하여 以用布施하면 得福多不아

수보리야 내가 이제 너에게 진실한 말로 고하겠다. 만약 선남자 선여인이 있어 저 항하수 모래수효와 같은 삼천대천세계에 가득찬 칠보로써 가지고 보시에 쓴다면 얻는 바 복덕이 많겠는가?

【강의】

　부처님께서 수보리로 하여금 항하의 모래수 같은 항하수의 모래수가 어떻게 많은 것인줄 생각케 하신 후에 비로소 진실하신 말씀으로 수보리에게 고하노라 하시고 말씀하시었다.

　'만약 선남자 선여인이 있어서 그렇게 많은 모든 모래수의 삼천대천세계가 있다 가정하고 그 삼천대천세계에 꽉 찬 칠보七寶로써 이렇게도 보시하고 저렇게도 보시하여 다 써버렸다 하면 그 얻는 바 복덕이 얼마나 많겠느냐?' 물어주셨으니 부처님이 견주어 헤아리시려는 복덕이 나올 것이다.

　그런데 앞서서도 공덕을 말씀하시고 이번에도 말씀하시게 됨은 대개는 부처님께서 수보리와 더불어 깊은 뜻의 진법眞法을 주고 받으시다가 말을 잊어 뜻을 얻을 때에 이르시면 이 경經, 이 법의 공덕과 수승한 복으로 말씀을 돌리시게 된다. 이 법, 이 경이 허망치 않음을 밝히심이며 찬탄하심이니 세상법과 얼마나 차이가 있는 것을 알리시는 것이다.

　지난번에는 한 개의 삼천대천세계를 말씀하시고 이번에는 항하사 모래수의 무량한 삼천대천세계를 말씀하신 것은 점점 수승한 복덕은 비교할 데가 없고 말할 길이 없는 것은 알게 하심이니 아래에서도 이와같은 것이다.

須菩提言하되 甚多니다 世尊이시여

수보리 말씀드리되 '심히 많습니다, 세존이시여'

【강의】

부처님께서 물으신 복덕의 많음은 가정하여 물으심이라 해도 하도 엄청난지라 수보리도 '심히 많습니다. 세존이시여' 할 수 밖에 없었다. 그러나 이 많음은 무위법無爲法이 많음이나 언설상言說相을 떠난 많음이나 사량思量을 여읜 많음의 많음은 아닌 것이다.

이 많음은 부처님께서 중생의 경계로서 중생의 말로 물으신 많음인고로 수보리도 중생의 경계에서 중생말로서의 '심히 많습니다' 한 많음인 것이다.

佛告須菩提하시되 若善男子善女人이 於此經中에 乃至受持四句偈等하여 爲他人說하면 而此福德이 勝前福德이니라

부처님께서 수보리에게 고하시되 만약 선남자 선여인이 이 경 가운데서 내지 사구게 같은 것만이라도 받아 가지고 다른 사람을 위하여 말하면 이 복덕이 앞의 복덕보다 나으리라.

【강의】

부처님께서는 수보리의 심히 많습니다한 말씀을 들으시고 다시 수보리를 불러 하시는 말씀이다

'만약 선남자 선여인이 이 경 가운데서 내지 사구게四句偈 등을 가지고라도 믿어서 마음에 묘리妙理를 받으며 알아서 마음에 청정을 지니면 반드시 자신의 진여보리로 삼공묘지三空妙智에 부합하여 자연히 대도大道를 이룰 것이니 그 얻는 바 공덕은 말하자면 항하사 모래수의 세계 칠보로 보시에 비교할 바가 아닌 것이다.

그러나 이것보다도 진공묘의眞空妙義에 능히 밝아서 남을 위해 해석하고 설명하여 주어 듣는 사람으로 마음이 열리고 통하게 되어 자성을 밝힘으로써 생사의 언덕을 벗어나 열반 저 언덕에 이르게 한다면 이 사람은 자리이타自利利他를 겸한 사람이다.

그 복덕은 무위복덕無爲福德이므로 그 얻는 바 이익이 어찌 항하의 모래수 같은 삼천대천세계의 칠보로 보시하는 것과 비교할 수 있겠는가' 하신 것이다.

왜 그러냐? 칠보 보시는 아무리 많다 해도 유위법有爲法, 무루법無漏法인 물질 보시일지요 또 아무리 대도大道를 알았

다 해도 자기 혼자만 소화하고 남에게 미치지 못하면 역시 구속적拘束的, 소승법小乘法을 면치 못하는 것이다. 아직도 자타自他를 정복하여 자타를 살리지 못한 까닭이다.

그러나 그 해설이 능히 자타를 살리게 되면 비록 소수인 사구게四句偈라도 무위법無爲法 무루법無漏法의 진여진리가 실려있는 무상법보시가 되므로 저 보다 나은 것이다.

PART 12.
존중정교분

第十二. 尊重正教分

復次須菩提隨說是經乃至四 句偈等 當知此處一切世間天 人阿修羅 皆應供養如佛塔廟 何況有人盡能受持讀誦須菩提 當知是人成就最上第一希有之法若是經典所在之處 即爲有佛 若尊重弟子

12. 존중정교분 尊重正教分

復次須菩提야 隨說是經하여 乃至四句偈等이라도 當知하라 此處는 一切世間天人阿修羅가 皆應供養하되 如佛塔廟하리니 何況有人하여 盡能受持讀誦이겠는가

다시 수보리야, 이 경을 설함에 내지 사구게등이라도 마땅히 알아라. 이 곳은 일체 세간에 하늘, 사람, 아수라가 다 응당 공양하되 부처님의 탑과 묘와 같이 하거든 하물며 사람이 있어 이 경을 다 능히 수지受持하며 독송함이겠느냐?

【주해】

하늘, 사람, 아수라는 천취天趣, 인취人趣, 아수라취阿修羅趣이니 세간에 사는 중생의 보報를 여섯갈래로 나누는 것이다. ①은 천취요, ②는 인취요, ③은 수라취요, ④는 지옥취요, ⑤는 아귀취요, ⑥은 축생취이다.

그런데 이 대문大文에서는 다못 천취, 인취, 수라취만 말하고 나머지 3취三趣는 말하지 아니하게 된 것은 지옥과 아귀와 축생은 죄가 중하고 지혜가 박약하여 반야의 묘한 이치를 듣기에 부당한 까닭이다.

 탑은 불사리佛舍利를 모신 곳이요, **묘**는 부처님의 형상을 모신 곳이다.

【강의】

 부처님께서 이 경을 받아가지는 복덕만 그렇게 많은 것이 아니요, 이 경을 말하는 장소까지도 또한 어떠한 것을 말씀하시려 다시 수보리를 부르셨다.
 '이 반야묘리가 실려있는 이 경에 내지 사구게四句偈만을 깨끗이 믿어 마음에 받아 가져서 그 이치가 나와 남에게 미치게 한다면 그 복덕은 항하수 모래같은 칠보 보시 복덕과는 동시에 논의할 바가 아니 되는 것이다.'
 그러나 또다시 이 경에 단지 사구게만이라도 설하는 처소이면 범연한 줄 아느냐? 일체 세간에 하늘과 사람, 아수라가 와서 응당히 공양하기를 불탑佛塔과 불당佛堂에서와 같이 하는 줄 알아야 한다.
 왜 그러냐? 부처님 탑과 묘는 탑과 묘가 귀중한 것이 아니요, 바로 부처님이 계신 까닭이다. 부처라 하면 형상과 사리舍利를 이름이 아니다. 그 진리를 말하는 것이다. 이같이 이 경의 사구게를 말하는 처소도 사구게나 처소가 귀중한 것이 아니다. 사구게에 실린 진리가 귀중한 것이다.

진리가 있으면 곧 불佛이요, 불이 계시면 천天, 인人, 아수라들이 응당 부처님이 계신 탑묘塔廟와 같이 공경하며 청법하고 호법護法할 것이 아니겠는가? 그러하거든 하물며 어떤 사람이 있어 이 경의 진리를 능히 다 조촐히 믿어 받아 가지며 진리를 체득(곧 부처)하여 입과 마음으로 상응하여 읽으면 이는 곧 법의 곳이요, 곧 불佛의 곳이요, 무주무상無住無相의 보리법일 것이다.

이러한 경만을 설하는 처소에도 진리가 있으므로 천룡팔부天龍八部가 오히려 공경하고 공양하거늘 '심心이면 곧 불佛이요, 구口이면 곧 법이요, 심구상응心口相應이면 곧 승僧이니 이러한 삼보三寶인 자에게야 말할 것도 없는 것이다.' 하시는 것이다.

須菩提야 當知하라 是人은 成就最上第一希有之法이니

수보리야 마땅히 알아라 이 사람은 가장 높은 제일가는 드문 법을 성취하리라

이 까닭에 부처님이 수보리를 불러 말씀하시되 수보리야 마땅히 알아야 한다. 이같은 사람은 무상무주無相無住의

진리 곧 무상정등정각無上正等正覺의 법을 성취할지니 진실로 최상의 진리인지라 더 말할 수 없는 법이고, 또 마땅히 알아야 한다. 이러한 사람은 무주무상無住無相의 이치, 즉 무상정등정각의 법을 성취할지니 진실로 제일의 진리인지라 견줄 수 없는 법이고, 또 마땅히 알아야 한다. 이러한 사람은 무주무상無住無相의 진리, 곧 무상정등정각의 법을 성취할 것이니 진실로 희유한 법인지라 이 법은 오직 하나인 드문 법이다.

若是經典이 所在之處면 卽爲有佛에 若尊重弟子니라

만일 이 경전이 있는 곳이면 곧 부처님이 계심이어서 제자가 존중히 여김 같을 것이다.

이러한 진리! 즉 최상이요, 제일이요, 희유인 아뇩다라삼먁삼보리법의 이 경전이 혹시나 있는 곳이면 앞서 말한 바 같이 곧 불佛이요, 곧 법인 것이다. 불보佛寶와 법보法寶가 계시면 승보乘寶가 없을 수 없는 것이다.
왜냐? 부처가 있고 법이 있으면 제자가 있게 되는 법이다. 제자가 있으면 불과 법을 존숭히 아니 여길 수 없으니 스스로 불법승 삼보를 이룰 것이다. 바꾸어 말하자면 경전이 있으면 곧 읽을 사람이 있으니 승보요, 또 이 경전이 있으면 곧 보리법이 실려 있으니 법보요, 보리법은 곧 깨달음이니 불보인 것이다. 나누면 삼보요 합하면 반야바라밀이다. 여기에서 가히 알 수 있다. 경전이 곧 보리법이요, 보리법이 곧 불佛이어서 삼자가 본래 하나인 것이다.

[문] 불법승 삼보란 어떤 것인가?
[답] 보寶라 함은 가히 귀중함을 이름이다. 불보라면 체성體性이 원명圓明함을 깨달아 공空도 아니요 유有도 아닌 저 언덕에 이름을 말함이요, 법보라 하면 공空도 아니요 유有도 아닌 저 언덕은 단멸斷滅이 아닌 고로 항하사의 모든 덕이 있는 것이다. 이 법을 궤칙軌則하여 중생을 바로 깨닫게 하는 법임을 말함이요, 승보라 함은 이 법을 행하고 가리어서 자리이타自利利他하는 모든 보살들을 이름함이다.

이런 보살들은 능히 이理와 사事를 화합하며, 능히 유有와 무無에 집착하지 아니하며, 불보와 법보를 융화하여 스스로 삼보일체三寶一體가 되게 하는 책임자일 것이다.

PART 13.
여법수지분

第十三. 如法受持分

爾時須菩提 白佛言 世尊當何名此經我等 云何奉持 佛告須菩提 是經 名爲金剛 般若波羅蜜 以是名字汝當奉持 所以者何 須菩提 佛說般若波羅蜜卽非般若波羅蜜 是名般若 波羅蜜 須菩提 於意云何 如來有所說法不須菩提 白佛言世尊 如來無所說 須菩提 於意云何三千大千世界所有微塵是爲多不須菩提言甚多世尊 須菩提諸微塵如來說非微塵 是名微塵如來 說世界非世界 是名世界須菩提於意云何可以三十二相見如來不不也世尊不可以三十二相得見如來何以故 如來說三十二相 卽是非相 是名三十二相 須菩提 若有善 男子善女人以恒河沙等身命布施若復有人於此經中乃至受持四句偈等爲他人說其福甚多

13. 여법수지분如法受持分

爾時에 須菩提 白佛言하되 世尊이시여 當何名此經하여 我等이 云何奉持이닛고

그때에 수보리가 부처님께 말씀드렸다. '세존이시여, 마땅히 이 경을 무엇이라 이름하오며 우리들이 어떻게 받들어 가지오리까?'

【강의】

이러한 말씀을 들을 때 수보리는 이에서 말이 끊어졌고 이치가 다한 것이다. 더 나갈 길도 없고 다시 물러 설 곳도 없었다. 스스로가 주住함이 없고 상相이 없음이며 본래부터가 저 언덕에 도달함이어서 오직 한 마음이었던 것이다.

그러나 그 마음이란 생각도 없어서 주住함이 없고 상相이 없음도 두지 아니하고 피안에 도달을 깨닫지도 아니하였다. 정히 반야바라밀이 곧 불佛과 더불어 합할 때인 이곳은 일체가 다 떠나 있음이다.

이곳은 말과 이름이 부당한 것이다. 그러나 이름과 말로

라야 알게되는 중생계에는 이름이 없을 수도 없다.

그래서 선각자 세존에게 이 경(이 심지心地의 이름)을 무어라 이름하오리까 물은 것이다. 또 이러한 자리 즉 이 경을 받아 알기는 오히려 쉬우나 이 경에 즉함인 이 자리를 깨치기는 대단히 어려우니 이 자리, 즉 이 경, 즉 이 법을 알고 있는 우리들은 어떻게 이것을 받들어서 잊지 아니하고 가지오리까? 하고 이곳의 이름과 법을 여쭈어 본 것이다.

佛告須菩提하사되 是經은 名爲金剛般若波羅密이니

부처님께서 수보리에게 말씀하시되 '이 경 이름을 금강반야바라밀이라 하라'.

【강의】

부처님께서 수보리에게 대답하신다. '이 자리! 이 경은 남음없는 열반이요, 다함이 없는 청정한 반야지혜요, 생멸없는 금강땅金剛地이요, 주住가 없고 상相이 없는 여래장如來藏이요, 정등정각正等正覺의 보리법이니 그런대로 이름하여 금강반야바라밀일지니라' 하셨다.

以是名字로 汝當奉持하라 所以者何오 須菩提야 佛說般若波羅蜜이 卽非般若波羅蜜이니 是名般若波

羅蜜일새니라.

이 명자로써 너는 마땅히 받들어 가질 것이다. 무슨 까닭으로 그러냐? 수보리야 부처 말씀하신 반야바라밀이 곧 바라밀이 아니요, 이 이름이 반야바라밀임이다.

그렇지만 금강반야바라밀 이 경은 말할 수 없다.
이름이 가당치도 않은 것이다. 그렇기는 그러하나 말이 아니면 중생계에 표현할 도리가 없고 이름이 없으면 중생에게 전수傳受할 수가 없었다. 중생계를 위하여 거짓 이름을 세웠으니 '금강반야바라밀이라 하라' 하였다.

너희들은 다못 이를 명자 뿐만으로서 가질것이요, 명자상名字相이나 언어상言語相에 취착하지 말것이다. 또 뜻으로 합할지요 망상으로 걸리지 못할 것이다.

왜 그러냐? 금강반야바라밀이 곧 금강반야바라밀이 아니요, 이름뿐인 금강반야바라밀인 까닭에 그렇다. 왜 그러냐? 만약 가히 얻을 금강반야바라밀땅이 있다면 이는 정定한 법이니 불생불멸不生不滅의 금강지金剛地가 아니요, 만약에 가히 가르칠 금강반야바라밀 뜻이 있다면 걸림이니 다함이 없는 깨끗의 반야지地가 아니요, 만약 가히 이름할 금강반야바라밀경이 있다면 이는 명자상名字相이니 무여열반無餘涅槃의 도피안到彼岸이 아닐 것이다.

이러므로 금강반야바라밀을 얻는 자는 금강반야바라밀이 없는 줄 안 연후에이니 금강반야바라밀이 어느 곳에 있을지며 더구나 이름까지 있을 것인가?

금강반야바라밀이 있다면 명자名字뿐이요, 명자가 있다면 거짓 세웠을 뿐인것을 알아야 한다.

금강반야바라밀과 명자名字를 여의고 자성에 즉하여 밝게 비칠 때 영명靈明하여서 금강반야바라밀이라는 것이요, 자성自性에 즉하여 묘히 응할 때 허虛치 아니하여서 금강반야바라밀이라 하는 것이요, 자성에 즉하여 다함이 없으므로 담적湛寂하여서 금강반야바라밀이라 하는 것이요, 자성에 즉하여 걸리지 아니하므로 자재하여서 금강반야바라밀이라 하는 것이다.

이같이 금강반야바라밀은 상相이 없고 체體가 공空하였으니 금강반야바라밀이라 할 곳이 없으며 또 명자名字도 있을 수 없는 것이다. 그러나 다시 금강반야바라밀은 비침이 밝고 응함이 묘하므로 금강반야바라밀이라 했다.

須菩提야 於意에 云何오 如來가 有所說法不아 須菩提白佛言하되 世尊이시여 如來 無所說이니다

수보리야 네 뜻에 어떤가? 여래가 법을 말한 바가 있느냐? 수보리 부처님께 말씀 사뢰되 세존이시여 여래께서는 말씀하신 바가 없습니다.

【강의】

　금강반야바라밀이 이미 이러하여 말이 없고 이름이 없을진대 현재에 부처님이 어찌 이 경을 말씀하실 수 있을까 하고 대중들이 생각할 것이다.

　부처님이 이뜻을 아시고 수보리를 불러 물으셨다. '네 뜻에 어떠하냐 여래가 설한 금강반야바라밀이 있느냐?' 고 하물며 여래로 설함을 인증한다면 이는 법을 들을 줄 모르는 자의 말이며 법을 깨닫지 못한 자의 생각일 것이다.

　이미 금강반야바라밀이 언설과 명자名字를 여의었으면 최후의 수자상壽者相인 금강반야바라밀의 곳이어서 적나라한 본체本體가 드러났을 것이다. 이곳은 곧 여래지如來地인지라 말과 이름이 없고 법과 아我가 공空하였으니, 무슨 말이 있으며 무슨 법이 있겠는가?

　만약 법이 있다면 너희를 위하여 세운 법에 불과할 것이요, 아니 너희가 세운 법이요, 말이 있다면 너희들 때문에 있는 말이니 아니 너희가 말한 것이다.

　비유하면 밝은 거울에 천태만상의 물건이 비치어 오고 감에 천태만상의 영상을 나타낼 것이나 밝은 거울로 보면 일찍이 한개의 영상도 짐짓 지었음이 없고 항상 여여如如하여 스스로 밝은 그 거울 뿐일지니 거울 가운데 천태만상이 있게 되는 것은 밖에 있는 것이요, 거울에는 일어나고 꺼짐이 없는 것이다.

여래도 또한 이와 같아서 한 법을 내고 한 말을 설함이 없으니 만약 여래가 법을 설하였다 하면 이는 거울이 그림자를 지어냈었다는 것과 같이 여래 땅 곧 금강반야땅을 잘 알지 못하는 자이다.

그러므로 여래의 말씀은 곧 말씀이 아닌 것을 알아야 한다. 이 까닭에 세존께서 말씀하시기를 '여래가 법을 설한 바 있느냐' 하시자 수보리로 답이 나오게 하셨다.

수보리는 이미 금강반야바라밀에 도달해 있는 것이다. 아니 수보리가 곧 도피안지到彼岸地이다.

왜냐? 수보리는 즉 불佛, 즉 법인 진리를 여실히 알아서 불법승 삼보를 하나로 실현한 까닭이다. 이 까닭에, 부처님께 그대로 여실히 말씀드리되 '세존이시여, 여래께서 말씀하신 바 없습니다' 하였다.

須菩提야 於意에 云何오 三千大千世界에 所有微塵이 是爲多不아

수보리야 네 뜻에 어떠하냐? 삼천대천세계에 있는 바 먼지를 많다고 하겠느냐?

【강의】

　사상四相을 여읜 저 언덕, 즉 금강반야바라밀, 즉 여래, 즉 법신法身에는 언어와 문자가 공空하여 육진六塵과 심식心識이 공하고, 얻음과 얻을 곳이 공하고, 법과 내가 공하였으니 그때에 일체가 돈탕頓蕩하여 세계니 신상身相이니가 아무것도 없어졌다.

　이러한 마음에서 일어나는 형상없는 모든 법상法相(= 망상으로부터 내지 법을 얻은 상相)은 마음의 일인지라 없을 수도 있다지만 실질적으로 있는 세계등 모든 형체는 어찌 없애냐! 하여 집착이 다하지 못하고 사량이 공空하지 못한 대중은 의심이 가시지 않는 것이었다.

　그래서 부처님께서 나머지 의심을 마저 깨트리시기 위하여 수보리에게 이렇게 물으신 것이다. '삼천대천세계며 삼천대천세계에 있는 바 먼지가 많다 하겠느냐?' 하였으니 수보리의 답을 기다려 결론을 지으시려는 것이다.

須菩提言호되 甚多니다 世尊이시여

　수보리 말씀드리되, '심히 많습니다, 세존이시여.'

【강의】

　수보리는 현상現象대로 곧 말씀여쭙는다. '심히 많습니

다. 세존이시여, 세계도 많은 것이어늘 세계안에 있는 그 먼지야 말할 것 있습니까?' 이같이 대답하여 부처님의 말씀하실 바 뜻을 힘있게 하여드렸다.

하지만 이것도 역시 앞에서의 말씀과 같이 언설과 사량을 떠난 많음은 아닌 것이다.

須菩提야 諸微塵이 如來說 非微塵이니 是名微塵이며 如來說 世界도 非世界요 是名世界니라

수보리야, 모든 먼지는 먼지 아닌 것을 여래가 말한 것이니 이 이름이 먼지이며 여래가 말한 세계도 세계가 아니라 이름이 세계이다.

【강의】

부처님께서 수보리의 많다는 말을 들으시고 다시 수보리를 불러 이르신다. 삼천대천세계에 있는 모든 먼지가 과연 많지 않은 것은 아니다마는 모든 먼지가 원래 이 환망幻妄의 물건이니 비록 색色, 성聲, 향香, 미味, 촉觸 등 어지러운 상相을 내고 있으나 그 근본이 허망하여 미진微塵이랄 것이 없다. 이런 고로 여래가 미진微塵 아닌 것을 미진이라 이름하여 말씀하신 것이다.

왜 그러냐? 미진微塵이란 본래가 없으니 세계가 부서진

것이요, 또 미진이라 할 수 없으니 합하면 세계가 되는 까닭이다. 그러므로 이름뿐인 미진이라고 한다. 삼천대천세계도 또한 그러하나 이 까닭에 여래 말씀이 세계가 곧 '세계아니요 이름이 세계라' 한 것이다.

이 까닭에 이러한 세계와 미진微塵을 합하여 세진世塵이라 말할 수 있다. 세진世塵이라면 산하대지와 명암색공明暗色空 등이다. 이들은 본시 내 마음 가운데에 있던 물건이 아니요 다못 망상을 인因하여 망령되이 건립됨이다.

이러므로 환심幻心이 멸하면 환진幻塵이 멸하고 마음이 공하면 세계가 공하여 세진世塵이 곧 세진이 아닐 것이다.

그러나 환심幻心이 멸치 아니하여 망상이 상속하면 미진세계微塵世界를 면치 못해서 세계와 법신法身을 둘로 보는 것이다.

만약 누구든 세계 가운데에 처하여 세계가 세계 아닌 줄 인식하면 곧 심지心地가 확연하여 세계에 진진찰찰塵塵刹刹이 다 법신이요, 금강반야바라밀일 것이다. 이러므로 세진世塵이 세진 아니요, 곧 법신이니 이름이 세진인 것이다.

須菩提 於意云何오 可以三十二相으로 見如來不아

수보리야, 네 뜻에 어떠하냐? 가히 삼십이상으로써 여래를 보겠느냐?

【주해】

　삼십이상三十二相이 무엇인 것은 앞에서 대략 말했거니와 안이비설신眼耳鼻舌身 등의 형상으로 나타난 모양이다. 이는 성색불聲色佛을 말함이니 삼십이상이 무엇인지는 생략한다.

【강의】

　청중은 세계와 미진微塵이 세계와 미진이 아니요, 곧 법신이니 이 이름이 세계와 미진이라 함을 듣고 개개물물個個物物이 다 법신임을 깨달아 세계상世界相과 심연상心緣相이 공하여 금강반야바라밀이자 법신法身임을 얻었을지라도 얻은 자가 오히려 있기에 신상身相에 집착이 떨어지지 못하는 것이다.

　그러므로 해서 그릇 생각하므로 이 신상身相을 여의고는 이 자리(법신法身)을 얻을자가 없으리라 했다. 신상이 있는 연후에야 세계상世界相도 금강반야바라밀도 있다고 본다.

　이 신상身相만은 가히 공하지 못할 것이라 하는 것이다. 그러므로 금강반야바라밀을 얻는 자는 수승한 실상實相이 생기는 것으로 안다. 그래서 부처님이 삼십이상三十二相이 계시다는 것이다.

　다시 말하면 깨달아도 몸을 의지해야 될 것이요, 미迷하

여도 몸을 의지해 미迷할지니 미할수록 퇴전退轉한 신상보身
相報을 받음과 같이 깨달을 수록 수승한 신상보身相報를 받
을 것이니 구경각究竟覺에는 구경신상보究竟身相報가 있을 것
이다. 이것이 곧 여래의 삼십이상이라는 것이다.

그러므로 부처님께서 수보리를 불러 물어 보시되 '네 뜻
에 어떠하냐. 가히 삼십이상으로써 여래를 보겠느냐?' 하
여 이 뜻을 밝히시려는 것이다.

**不也니다 世尊이시여 不可以三十二相으로 得見
如來니다 何以故오 如來說三十二相이 卽是非相이
요 是名三十二相이니다**

아니옵니다, 세존이시여. 삼십이상으로써 여래를 봄은 옳지 않
습니다. 어찌한 연고입니까? 여래께서 말씀하신 삼십이상이 곧
상이 아니요, 이 이름이 삼십이상입니다.

【강의】

금강반야바라밀에 있는 수보리는 부처님의 물으심을 들
을 때에 즉각적으로 아닌 것이 알려졌다. 그래서 '아닙니
다, 세존이시여' 하고 대답을 여쭙게 된 것이다.

왜 그러냐? 이 삼천대천세계도 본래 마음속의 망념으로
인하여 건립된 것이어든 항차 이 세계 가운데 의지해 있는

신상身相이야 말할 것도 없는 것이다.

그러므로 마음속에 환심幻心이 공하여 세계가 공할 때에는 이 신상身相도 또한 공할 것이니 신상과 세계상을 별달리 보는 자는 이는 마음을 신상身相속에서 찾는 그릇된 생각인 것이다. 세계와 허공이 다 마음속에 있는 줄 모르는 까닭이다.

그러므로 신상身相을 의지하여 마음이 있으니 신상을 여의고는 금강반야바라밀이 있을 수 없다는 말을 내놓는 것이다. 이 생각은 뒤집힌 생각이다.

마음을 의지하여 신상身相이 있으니 마음을 여의고는 세계도 신상도 없고 바라밀도 없다 하여야 바로 된 말이다. 이 마음 속에서는 세계나 신상이나 바라밀이나 다 환화幻化로 존재된 것이다.

그러므로 해서 세진世塵이 세진 아니요, 이름이 세진인 것이며, 범인凡人의 신상은 그만두고라도 부처의 신상인 삼십이상도 삼십이상이 아니요, 이름이 삼십이상인 것이다.

또 이 세계나 신상 등만 환화幻化가 아니라 또한 금강반야바라밀도 이 큰 마음에서는 곧 금강반야바라밀이 아니요 이름이 금강반야바라밀인줄 알아야 한다. 한 걸음 더 나가서 이 큰 마음도 곧 큰 마음이 아니요 이름이 큰 마음인 것이다. 여기에 이르면 이 큰 마음에는 출입出入과 대소大小

와 내외內外가 함께 없어져서 다시 적기도 하며 크기도 하면서 환화상幻化相이 곧 마음이요 마음이 곧 환화상이며, 보화신報化身이 곧 법신이요 법신이 곧 보화신報化身인 것이다.

진정한 큰 마음의 가치는 비로소 여기서 알게 된다. 이것이 일체 내외 모든 법을 두지 않음으로써 스스로 구족한 본래 법신을 맛보는 것이다.

須菩提야 若有善男子善女人이 以恒河沙等身命으로 布施라도 若復有人하여서 於此經中에 乃至受持四句偈等하고 爲他人說하면 其福甚多니라

수보리야, 만약 선남자 선여인이 있어서 항하수 모래와 같은 목숨으로써 보시를 하여도 만약 다시 사람이 있어서 그 경 가운데 내지 사구게 등을 받아 가져 남을 위하여 말해 주면 그 복이 심히 많은 것이다.

【강의】

이 실상인 법신처法身處, 즉 아뇩다라삼먁삼보리, 즉 금강반야바라밀, 즉 여래인 이 자리는 법이 공하고, 득得이 공하고, 득자得者가 공하고, 득처得處가 공하고, 설說이 공하고, 명名이 공하고, 상相이 공하고, 주처住處가 공하고, 각覺이 공하여 세계가 세계 아니요, 신상身相이 신상 아니요, 금

강반야바라밀이 금강반야바라밀이 아니어서 일체가 돈연頓然히 공하므로 일체가 돈연히 실다움인 것이다.

돈연 실다움은 돈연공頓然空함을 두지 않는 연고요, 돈연 공함은 돈연실頓然實다움을 두지 않은 연고이다. 이러히 양변兩邊을 여읜 연고로 자재본연한 법신인 것이다.

이치가 이에 이르러 말이 다하고 이치가 끊어졌다. 부처님께서 다시 수보리를 불러 제3차로 이 경, 이 자리의 공덕을 드러내시어 이 경이 어떠한 수승함과 이 경이 이러히 단멸斷滅이 아님을 알리시려 해서 비유에도 간절과 미묘를 극極하셨으니 그 진리의 미묘와 상부相扶된다 말할 것이다.

그러나 이 경의 담허湛虛한 복덕에는 미칠 바 아니니 이 경의 실다운 곳을 알자면 본 경전의 말씀과 나의 강술講述이 오히려 가당치 않은 말인 것인 줄 알아야 할 것이다. 이 까닭에 부처님께서 다시 구경의 비유를 꺼내신다.

'수보리야, 세간에서 가장 소중히 여기는 것은 신명身命보다 더한 것이 없을 것이다. 어떠한 선남자 선여인이 이렇듯 소중한 신명을 아끼지 않고 보시에 내놓되, 한번이나 두번이 아니요 다생多生을 두고 드나들며 항하사 모래수와 같은 신명을 남을 위하여 보시로 썼다 하면 어떻게 하겠는가?

그렇지만 또 다른 사람이 있어 이 경 가운데 사구게四句偈에 불과한 구절만 가지고라도 남을 위하여 해설한다면 이 복덕이 저 복덕보다도 심히 많다' 하신 것이다.

왜 그러냐? 저 신명보시身命布施가 아무리 어려운 보시라 해도 본성本性을 밝히지 못한 다음에는 자재구족自在具足이 없을 것이다. 신명보시는 법신에서 비춰보면 허망하기 짝이 없는 것이다. 신명身命이 신명 아닐지니 소중할 것도 없고 어려울 것도 없는 것이다.

그러나 단지 사구四句에 불과한 금강경의 진리는 능히 여래를 얻을 수 있으니 신명보시의 복덕이 많다 함은 형체形體도 없는 것이 되고 마는 것이다.

그런데 부처님이 복덕을 비교하심에 처음에는 한 개의 삼천대천세계의 칠보 보시로 비교하셨고, 다음에는 항하의 모래 처럼 많은 삼천대천세계의 칠보 보시로 비교하셨고, 지금에는 항하사 모래수와 같은 신명보시에 비교하신 것이다.

또 다음에는 하루 3시三時로 항하사 등 신명보시를 말씀하신 것이니 그 심히 어려움을 점점 증가케 하여 보이시는 것이다.

이것은 이 경전의 공덕도 그같이 한량없음을 알리시어 점점 한량없음을 깨닫게 하심인 것을 알아야 한다. 그러므로 이 경의 여실한 공덕이야말로 일체변재一切辯才가 구족하신 부처님이라도 어떠한 말씀을 하시어 보았자 될 수 없는 것이다. 그 까닭에 이 뒤에 보면 '이 경의 뜻과 공덕을 내가 다 말할지면 여우같이 의심하여 믿지 않으리니 그러나 말하자면 이 경은 뜻도 한량없고 공덕도 한량없느니라' 말씀 하신 것이다.

PART 14.
이상적멸분

第十四. 離相寂滅分

爾時須菩提 聞說是經深解義趣涕淚悲泣而白佛言希有世尊 佛說如是甚深經典 我從昔來 所得慧眼 未曾得聞如是之經世尊 若復有人得聞是經信心清淨 卽生實相 當知是人成就第一希有功德世尊是實相者卽是非相 是故 如來說名實相世尊 我今得聞如是經典信解受持不足爲難若當來世後五百歲 其有衆生得聞是經 信解受持是人卽爲第一希有何以故 此人無我相無人相無衆生相無壽者相所以者何我相 卽是非相人相衆生相壽者相卽是非相何以故離一切諸相卽名諸佛佛告須菩提
如是如是 若復有人 得聞是經 不驚不怖不畏 當知是人甚爲希有 何以故須菩提如來 說 第一波羅蜜卽非第一 波羅蜜是名第一波羅蜜須菩提 忍辱波羅蜜 如來說非忍辱波羅蜜 是名忍辱波羅蜜 何以故 須菩提 如我昔爲歌利王 割截身體我於爾時 無我相無人相無衆生相無壽者相 何以故我於往昔節節支解時若有我 相人相衆生相壽者相應生瞋恨須菩提又念過去於五百世 作忍辱仙人 於爾所世無我相無人相 無衆生相無壽者相 是故須菩提菩薩應離一切相 發阿耨多羅三藐三菩提心 不應住色生心不應住聲香味觸法生心應生無所住心若心有住 卽爲非住是故佛說菩薩心不應住色布施 須菩提菩薩 爲利益一切衆生 應如是布施 如來說一切諸相卽是非相 又說一切衆生卽非衆生須菩提如來是眞語者實語者如語者不誑語者不異語者須菩提如來所得法 此法無實無虛須菩提若菩薩心住於法 而行布施如人入闇卽無所見 若菩薩心不住法 而行布施如人有目日光明照見種種色須菩提當來之世 若有善男子善女人 能於此經 受持讀誦卽爲如來以佛智慧 悉知是人 悉見是人 皆得成就無量無邊功德

14. 이상적멸분 離相寂滅分

爾時에 須菩提가 聞說是經하고 深解義趣하여 涕淚悲泣하며 而白佛言하되 希有世尊이시여 佛說如是甚深經典을 我從昔來로 所得慧眼으론 未曾得聞如是之經이니라

이때에 수보리, 이 경 말씀하심을 듣고 깊이 그 의취를 앎에서 눈물, 콧물을 흘리며 슬피 울어 부처님께 말씀사룁는다. '희유하십니다, 세존이시여. 부처님께서 이같이 심히 깊은 경전을 설하심은 제가 옛적으로 쫓아 오면서 얻은 바 혜안으로도 일찍이 이와 같은 경을 얻어 듣지 못했습니다.'

【강의】
부처님께서 금강경을 설하시기 전에도 신명身命을 던지는 복을 말씀하시었다. '여래 내가 오늘의 여래가 된 것은 전겁前劫에 신명을 아끼지 않고 보시한 까닭으로 온 것이니라'고 말씀하신 적이 있었다.
수보리는 여기에 깊은 감명을 받아 신명을 내놓는 보시

만은 수행인의 행하기 어려운 보시인 동시에 도道를 얻음에 절적한 행이다라고 하였던 것이다.

그래서 이제 이 금강반야바라밀을 얻음도 신상身相이 곧 신상 아닌 줄 알아서 신명身命을 지푸라기같이 던져 보시함으로 올 것이다라고 믿었다.

이같이 신명을 던지는 보시의 복덕은 곧 여래가 될 것인 줄 알았던 것이다. 그러던 차에 이 경이 여기에 이르러 부처님께서 공덕을 말씀하심에 이르러서는, 멀리는 신명이 담겨 있는 세계상世界相의 집착을 타파해 주시고 가까이는 목숨을 가지고 있는 신상身相의 집착을 타파하시어 점점 이끌어 오시다가, 신명을 놓는 보시로 말씀이 시작하여 항하사 모래수 같은 신명身命을 놓아 보시할지라도 이 경의 사구게四句偈를 받아가지고 남을 위해 해설하니만 못 하다는 말씀을 듣게 된 것이다.

이때에 수보리는 믿었던 최후의 한 막幕이 마저 터진 것이다. 이때에 깨친듯이 대기大氣에 접하여 진리 전체가 바야흐로 드러나게 되었다. 이에서 수보리는 종래에 자기가 적었음을 뉘우치며 이제 큼을 접함에서 느끼어 울음이 복받친 것이다. 이는 스승인 부처님 은혜에 감동된 것이며, 어리석은 중생을 불쌍히 여김인 것이다.

또 이는 과연 진정眞情의 발로이며 대기大氣를 전체받음의 쾌증快證이라 할 수 있다.

이렇듯 느낌으로 수보리는 눈물과 콧물을 흘리며 부처님께 말씀드렸다. '희유하십니다, 세존이시여' 하였으니 무엇이 그렇게도 희유하였던가?

부처님이 깨달으신 아뇩다라삼먁삼보리법이 희유하였고, 부처님이 이끌어 주시던 방편법方便法이 희유하였고, 부처님이 호념부촉護念付囑하시던 은혜가 희유하였고, 또 부처님이 말밖에 전수傳授하신 법이 희유함에 희유라 한 것이다.

이 경이 머리에서도 희유라 했던 것은 수보리가 호념護念하신 은혜를 간파함에서 희유라 했고, 지금의 희유라 한 것은 전수傳授하신 법이 희유함에 희유라 한 것이다.

또 이 경이 경전 중에도 희유하고 법중에도 희유하니 이 까닭에 수보리는 계속하여 말씀드렸다. '이와 같이 심히 깊고 미묘한 경전을 말씀하심은 내가 옛부터 오면서 얻은 혜안慧眼으로도 이러한 경전을 들어보지 못했습니다.' 한 것이다. 그리고 계속하여 말하기를

世尊이시여 若復有人이 得聞是經하고 信心淸淨하면 卽生實相하리니 當知是人은 成就第一希有功德이니이다

세존이시여, 만약 다시 사람이 있어 이 경을 듣고 신심이 청정하면 곧 실상을 내리니 이 사람은 제일 희유한 공덕을 성취할 줄로 마땅히 압니다.

'세존이시여, 왜 제가 일찍이 듣지 못하던 경이라 합니까? 이 경의 묘함이 참 희유하여 누구든 이 경을 들을 때에 신심만 청정하면 곧 청정한 반야의 묘지妙地에 합하여 실상법신實相法身이 될 것이옵니다. 아니 신심만 청정하면 이것이 곧 실상법신이오니 이 사람이야말로 마땅히 제일희유한 최상의 공덕을 성취할 줄로 아는 까닭입니다.'

왜 그럽니까? 이 사람은 마음이 청정하여 사상四相에 집착執着함이 없을지라 관찰이 청정했고 관찰이 청정하므로 신심身心이 청정해서 이 경전을 들음에 곧 무주무상無住無相의 실상이 된 것입니다.

무주무상의 실상이면 이는 아뇩다라삼먁삼보리이요, 금강반야바라밀경이요, 곧 제불諸佛이오니 이것이 제일희유한 공덕의 성취가 아니고 무엇이겠습니까?

世尊이시여 是實相者는 卽是非相이오니 是故로 如來 說名實相이니다

세존이시여, 이 실상이란 것은 곧 상이 아니오니 이런 고로 여래께서 실상이란 이름을 말씀하신 것입니다.

 이 사람들이 제일희유한 공덕을 성취하게 되는 것은 말하자면 신심이 청정하면 곧 실상實相을 냄이 됨이오니, 이 실상이라는 것은 곧 실상이 아니옵니다. 실상이란 상相은 상을 말하는 상相이 아니요, 일체상一切相을 여의고 있는 실다운 이치 곧 원허태공圓虛太空인 청정법신을 이름함이오니, 이 자리는 형체가 없고 흔적이 없고 상모相貌가 없기에 상相이라 할 것이 못 됩니다.
 이 까닭에 실상實相이라 한 것은 여래께서 이름을 실상이라 하심에 불과한 것이다.

 世尊이시여 我今得聞如是經典하고 信解受持는 不足爲難이오나 若當來世後五百歲에 其有衆生이 得聞是經하고 信解受持하면 是人은 則爲第一 希有이니이다

 세존이시여, 내가 이제 이와 같은 경전을 얻어 듣고 믿어서 알며 받아서, 가지기는 족히 어렵지 않습니다만, 만약 후 오백세에 있는 그 중생이 이 경전을 듣고 믿어 알거나 받아 가진다면 제일 희유함이 되겠습니다.

세존이시여 제일 희유공덕 성취인 이 실상實相은 이름뿐이요 상相이 아니오니, 본연이어 흔적이 없으며, 청정이어 체상體相이 없는 상相 아님으로써 실상實相을 삼는 이 실상의 금강반야바라밀경은 믿어 알고 받아 가지기가 심히 어렵습니다.

왜 그럽니까? 우리들은 이 경을 듣고 믿어 알고 받아 가지기가 족히 어려울 것 없습니다. 우리들은 여래를 친히 모시고 호념護念하심을 받는지라 믿고 알기가 무엇이 어려우며, 또 부촉하심을 입는지라 받아 가지기가 무엇이 어렵겠습니까?

하오나 장차 오는 세상에 뒤로 오백세의 중생들이 이 경을 듣고 믿어 알며 받아 가진다면 이 사람이야말로 제일희유한 일입니다.

왜 그럽니까? 이 사람은 부처님의 은덕이 멀어진 지가 오백세 뒤이건만 이와 같이 심히 깊은 경전을 듣고서 능히 믿어서 안다는 것은 청정본연淸淨本然한 자성을 밝혔음이요, 상주常住하는 여래를 알았음이요, 청정자성淸淨自性을 반조하여 업력이 다 멸하였음이오니 희유하다 아니할 수 없습니다.

何以故오 此人은 無我相 人相 衆生相 壽者相일새

니다

　무슨 연고입니까? 이 사람은 아상, 인상, 중생상, 수자상이 없기 때문입니다.

　무슨 연고로 제일희유할까요? 이 사람은 아상我相과 인상人相과 중생상衆生相과 수자상壽者相이 없는 연고입니다.
　사상四相에 주착함이 없으므로 자성이 청정하고, 자성이 청정하므로 청정실상淸淨實相인 이 경을 들을 때에 곧 계합하여 제일희유한 사람이 되는 것입니다.

　所以者何오 我相이 卽是非相이며 人相 衆生相 壽者相이 卽是非相이니다

　이유가 무엇입니까? 아상이 곧 상이 아니요, 인상, 중생상, 수자상이 곧 상이 아닌 것입니다.

　또 사상四相이 없어서 제일희유한 사람이 되는 까닭이 무엇이겠습니까? 아상이 곧 상相이 아님이요, 인상, 중생상, 수자상이 곧 상이 아님인 것으로 안 까닭입니다.
　그런데 제일희유한 이 사람이 만일 사상四相이라 할 것이 있어서 사상四相을 여의었다 하면 이는 사상을 없앴다는 것이 도리어 사상에 집착하는 것이 됩니다.

왜냐고요? 사상四相은 본래 없는 이름뿐의 사상인데 어떻게 없앱니까? 아상, 인상, 중생상, 수자상이 없다 하는 것은 사상이 사상 아님을 알아서 사상四相이 없는 것인 줄 필경은 아는 것입니다.

이러므로 아상我相이 상相아니요, 인상, 중생상, 수자상이 상相 아니오니 실상實相에는 아我이니, 인人이니, 중생이니, 수자壽者이니 부터 공한 것이어늘 더군다나 상相이 있을 리가 있습니까?

그러므로 사상四相의 상相만 공한 것이 아니라 사상을 말하는 법도 공한 것입니다. 이렇게 안 연후에 아상, 인상, 중생상, 수자상이 없다는 말이 들어맞습니다.

何以故오 離一切諸相이 卽名諸佛이니다

무슨 연고이겠습니까? 일체상을 여읨을 곧 이름이 모든 부처입니다.

그런데 이러히 구경究竟의 상相을 없애자 함은 무슨 연고입니까? 일체 모든 상相을 여의면 곧 불佛이 되는 연고입니다. 일체상一切相을 여의면 그 마음이 공적空寂할지요, 공적하므로 일체상도 여읨을 두지 않을 것이요, 일체상 여읨을 두지 않으면 일체상을 떠남도 없을지니, 이같이 일체상을 떠남이 없는 것이 참으로 일체상을 떠남인 것이니 이렇게 되면 곧 부처라 이름할 수 있습니다.

佛告須菩提하시되 **如是如是**니라 **若復有人**이 **得聞是經**하고 **不驚不怖不畏**하면 **當知**하라 **是人**은 **甚爲希有**니다

부처님께서 수보리에게 고하시되, 이러하고 이러하니 만약 다시 사람이 이 경을 얻어 듣고 놀라지도 않으며, 겁내지도 않으며, 두려워하지도 않으면 마땅히 알아라, 이 사람은 심히 희유함이 된다.

【강의】

부처님께서 수보리의 말을 들으시니 그 이치가 당연하므로 수보리를 부르시어 그 말에 인가印可하시었다. '네 말이 불교의 이치에 심히 맞아서 이에 러함이고 이에 러함이로다' 하시었다.

그리고 이어 말씀하시되, 이 경이 과연 이러하니 후세에 어떤 사람이든 이 경전을 듣고 말 밖이요 생각 밖인 그 이치에 허망이라 하여 놀라지도 아니하며, 더할 수도 없고 마지막인 이 도道에 불감不敢이라 하여 두려워하지도 아니

하며, 다함이 없고 상相이 없는 이 실면實面에 엄청나다 하여 겁내지도 아니하면, 마땅히 알아라. 이 사람은 네 말과 같이 심히 희유한 사람이니라.'

만일 대승근기大乘根器가 아니면 갑작스럽게 이 법을 들을 때 의심과 공포와 경악이 없을 수 없는 것이다. 그런데도 이 심히 묘한 반야의 이치에 놀라지 아니한다 함은 큰 그릇일지라 이 경을 받아가질 것이요, 또 겁내지 아니함은 도道에 견딤인지라 퇴전치 아니할 것이다.

이 사람이 이 법에 이러히 믿어 알고 받아 가지며 겸하여 퇴전치 아니할지면 업력이 자연 소멸하여 청정자성이 드러날 것이니, 이렇게 되면 부처인지라 제일희유한 공덕을 성취함일지라 '심히 희유라 아니할 수 없다.' 하시었다.

何以故오 須菩提야 如來說 第一波羅蜜이 卽非第一波羅蜜이요 是名第一波羅蜜이니라

왜 그러하냐? 수보리야, 여래가 말한 제일바라밀이 제일바라밀이 아니요 이 이름이 제일바라밀이다.

【주해】

제일바라밀은 보시바라밀이니 보시는 육바라밀의 제일 머리에 놓인 까닭이다. 부처님이 앞에서 이 경을 설하신

지 얼마 아니 되어서 무주상無住相 보시를 찬탄해 말씀하시기를 그 얻는 바 복덕이 무량하여 시방허공을 헤아려 생각할 수 없음 같다 하셨다.

이유는 인因을 무상無相에 심었으므로 과果도 무상에서 얻는 까닭이니 무상과無相果는 곧 불佛이다.

【강의】

이 경을 수지독송(마음에 받아 입에 외움)하는 자가 왜 제일희유한가? 사상四相이 없음이다. 어떻게 해서 없게 되는가?

사상四相이 사상 아님을 앎인 것이다. 사상四相이 사상 아님을 알면 무엇인가? 상相을 여읨이 부처라 한 그것이다.

이렇게 수보리가 인식할 때에 부처님께서는 옳게 여겨 '이러 이러' 하다 인가印可하시고 인因해 경이자 불佛인 이 경 뜻을 듣고도 놀라고 두려워 하지 않는 사람이면 심히 희유한 자일지니 이런 사람에게는 여래 자기가 제일로 말함인 보시바라밀도 보시바라밀이 아니요, 이름이 보시바라밀인 것이다.

왜냐? 무주상無住相 보시복덕이 아무리 헤아릴 수 없음이 시방허공十方虛空 같다지만 이 경 뜻에 와서는 시방허공이 시방허공이 아니요 이름이 시방허공이요, 무량복덕이 무량복덕 아니요 이름이 무량복덕이며, 무주상無住相도 무주상이 아니요 이름이 무주상인 것이다.

구경究竟에 말하자면, 진실한 이 무주상 보시면은 무주상無住相 보시인 줄도 몰라서 무주상 보시인 것을 알아야 한다. 그러므로 보시바라밀이 보시바라밀이 아니요 이름이 보시바라밀인 것이다. 이 까닭에 '여래가 말한 제일바라밀이 제일바라밀이 아니요 이름이 제일바라밀이니라' 한 것이다.

須菩提야 忍辱波羅蜜도 如來說非忍辱波羅蜜이요 是名忍辱波羅蜜이니라

수보리야, 인욕바라밀도 여래가 인욕바라밀이 아님을 말함이니 이름이 인욕바라밀이다.

【주해】

인욕바라밀도 육바라밀의 하나이니 무리한 일을 편히 받는 것이 인忍이요 무리한 비방과 손해를 입음은 욕辱이다.

【강의】

수보리야, 제일인 보시바라밀만 그러한 줄 아느냐? 육바라밀이 다 그러한 것이다. 지계持戒바라밀만 말할지라도 지계를 가지는 줄 모르며 가져야 할 것이다.

자기가 계를 갖는 줄 알며 남이 계 안갖는 줄 알면 지계바라밀은 아니다. 이 까닭에 지계바라밀이 지계바라밀이 아니요, 이름이 지계바라밀인 줄 알아야 한다. 내가 계 가지는 줄 모르고 남이 계 아니 가지는 줄 몰라야 참다운 계 가짐인 것이다.

'수보리를 부르사, 친히 과거에 경험한 일을 인증하려 하심이니 "인욕바라밀도 인욕바라밀이 아니요 이름이 인욕바라밀"인 것이다.'고 말씀하셨다. 어떠한 이유로 이 말씀이 나오셨나?

앞에서 수보리가 이 경을 신해수지信解受持(= 믿고 알아서 받아가짐)하는 자의 희유한 연고를 사상四相이 없음이라 논하다가 끝으로 '일체상一切相을 여읨이 곧 불佛인 까닭입니다' 하여 맺을 때, 부처님께서 허락하시고 '과연 이 경을 듣고 놀라지도 겁내지도 아니하는 자면 희유한 것이니, 그 이유는 여래가 말씀한 제일바라밀이 제일바라밀이 아닌 줄 깨달아서 이 이름이 제일바라밀인줄 알도록 정도가 됨이다' 하시어 인가印可를 내리시었다.

그러면 이 자리는 짐짓 안팎으로 일체상一切相을 여의었는지라 호호탕탕하여 털끝만치도 걸림이 없는 것이다. 하지만 이것이 이상理想에 그치는 탁상공론인 것을 대중들이 느끼게 됐다. 그 까닭에 청중들은 생각을 이렇게 한다. "이

치인즉 그러하나 사실에서는 될 수 없는 일이다"고 하는 것이었다.

말하자면 부처님께서는 보시바라밀을 말씀하신 바이니 보시로만 말할지라도 모든 물질 보시라면 무엇이라도 가능할 수도 있다지만 신명身命보시에야 도저히 능치 못한다고 본다. 그런데도 부처님께서는 항하사 모래수 같은 신명보시라도 이 경을 수지하여 남에게 연설해 주니만 같지 못하다 하시는 것이다.

그러나 지금이라도 누가 있어 부처님의 신상身相을 칼이나 창으로 신명身命을 빼앗으려 하면 어찌 상相이 없으시겠으며 어찌 진한瞋恨이 없으시겠는가? 하였다.

부처님은 대중들이 헤아리는 마음을 명확히 아시고 곧 인욕바라밀을 꺼내시어 능히 아我가 없는 저 언덕에 이를 지면 피해자와 가해자가 없는 줄을 모르는 저들을 위하여서 친히 경험하신 일을 인증해 주시려 하였다.

그래서 수보리를 불러 말씀하시되 '인욕바라밀이 인욕바라밀이 아님을 여래가 설함이라' 하셨으니 곧 인욕바라밀에도 인욕바라밀을 두면 상相에 주住함이 되어 진심瞋心과 원한을 내지 않을 수 없지만 마음이 능히 공하여 티끌을 두지 아니하면 "인욕바라밀이 인욕바라밀이 아닐 때에 따라서 법이 능히 아我가 없는 저 언덕에 이르면 가해와 피해

와 진한瞋恨과 아픔이 없을지니라"하시며 한 말로 깨뜨린 것이다.'

何以故오 須菩提야 如我昔爲歌利王에게 割截身體하여 我於爾時에 無我相, 無人相, 無衆生相, 無壽者相이니라

무슨 연고이냐? 수보리야 내가 옛적에 가리왕에게 신체를 베이고 끊김이 되었으니, 내가 그 때에 아상이 없었으며, 인상이 없었으며, 중생상이 없었으며, 수자상이 없었느니라.

【주해】

옛적이라 함은 전생을 말함이요. **가리왕**歌利王이라 함은 옛적의 왕의 이름이다. 가리歌利란 뜻은 극악이다. 그런데 부처님께서는 옛적에 인욕행을 닦는 산중의 신선이셨다. 그때에 가리왕은 이 산중으로 사냥을 왔다가 식후에 곤히 잠이 들었다가 깨어 본즉 좌우에 항상 있던 궁녀들이 아니 보였다.

왕은 진심瞋心을 내어 두루 찾을 그 때에, 궁녀와 시비侍妃들은 왕이 자는 것을 보고 지루하고 심심하던 차에 물을 따르고 꽃을 찾다가 인욕선인이 앉아서 수행하는 것을 발견하였다.

궁녀들은 예배하고 둘러섰을 그 때이다. 궁녀를 찾다가 그 모습을 본 가리왕은 분노하여 선인에게 말하였다.

'너는 어찌하여 삿된 마음으로 나의 여색女色을 보는가?' 선인이 말하기를

'나는 실로 모든 여색을 탐하지 않노라.'

왕이 말하기를

'어찌해서 여색에 탐심이 없는가?'

'나는 계戒를 가지노라.'

'계를 가진다는 것은 무엇을 말함인가?'

'인욕을 닦는 것이니 이것이 곧 계를 가짐이로다.'

이때에 왕이 칼을 빼어 가지고 선인의 몸을 베이며 말하기를

'아픈가?' 선인이 대답하였다.

'아프지 않다' 왕이 곧 선인의 신상身相을 마디 마디 자르고 끊으며 묻되 '도리어 나를 원망하는 마음이 없겠는가?' 선인이 말하기를

'나我라는 것이 본래 없거니 어찌 원한이 있겠는가?' 하였다.

이때에 하늘이 노怒하여 돌비石雨를 내리니 왕은 두려워하고 선인의 신상身相은 여전하였다.(경에 있는 말).

【강의】

　수보리야, 인욕바라밀이 아님은 무슨 연고인가? 나의 숙세의 일을 인증認證하여 말하리라. 내가 옛적 가리왕에게 신체를 베이고 끊김이 되었을 그때에 말이다.

　나의 마음은 허공 같아서 아상我相도 없었고 인상人相도 없었고 중생상衆生相도 없었고 수자상壽者相도 없었다. 사상四相이 없으므로 인욕바라밀이 인욕바라밀이 아니어서 안으로 진실이 공하고 밖으로 신상身相이 공하여 가해자와 피해자가 공하므로 고통이 공하였다.

　만약 인욕을 한다는 생각이 있었다면 4상에 집착함을 면치 못하였음이니 어찌 내가 신상이 없었을 것이며 동시에 고통이 없었을 것이며 또한 원망하는 마음이 없었겠는가?

　何以故오 我於往昔節節支解時에 若有我相人相衆生相壽者相이 應生嗔恨이리라

　어찌한 까닭이냐? 내가 옛적에 마디 마디의 사지를 끊길 그때에 만약 아상, 인상, 중생상, 수자상이 있었더라면 응당히 성내고 원통한 마음을 내었으리라.

　그런데 인욕바라밀에 사상四相이 없어야 한다 함은 어떠

한 연고인가?

여래 내가 일찍 옛날에 마디 마디 사지를 끊길 때로 말하여도 만약에 내가 아상, 인상, 중생상, 수자상이 있었더라면 물론 가해하는 사람도 있고 피해되는 아我도 있고 또 참으려는 인욕도 있었으리니 나와 남이 있고 인욕까지 하였으니 이러하고 아픔이 없을 것이며 아팠으니 어찌 원망하는 마음이 없었을 것인가?

그러하지만 그때 나는 아픔도 없었고 원망하는 마음도 없고 인욕하는 줄도 몰랐으니 이것이 4상四相이 없는 인욕바라밀인 것이다. 이것이 나와 남과 인욕이 없이 행하는 인욕바라밀의 효과인 것이다.

왜냐? 4상四相이 없으니 나와 남의 공하고 나와 남이 공하니 가해자와 피해자가 공하고 가해와 피해가 공하니 아픔과 원망하는 마음이 공하고 아픔과 원망하는 마음이 공하니 인욕바라밀이 공하고 인욕바라밀이 공하니 '인욕바라밀이 인욕바라밀이 아니다.' 한 그것이다.

須菩提 又念 過去於五百世에 作忍辱仙人하니 於爾所世에 無我相, 無人相, 無衆生相, 無壽者相이더니라

수보리야, 또 과거 오백세를 생각하니 저 세상에서도 인욕선인

을 지어 아상도 없었고, 인상도 없었고, 중생상도 없었고, 수자상
도 없었음이더니라.

그러하면 수보리야, 이때 가리왕歌利王에게 신체를 베임
을 당하였으니 인아人我 4상이 공하여 아픔과 원한이 없는
인욕바라밀을 얻게 된 것은 일조일석一朝一夕에 된 일인 줄
아느냐?

아니다. 내가 다시 과거 5백세世를 생각해보니 그 세상
부터 인욕선인으로서 아상我相도 없었고, 인상도 없었고,
중생상도 없었고, 수자상도 없어 이렇듯 4상四相이 없이 인
욕행을 닦으므로서 세상에 주住함이 오랠 새 마디 마디 끊
기던 이 날에 진공眞空에서 원한이 없는 인욕바라밀을 행함
이 되더니라.

[문] 사상四相이 없는 인욕바라밀에는 아픔과 원한이 없
다는 이유는 들어 알았거니와 주해註解에 마디 마디
끊김에 신체가 본래 그대로 였다는 것은 알 수 없
다.

[답] 이것은 불가사의한 일인지라 논하기 불가하나, 이
미 불가사의의 경계를 논란論難하던 끝이니 말해 보
겠다. 사상四相을 여의었으면 진공실상眞空實相일 것

이니 이 자리는 아我와 인人과 고통과 원한과 인욕 등 일체가 없다 하였으므로 물론 신상身相도 없을 것이다.

이미 신상身相이 없으니 마디 마디 끊겼다는 것은 칼로 허공을 베이는 것 같고 입김으로 일광日光을 부는 것같은 것이 아니겠는가? 이렇게 보면 마디 마디 끊는다는 것은 꿈속 말에 불과한 것이니 여상如常했다 하는 말까지도 오히려 군소리가 되고 말 것이다.

또 말하되 이치로는, 즉 실상實相으로는 그러하려니와 사실로는 즉 물체상物體相으로는 어찌 그러할 수가 있을까 할 것이다.

그러나 여기에서는 이理와 사事가 둘 아님을 들 수 있다. 사事가 즉 이理이요, 이理가 즉 사事이니 이렇게 이사理事가 없는 곳에서는 사변事邊이니 이변理邊이니 물을 필요가 없게 된다.

이것이 금강경에 소위 양변兩邊을 여읜 바라밀이다. 이것이 곧 일체상一切相을 여의면 곧 불佛이라 한 그것이다. 이것이 곧 일체상一切相을 떠나 발한 아뇩다라삼먁삼보리! 그것이다.

이것을 알면 이理가 사事로 통하고 사事가 이理로 즉하여 이 몸을 천조각을 낼지라도 털끝에 상처를 입음이 없을지요, 또 일찍이 한 물건이 없지만 천백억의 몸을 내놓을 수도 있으니 이것이 이 경에서 얻은 바 불가사의의 최상무변最上無邊 공덕이라 하는 것이다.

是故로 須菩提야 菩薩은 應離一切相하여 發阿耨多羅三藐三菩提心이니

이런 고로 수보리야, 보살은 응당 일체상을 여의어 아뇩다라삼먁삼보리심을 발할지니

【강의】
　인욕이 4상四相을 여의면 곧 반야실체般若實體인 것이다. 비단 인욕만 그런 것이 아니라 육바라밀이 다 4상四相을 여의면 본시 한 물건인 실상체實相體일 것이다.
　그러면 신명身命을 가진 자로 제일 감당하기 어려운 신체를 훼상毁傷함에 능히 진심과 원한이며 아픔과 괴로움이 없음은 인욕에서 4상四相을 여읜 까닭이다. 즉 일체상을 여의면 곧 제불諸佛이라 이름한 이 바라밀을 얻은 까닭이다.
　이 까닭에 부처님께서 앞서 뜻을 거두시어 이 구절로 거듭 밝히시되 '이러므로 수보리야, 너의 무상도無上道를 배우는 보살들은 응당 일체상一切相을 멀리 떠나서 아뇩다라

삼먁삼보리심을 발하여야 할지니'라고 교훈을 내리신 것이다.

왜 그러냐? 일체상一切相을 여의면 곧 제불諸佛인 까닭이며, 일체상을 여의면 곧 인욕바라밀이 아니어서 원망하는 마음과 고통이 없는 까닭이다. 그렇다면 어떻게 하면 일체상一切相을 여의는 것일까?

不應住色生心하며 不應住聲香味觸法生心이니 應生無所住心이니라

응당히 색에 주하여 마음을 내지 말지며 응당히 소리와 냄새와 맛과 부딪침과 요량법에 주하여 마음을 내지 말지니 응당히 주한 바 없는 마음을 내일 것이다.

일체상을 여의어 보리심을 내자면 응당히 방원장단方圓長短과 오색五色 등 이러한 색경계에 주하여 마음을 내지 말아야 하고 또 소리와 냄새와 맛과 촉감과 시비 분별 등 색色, 성聲, 향香, 미味, 촉觸, 법法 등 경계에 주하여 응당 마음을 내지 말아야 할 것이다.

이같이 하면 자연 주住한 바 없는 마음이 살아남이 된다. 이것이 일체상一切相을 여의고 있는 마음, 즉 아뇩다라삼먁삼보리의 마음이 아니고 무엇인가? 이것이 즉 일체상을 여의면 제불諸佛이라 한 불佛이 아니고 무엇인가?

이것이 원한과 고통이 없는 사상四相을 여읜 인욕바라밀이 아니고 무엇인가? 이것이 주함이 없고無住, 샘이 없고無漏, 상相이 없는無相 진공묘위眞空妙爲가 아니고 무엇인가?

이것이 곧 여래, 곧 법신法身, 곧 신상身相, 곧 열반, 곧 바라밀인 것이다. 또 이것이 곧 신상身相, 곧 세계상, 곧 육진六塵, 곧 망상, 곧 색성향미촉법, 곧 선악제법善惡諸法인 것이다.

왜 그러냐? 이 주住한 바 없는 마음은 양변兩邊을 여의고 생김이니 주한 바 없는 마음도 아니요, 주한 마음도 아닐 까닭이다. 이른바 주한 바 없는 마음이 곧 주한 바 없는 마음이 아니요, 이 이름이 주한 바 없는 마음이며, 또 주한 바 있는 마음도 주한 바 있는 마음이 아니요 이 이름이 주함 있는 마음인 까닭이다.

이 주한 바 없는 마음이란 일찍이 주한 바 없는 마음이 아니므로 주한 바 없는 마음이 되거든, 항차 주한 바 있는 마음이야 말할 것도 없이 주한 바 없이 주함이 되어야 한다. 아니 주한 바 있는 마음도 버리지 않음으로서 주한 바 없는 마음이 되어야 한다.

若心有住라도 卽爲非住니라

만약 마음이 주가 있을지라도 곧 주가 아닌 것이다.

이와같이 주住한 바 마음을 살려내면 만약 마음이 주한 바가 있다 할지라도 곧 주함이 아닌 것이다. 왜냐? 주한 바 없는 마음은 다시 양변兩邊을 여의어 주住와 주하지 않음을 두지 않는 연고이다. 주함을 두지않는 연고로 주함이 아니요 주하지 않음을 두지 않는 연고로 주함이 있더라도 곧 주하지 않음이 될 것이다.

이른바 부처와 중생도 둘이 아니며, 번뇌와 망상도 둘이 아니며, 선과 악도 둘이 아니며, 안과 밖도 둘이 아니며, 이理와 사事도 둘이 아니라는 것이 바로 이것이니 주住와 비주非住도 둘이 아닌 것이다.

이런 까닭에 이곳을 얻으면 무량무변한 불가사의 공덕이 구족하신 제불제조諸佛諸祖와 다를 것이 없을 것이니 이것이 다 주住한 바 없는 공덕으로 좇아옵니다.

是故로 佛說菩薩이 心不應住色布施라하니라

이러한 연고로 부처님께서 말씀이 보살의 마음은 응당 색에 주하여 보시하지 아니한다 한 것이다.

이러한 까닭에 부처님께서 말씀하시기를 '보살은 마음

을 응당 색에 주住하여 보시하지 아니하며 성聲, 향香, 미味, 촉觸, 법法에 주住하여 보시하지 아니한다.'고 했느니라 하시고 앞에 말씀을 알맞게 정리하여 결론하시었다.

이때껏 하신 말씀을 한말로 결론짓자면 상相에 주住함 없음과 일체상을 여읜 이것에 불과한 까닭이다.

그러면 이같이 상相에 주한 바 없는 보살의 보시를 하면 이는 또한 상에 집착함이 아닌가? 말하자면 상相에 주하든 주하지 않든 보시가 있을 때에는 벌써 상에 주착住着함이 될 것이다.

왜냐? 상相이 있는 보시는 막론하고라도 상이 없는 보시라도 무주상無住相 보시의 복덕이 그와 같이 사량思量할 수 없다 해서 하는 그 보시가 아니든가? 그렇지 않다면 무주상無住相 보시라도 왜 하는 것인가? 할 것이다. 이것이 청중의 의심이 되었다.

須菩提야 菩薩은 爲利益一切衆生故로 應如是布施니라

수보리야, 보살은 일체 중생을 이익케 하기 위하여 이와 같이 보시하는 것이다.

이러한 의심이 있음을 아신 부처님께서는 수보리를 불

14. 이상적멸분

러 말씀하신다. '보살의 보시는 일체중생을 이익케 하기 위하여서 응당 이러히 보시함인 줄 알아야 한다.' 일체중생을 이익케 한다는 것은 무엇일까?

주住없는 보살의 마음은 허공같아서 상相에 주함이 없다는 말부터 없으리니 어찌 보시가 있음을 알 것이며 더구나 무량공덕을 바람이 있겠는가? 하지만 일체중생들이 오탁악세에 빠져서 마음에 무량한 고통이 있을 때에는 중생마음이 곧 부처님의 마음인지라 둘이 아닌 보살 마음에서는 연민히 여기심이 되어 구고救苦의 원을 발하시는 것이다.

그러한 고로 고苦를 맛보는 중생이 낙樂을 원하면 자기몸의 원하는 바를 이루어 주듯이 하나니, 중생이 낙을 원하면 그에게 낙을 보시하고, 배고픈 중생이 배부르기를 원하면 그에게 먹을 것을 보시하고, 병있는 중생이 건강키를 원하면 그에게 편안함을 보시하여 이같이 일체중생에게 이롭게 하기 위해 보시를 하시되, 상相에 주한 바 없이 항상 그 마음이 허공과 같다는 말이다.

그리고 또 보살이 이같은 보시를 친히 행하시되 도道 배우는 중생을 이롭게 하기 위하여서는 법보시를 행하시어 상相에 주한바 없이 항상 그 마음을 허공같이 할 것이라는 말씀이시다.

그러면 여래의 말씀이 보살은 일체상一切相을 여의어 일

체중생을 이익케 하기 위하여 주住한 바 없이 보시를 한다 하시니 여기는 일체상一切相과 위하는 일체중생은 또한 상相을 둠에서 하는 말이 아닐까?

如來說一切諸相이 卽是非相이며 又說一切衆生도 卽非衆生이니라

여래가 말한 일체 모든 상이 곧 상이 아니요, 또 말한 일체중생도 곧 중생이 아니다.

그러므로 여래께서 그 뒤를 마저 떼어주시기 위하여 말씀하신다. '여래가 말한 일체제상一切諸相은 곧 상相이 아니고 여래가 말한 일체중생도 중생이 아니니라' 하시사 뒤에 딸려 달리는 흔적을 마저 밝히셨다.

어떻게 밝히시나? 여래가 말씀하시는 일체 모든 상相은 본래 환幻이며 나의 진성중眞性中에는 본래가 없는 것이기에 상相이 아니라 한 것이요, 또 말씀하신 바 일체중생도 마음에 사상四相이 있으므로 일체중생이니 만약 본성本性에 돌아가 망념妄念이 없으면 망령된 상相이 없으니 중생 이라는 것은 얻을 곳이 없는 것이다. 그런고로 '일체중생이 곧 중생 아니라' 하신 것이다.

또 사상四相을 여의지 못함을 중생이라 하면 이 중생계衆

14. 이상적멸분 **241**

生界에는 사상四相이 없을 수 없음으로 중생이 없을 날이 없으며 다시 이 중생계에는 환상幻想이 없을 수 없으니 일체상一切相을 멸도滅度할 날이 없지 않을까 할 것이다.

아니다. 내가 스스로 사상四相을 여의어 중생이 없으면 일체중생이 없을지니 일체중생이 본래 내 한마음 깨닫지 못함에서 생긴 탓이다. 내가 스스로 일체상을 여의면 중생에게 일체상이 멸할지니 일체상이 본래 나의 식심분별識心分別에서 생긴 때문이다.

이것이 이 경에 말한 바 '일체상이 곧 일체상이 아니라 하시며 일체중생이 곧 일체중생이 아니라' 말씀하신 것이다.

곧 깬 눈으로 보면 일체중생이 없으며 일체상이 없는 것이다. 어떠한 것이 일체중생과 모든 상相이 없다한 것인가?

일체상이 곧 실상實相이니 일체상이 없다는 것이요 일체중생이 곧 부처니 중생이 없다는 것이다.

일체중생이 곧 부처라 하며 일체의 모든 상이 곧 실상實相이라 한 이 말씀이 청중에게 허망하고, 실답지 못하며 넘치고 풍떠는 소리며, 한결같지 않고 속이는 말씀같이 들릴 것이다.

왜냐? 이 일이 저들에게는 너무 동떨어져서 생각할 수 없는 까닭이요 너무 미묘하여 헤아릴 수 없는 까닭이니 들기에 허망한 것도 같고, 이랬다 저랬다 하는 것도 같은 것이다.
그러므로 부처님께서 수보리를 부르시어 굳건한 신념을 넣어 주시려 간곡한 말씀을 내리시되

須菩提야 如來是 眞語者며 實語者며 如語者며 不誑語者며 不異語者니라

수보리야, 여래는 참말을 하는 자며, 실다운 말을 하는 자며, 여여한 말을 하는 자며, 속이는 말을 아니하는 자며, 다른 말을 하지 않는 자이다.

'수보리야, 소위 여래인 나는 망어를 발發할 자가 아니다. 믿어라. 진정한 말을 하는 자인줄 알아라. 또 허언虛言을 말할 자도 아니다. 믿어다오. 실상實相인 말을 하는 자인줄 알아라. 또 허황히 말하고 싶어 하는 자도 아니다.
여실한 말을 하는 자인줄 알아라. 또 이리저리 끌어대서 속이는 말을 하는 자가 아니며, 이랬다 저랬다 딴 소리를 하는 자가 아닌 줄 알아라.' 이렇게 간곡히 어리석은 자에게 말씀하시는 것이다.
그러면 어떠한 것이 딴 말이 아니며 속이는 말이 아니며, 여여如如한 말이며 실다운 말이며 참된 말인가?

자성自性을 스스로 깨달은 깨끗한 본성本性에 직直하여 말씀하실 때 딴 말씀이 아니요, 일체상과 일체중생이 없는 본연성품에 직直하여 말씀하실 때 속이는 말이 아니시요, 일체중생이 중생 아니요 일체상이 상相아닌 여래 본성품本性品에 직直하여 말씀하실 때 여여如如하신 말씀이시다.

또한 일체 내외법內外法을 여읜 실상법實相法인데 직直하여 말씀하실 때 실다운 말씀을 하시는 자이요, 언설상言說相과 명자상名字相이 공하며 얻음과 증證함이 공한 진여보리眞如菩提에 직直하여 말씀하실때 참말씀을 하시는 자인 것이다.

그러면 또 청중이 여래께서 이랬다 저랬다 한다는 것은 무엇을 가지고 하는 말인가? 가령 말하자면 부처님께서는 초야에 4상四相이 있음을 설하시어 보살로 응당히 여길 것을 말씀하시더니 나중에는 4상四相이라 할 것이 없다고 하시어 부인하시고, 또 처음에는 일체상을 여읨이 모든 부처라 하시더니 나중에서 일체상이 상相이 아니라고 하시고, 또 초야에는 상相에 주하지 말것을 말씀하시더니 나중에는 마음이 상相에 주住하여도 주함이 아니라 하신 말씀 등등이다.

이것들이 실리實理를 통通하지 못한 그네들에게는 그럴듯하게도 들린 것이며, 갈피를 잡을 수 없이도 들릴 것이다.

그러므로 해서 부처님께서 이것을 판단하여 주시려 '허

망이 아니요. 진실한 말이며 표준이나 기준없는 말이 아니요, 진정하고 적실適實한 말이다.'라고 하시어 믿음을 주시면서도 이 말을 듣는 미혹한 대중들은 또 어떠한 의혹이 생길 것을 아시었다.

그것은 무엇인가? 일체상一切相을 여읜 부처님의 실상實相이자 즉 여래께서 얻으신 것은 득得이 없고, 실實이 없고, 과果가 없어서 진眞이니 가假이니 간에 집착할, 이렇다 할 것이 없다 하여 허망히 말씀하시더니, 이제 다시 듣고 보니 여래는 '진정하고 적실한 말을 한 것이라 하시어 실實이 있음 같이 되니 알 수 없다'는 것이다.

그래서 여래가 얻은 바 법은 어떠한 것인가? 허환虛幻인 것인가? 진실한 것인가? 하여 갈피를 못 잡는 것을 아시었다. 양변兩邊을 놓아서 있게 되는 이 자재처自在處를 모른다면 헤매일 수밖에 없는 까닭이다.

須菩提야 如來所得法은 此法이 無實無虛니라

수보리야, 여래가 얻은 바 법인 이 법은 실도 없고 허도 없느니라.

이 까닭에 부처님께서 수보리를 불러 말씀하시는 것이다. '수보리야 여래가 얻은 바 법은 실實도 없고 허虛도 없느니라' 하시어 어느 곳에든지 집착치 말 것을 일깨워 주셨다. 부처님이 얻으신 바 보리妙果는 실實도 없고 허虛도 없는 곳에서 생기는 것을 알리셨다. 즉 실허實虛 양쪽을 놓아 버린 연후에 오는 것임을 보이셨다.

여래가 증득하신 이 경계는 집착을 내는 식정識情으로는 얻지 못하는 것이다. 왜냐? 이 법은 허虛도 여의고 실實도 여의어서 있는 것이기 때문이다.

혹 부처님께서 허虛를 말씀하게되신 것은 본래가 언설言說을 여의었음이요, 중생의 집착을 떼이려 하심이었고, 또 실實을 말씀하시게 되는 것은 기틀을 대對하시게 됨에 말씀이 있게 되는 까닭이요, 또 중생이 공空에 잠김을 건져주시려 하심인 때문이다.

그러므로 이 법은 실實과 허虛만 없을 뿐 아니라, 무실無實과 무허無虛도 남기지 않는 것이다. 그래야만 자재본연自在本然의 여래지如來地가 드러나는 것이다. 그러므로 또 다시 실實에 즉하고 허虛에 즉하여야 실實도 없고 허虛도 없는 일체를 당기고 놓을 수 있는 법구족처法具足處가 생길 것이다.

또 다함이 있고 상相이 있어야 다함이 없고 상相도 없는 일체에 가히 당할 수 있는 법자재처法自在處가 생기는 것이다. 이른바 무소불능無所不能 무소불위無所不爲 무소부실無所不實 무소불허無所不虛의 밝은 덕이 생길 것이다.

須菩提야 若菩薩이 心住於法하여 而行布施하면 如人入闇하여 卽無所見이오 若菩薩이 心不住法하여 而行布施하면 如人有目에 日光明照하여 見種種色이니라

수보리야, 만약 보살이 마음을 법에 주하여 보시를 행함은 사람이 어둠闇에 들어가 보이는 바가 없는 것과 같으며 만약 보살이 마음을 법에 주하지 아니하여 보시를 행하면 사람이 눈이 있어 일광이 비침에 가지 가지 색을 보는 것과 같다.

이런 까닭으로 부처님께서 비유로 말씀하시되 '수보리야, 도道를 배우는 보살의 마음이 양변兩邊이나 삼제법三際法에 주住함이 되어 보시를 행하는 것은 사람이 어둠속에 들어가 보이는 것이 없는 것 같을 것이며, 그렇지 아니하여 마음을 양변삼제兩邊三際에 주하지 아니하고 보시를 행하는 자면은 눈이 있는 사람으로 광명이 비치는 아래에 가지 가지를 보는 것 같다.'고 하셨다.

어떠하신 말씀인가? 무릇 수행하는 보살이 자성自性의 진공眞空을 마땅히 깨달아서 일체에 주착住着함이 없으면 이는 마음과 법이 함께 공하여 행하는 보시이니 자연 금강의 눈이 활짝 터져서 여래의 지혜날慧日이 밝게 비치어 일체법

경계一切法境界와 일체티끌경계에 가지 가지의 있고 없는 모든 법이 본심本心을 떠나지 아니하고 명료히 알려질 것이다.

만일 그렇지 아니하여 마음이 법과 티끌에 주住하고 착하여 보시를 행하면 곧 사상四相에 걸림이 되어 자연 밝음 없는 어둠속에서 흡사히 눈에 한 꺼풀이 가린 것 같아서 한 물건도 보임이 없는 눈 먼 사람과 같을 것이다.

왜 그러냐? 이 당처(여래땅)는 다함이 없는 진여로 얻음을 삼는 까닭이니 이 진여체眞如體는 일체 때, 일체 곳에 편만하여서 중생으로 얻느니, 아니 얻느니가 없는 까닭이다.

그러나 마음이 법에 주住하고 아니 주하는 다름만은 있는 것이니 주住하면 문득 진여체眞如體가 가림이 생기어 삼륜체三輪體(= 施者, 受者, 施物)가 공한 보시를 알지 못할지니 밝은 눈이 가린 것이요, 또 주住가 없으면 삼륜체三輪體가 공함을 요달하여 진여체眞如體를 여실히 행사하되 무실無實, 무허無虛히 할지니 밝은 눈이 있어 가지 가지 모든 색을 명료히 비침과 같은 것이다.

須菩提야 當來之世에 若有善男子 善女人이 能於此經하여 受持讀誦하면 卽爲如來가 以佛智慧로 悉知是人하고 悉見是人하나니 皆得成就無量無邊功德

이리라

 수보리야, 장차 오는 세상에 만약 선남자 선여인이 있어 능히 이 경을 수지독송하면, 곧 여래가 불지혜로써 이 사람을 다 아시고 이 사람을 다 보심이 되어 다들 한량없고 가邊이 없는 공덕을 성취할 것이다.

【강의】

 뜻과 말이 다하여 진리가 바야흐로 드러날 때에 여기에는 한 생각을 붙이거나 한 말이 있게 되면 곧 그릇치게 되는 것이다. 이 까닭에 부처님께서 이러할 때마다 이 경의 공덕을 말씀하시게 되는 것이니 이번이면 세번째이시다.
 이와같으심의 공덕을 말씀하시려 말머리를 꺼내신다. '수보리야 여래의 진리와 이 경의 수승한 공덕은 여래 당시當時에만이 아니다. 장차 오는 세상 얼마든지 말이다.
 부지런히 닦는 선남자 선여인이라면 이 경에서 깨끗한 마음에 계합되어 결정적인 깨달음에서 입과 마음이 상응하여 독송될지니, 이는 곧 여래가 부처님 지혜로서 다 아심이며 다 보심이니 이 사람은 무량무변한 공덕을 성취함인 것이다' 하시었다.
 왜냐? 이 경은 그들 자성 가운데에 막대한 공용功用과 덕행을 구비케 하고 있는 까닭이다. 여래가 멸후滅後 당래중생當來衆生이라도 이 경을 대하여 믿음으로 가지고 마음으로 읽으면 마침내 이 경 뜻에 접촉함이 되어 진공묘지眞空妙地를 요달할 것인 까닭이다.

　진공묘지眞空妙地를 요달하면 곧 불佛을 요달함이요 내가 불佛을 요달하면 곧 불이 나를 요달함이니 이 까닭에 경에 '여래가 불지혜佛智慧로서 다 아시고 다 보신다' 한 것이다.

　이와같이 내가 곧 여래를 알며 여래가 곧 나를 알게 되면 이것이 청정한 부처의 지혜로 밝히 보심인 것이다.

　이러한 불지혜佛智慧를 봄은 곧 부처를 봄이요 내가 부처를 봄은 곧 부처가 나를 봄이다. 이 까닭에 경에 말씀하시기를 '여래가 불지혜佛智慧로 다 보신다' 한 것이다.

　또 이러히 내가 곧 부처요 부처가 곧 나인 진공묘지眞空妙地를 얻었을 때 '무량무변 공덕의 성취를 얻는다' 한 것이다.

PART 15.
지경공덕분

第十五. 持經功德分

須菩提 若有善男子善女人 初日分以恒河沙等身布施 中日分 復以恒河沙等身布施 後日分 亦以恒 河沙等身 布施 如是無量百千萬億劫以身布施 若復有人 聞此經典 信心不逆 其福 勝彼 何況書寫受 持讀誦爲人解說 須菩提 以要言之 是經有不可思 議不可稱量無邊功德 如來爲發大乘者說爲發最上乘者說 若有人能受持讀誦廣爲人說 如來 悉知是人 悉見是人 皆得成就不可量不可稱無有邊不可思 議功德 如是人等 即爲荷擔 如來 阿耨多羅三藐三菩提 何以故 須菩提 若樂小法者著我見人見衆生見壽者見 即於此經不能聽受讀誦爲人解說 須菩提 在在處處若有此經 一切世間天人阿修羅 所應供養 當知此處 即爲是塔 皆應恭敬作禮圍繞 以諸華香而散其處

15. 지경공덕분持經功德分

須菩提야 若有善男子 善女人이 初日分에 以恒河沙等身으로 布施하며 中日分에 復以恒河沙等身으로 布施하고 後日分에 亦以恒河沙等身으로 布施하여 如是無量百千萬億劫에 以身布施라도 若復有人이 聞此經典하고 信心不逆하면 其福勝彼어든 何況書寫하여 受持讀誦하며 爲人解說일가보냐

수보리야, 만약 선남자 선여인이 있어 아침에 항하모래 같은 몸으로써 보시하고, 낮에 다시 항하모래 같은 몸으로써 보시하고, 저녁에도 또한 항하수 모래와 같은 몸으로써 보시하여, 이와같이 한량없는 백천만억겁을 몸으로써 보시할지라도, 만약 다른 사람이 있어 이 경전을 듣고 신심으로 거슬리지 아니하면 그 복덕이 저 복덕보다 나으려든, 항차 이 경을 베끼거나 수지하거나 독송하여 남을 위하여 알도록 설명하여 줌이겠는가?

【강의】

부처님께서 오는 세상에 '이 경을 수지독송하는 자는

'여래'가 불지혜佛智慧로 다 아시고 다 봄이 되어 무량무변 공덕을 성취하리라' 하였다.

그러나 부처님께서 이 자리我卽佛 佛卽我를 그냥 무량무변 공덕 성취라고만 하시면 깨달은 사람이라면 그 정도라도 다 알 것이지만, 그렇지 못한 사람이면 그 말로만은 이곳을 생각해 내지도 못할 것이다.

그래서 부처님께서 이 자리를 비유로서 '너희가 사량하는 그러한 무량무변공덕'이 아님을 알리시려 말씀을 꺼내시는 것이다.

'수보리야, 만약 어떤 선남자 선여인이 하루에 세 차례씩 아침에 항하사 모래수 같은 몸으로써 보시하며 낮에는 그렇게 저녁에도 그렇게 하여 이와같이 보시하기를 하루나 일생뿐이 아니요, 무량한 백천만겁을 두고 보시를 할지라도 그것보다는 훨씬 많은 공덕이 또 있다.

무엇인가? 만약 누가 이 경을 듣고서 능히 신심을 일으키어 거슬리지 아니한다면 이것은 이 경의 심오한 진리를 알만한 본심本心의 소유자이니 이 복(본심이 깨끗한 복)이 저 복(칠보로 보시한 복)보다 나은 것이다.'

'이 경만은 수지독송만 하여도 이같은 것이니 항차 이 경을 베끼어 남이 보도록 하거나 이 경을 수지독송하여 남이 알도록 해석해 주는 것이야 말할 것도 없을 것이다' 하신 것이다. "무량무변" 공덕이라 해도 여러가지이다.

깨지못한 중생에게는 항하사 신명身命 보시공덕에도 이 무량무변공덕 밖에 쓸 말이 없고, 하루에 세번씩 항하사 신명의 보시공덕이라 해도 이 밖에 더 쓸 말이 없고 '내가 곧 부처요 부처가 곧 나' 인 공덕을 지어도 이 밖에 더 쓸 말이 없는 것이다.

그러나 하루 세 차례씩 항하사 모래같은 몸으로 보시하는 공덕이 아무리 무량무변이라 해도 내가 곧 불佛이요 불이 곧 나인 무량무변공덕에 비하면 백천만분의 일—이나 또는 숫자가 있는대로 비유할지라도 비교하지 못할 것이다' 하셨다.

과연 이 자리는 깨닫지 못한 사람은 사량이 아니오 언설言說이 아닌 것이다. 이 경은 '아무말을 하여도 깨닫지 못한 자에게서는 가히 능하지 못한 것을 알라' 하심이다.

須菩提야 以要言之컨대 是經을 有不可思議 不可稱量 無邊功德이니라

수보리야, 다시 말하자면 이 경이 가히 생각할 수도 없고 가히 칭량할 수도 없고 끝도 없는 공덕이 있는 것이다.

그러므로 부처님께서 끝으로 다시 수보리를 불러 경전

공덕의 불가사량을 마무리 하시려 말씀하신다.

'수보리야, 경전의 공덕을 한 말로서 하자면, 이 경은 사량할 수도 없고 칭량할 수도 없고 끝도 없는 공덕의 소유자니라' 할 밖에 없다 하시었다.

내가 곧 부처요 부처가 곧 나인 이 금강경은 근기가 하열한 자로는 사의思議할 바가 못되며 칭량할 바가 못되며 끝할 바도 못됨이니 만약 능히 이 법문에 밝으면 곧 성품을 보아 부처를 이룰 것이다.

그러므로 공덕을 성취해도 이같은 불가사의, 불가칭량不可稱量인 부처의 공덕을 성취하는 것이다. **불가사의란** 어떠한 것인가? 이치가 둥글고 도道가 극極함이니 몸이 몸 아님으로 몸을 삼고, 반야가 반야 아님으로 반야를 삼고, 소유가 소유 아님으로 소유를 삼음이니 **불가사의라** 하는 것이다.

또 **불가칭량**不可稱量이란 어떠한 것인가? 말이 끊어지고 마음이 다함이니 유有와 무無가 망하고 수數와 량量이 망하고 악법과 선법이 망하고 부처와 중생이 망함이니 **불가칭량**不可稱量이라는 것이다.

또 **무변**無邊이란 어떠한 것인가? 안과 밖이 텅비어 끝과 그침이 없으니 마법魔法이 없으며, 외도外道가 없으며, 세법世法이 없으며, 십악十惡이 없음이다. 이것이 없을 때에 십선

十善도 출세법出世法도 정법定法도 부정법不定法도 또한 없이 양쪽과 중간이 공하였음이니 **무변**無邊이다.

또 **공덕**이란 어떠한 것인가? 내가 부처요 부처가 나인 이 진리를 여의지 않았으니 이것은 공功이요, 이 진리를 응용하여 혹 중생변衆生邊에 혹 부처변邊에 임의롭되 물들지 않았으니 이것은 덕德인 것이다.

如來 爲發大乘者說이며 爲發最上乘者說이니 若有人이 能受持讀誦하여 廣爲人說이면 如來 悉知是人하고 悉見是人하고 皆得成就 不可量, 不可稱, 無有邊, 不可思議功德이니라

여래가 대승에 발심한 자를 위하여 설한 것이며, 최상승에 발심한 자를 위하여 설하신 것이니 만약 사람이 있어 능히 수지독송하여 널리 남에게 설명해 주면 여래가 이 사람을 다 아시고 이 사람을 다 보시어, 헤아릴 수 없고 일컬을 수 없고 끝할 수 없고 생각할 수 없는 공덕을 성취할 것이다.

【주해】

'**대승, 최상승**'은 소승小乘과 하승下乘을 상대하신 말씀이니 본래는 법에 대소大小와 상하上下가 없건만 사람의 마음이 스스로 차등이 있으므로 그들을 제접提接하기 위하여 생

긴 이름이다. 그러므로 이를 밝힘이 옳지 않으나 필자가 이를 수행자 마음편에서 구별하여 보려한다.

가령 참선을 하거나 염불을 하거나 송주誦呪를 하거나를 막론하고 스스로 깨친 주견이 없이 이 사람의 말을 듣고 이리 끌리며, 저 사람 가르침을 받고 저리하는 자는 이는 소승인小乘人의 일이요, 다음 참선과 염불과 송주를 물론하고 자기의 주견을 완고하게 집착하여 용맹정진하는 사람은 중승中乘인의 일이다.

또 참선, 염불, 송주를 막론하고 한 번 봄에 스스로 집착을 능히 놓으며 한 번 들음에 천가지 그름을 능히 깨달아서 정법正法을 수행함에 끝없는 곳에서 널리 운전運轉함은 대승인大乘人의 일이다.

또 참선도 없고 염불도 없고 송주도 없고 초연히 끝도 없고, 걸림도 없어서 법상法想을 여의며 초연히 집착함이 없어서 수행을 두지 않음에서 본래가 참선이요, 본래가 염불이요, 본래가 송주임은 최상승인最上乘人의 일이다.

【강의】

그러면 이 경이 불가사의가 이러하고 불가칭량不可稱量이 이러하고 가없음이 이러하고 공덕이 이러한 경이니 이 경은 누가 볼 경인가?

이 경은 자기의 근성을 깨달음 없이 주견主見이 박약하여 이리 끌렸다 저리 끌렸다하는 소승의 근기거나 확철한 각오가 없이 삿된 지견을 고집하여 실은 외도外道를 짓는 중승근기中乘根器에게는 가당치 않은 경經이다. 저러한 중소근기中小根器들은 견디어 낼 바가 못되는 경經이다.

이 경은 적어도 심성心性이 박약하지도 않고 우악愚惡한 고집도 없어서 한 번 들음에 능히 길을 찾고 한 번 봄에 능히 집착을 버리어 변두리 없는 깨끗한 마음을 능히 운전할 줄 아는 대승의 근기거나 그렇지 아니하면 본래가 법이 없고 본래가 얻음이 없어서 뛴듯이 상相이 없으며, 씻은 듯이 착着이 없는 이러한 최상승근기最上乘根器가 아니면 마땅치 않은 것이다.

왜 그러냐? 이 경은 본래가 여래께서 대승大乘을 발한 자나 최상승을 발한 자를 위하여 말씀하신 까닭이다. 그러므로 만약 누구든 능히 이 경을 수지독송 할 줄 알면 곧 대승자大乘者이요, 최상승자最上乘者일 것이다.

또 능히 이 경을 수지독송하여 남을 위하여 널리 풀어 말하도록 되었으면, 곧 내가 부처요 부처가 나我인 이치를 알아서 여래를 얻을 줄 알며 볼 줄 앎인 자이니, 이러한 사람이야말로 헤아릴 수 없고, 일컫을 수 없고, 끝할 수 없고, 사의思議할 수 없는 공덕을 성취함이라 할 수밖에 없다.

如是人等은　卽爲荷擔如來 阿耨多羅三藐三菩提이니

이와같은 사람들은 곧 여래의 아뇩다라삼먁삼보리가 등에 짊어져 있고, 어깨에 메어져 있는 것이다.

이와 같은 사람은 과연 여래의 아뇩다라삼먁삼보리를 짊어진 자이다. 아니 곧 아뇩다라삼먁삼보리이다. 이들은 4상四相이 공하고, 4상견四相見이 공하고, 다함이 없는 불심佛心이 드러났음에 곧 부처가 나요, 내가 부처인 것이다.

이들은 여래의 아뇩다라삼먁삼보리가 항상 이 사람들의 어깨와 등에 짊어져 이는 것과 같은 것이다.

왜냐? 이 사람은 사람이지만 곧 여래의 아뇩다라삼먁삼보리인 까닭이다.

다시 말하면 사람 더(+)하기 아뇩다라삼먁삼보리인 것이다. 아니 사람과 아뇩다라삼먁삼보리의 구별이 없다. 사람 편으로 보면 사람은 사람이니 아뇩다라삼먁삼보리를 짊어져 있음이라 말할 수밖에 없다.

何以故오 須菩提야 若樂小法者는 着我見人見衆生見壽者見하여 則於此經에 不能聽受讀誦하여 爲

人解說이니라

어찌한 연고냐? 수보리야, 만약 소법을 즐기는 자는 아견과 인견과 중생견과 수자견에 착하여 곧 이 경을 알아들어 능히 외우지 못하며, 또 남을 위하여 풀어서 말하지 못하는 것이다.

【주해】

소법小法이란 것은 근기가 하열한 사람이 좋아하는 법, 즉 소승, 중승법中乘法이 이것이다. 이 구절에 아我, 인人, 중생衆生, 수자壽者에 있어 사상四相을 말씀하시지 않고 사견四見을 말씀하시었으니 견見이란 즉 지견知見이다.

말하자면 사상四相을 말씀하시게 됨은, 상相을 여의게 하기 위하여 구별하심인데도 도리어 여기에 분별을 내어 사상지견四相知見을 일으키나니, 즉 사상법견四相法見을 지음인 것이다.

【강의】

내가 부처요 부처가 나인 공덕을 성취한 사람은 여래의 아뇩다라삼먁삼보리를 짊어짐인 것이다. 말하자면 이 사람은 사상四相이 공하고 사상지견四相知見이 공하여서 다함이 없는 불심佛心이 드러났으므로 여래의 아뇩다라삼먁삼보리가 이 사람인 것이다. 아뇩다라삼먁삼보리가 항상 이 사람에게 짊어져 있는 것이다.

　이와 반대로 소승법을 즐기는 사람은 사상四相을 말함을 듣고 사상四相의 지견을 내고, 사상이 공함을 듣고 사상이 공한 지견을 내나니(근기가 작고 마음이 공하지 못한 탓), 곧 아견과 인견과 중생견, 수자견壽者見에 착함이 된 것이다.

　이러한 최상승경전, 즉 사상과 사상지견이 공한 여래실상땅如來實相地에 가서는 능히 듣고 능히 읽을 수 없을 것이다.

　왜냐? 이러한 사상지견四相知見에 걸린 자는 소승법을 즐기는 사람일지니, 소승법을 즐기는 자로는 이러한 최상승경전이 독송해지지 않는 까닭이다.

　그렇거든 하물며 남을 위하여 해설할 수 있을 것인가?

　이 까닭에 여래의 말씀이 '수보리야, 불가사의 공덕을 성취한 사람은 여래의 아뇩다라삼먁삼보리를 짊어짐이니 여래가 다 알고 다 본다' 하였다.

　여래가 다 알고 다 보시게 됨은 사상四相이 공한 까닭이요, 사상이 공하다 함은 사상四相의 지견이 없음을 말함이다. 그렇거니 사상지견四相知見이 공하지 못한 사람으로 이러히 사상지견이 공한 경이 청수聽受될 까닭이 있으며 독송할 수 있겠는가? 또 더구나 남을 위하여 풀어 말할 수 있겠는가?

須菩提야 在在處處에 若有此經하면 一切世間天
人阿修羅의 所應供養이리라 當知하라 此處는 卽爲
是塔이니 皆應恭敬作禮圍繞하여 以諸華香으로 而
散其處하리라

수보리야, 곳곳마다 만일 이 경이 있을지면 일체 세간에 하늘
과 사람과 아수라가 응당히 공양하는 바일 것이다. 마땅히 알아
라. 이 곳은 곧 탑묘가 됨이니 응당 다 공경하여 예를 드리며 둘러
싸여서 모든 꽃과 향으로서 그 곳에 흐트릴 것이다.

【주해】

공양은 중생이 부처님께 몸과 마음 그리고 물건을 봉헌
하므로 정성을 보이는 것이다. 예禮는 오체(사지와 머리)를
땅에 던져 절하는 것이다.

둘러싸임은 대중이 부처님을 바라보아 공경함에 자연 부
처님을 둘러 싸고 있게 될지니 대중의 귀의하는 현상이다.
또 꽃과 향은 부처님께 공경찬탄함이 지극하여 자기네의
아름다이 여기는 꽃과 향으로 올리는 물건이다.

【강의】

누구나 만일 사상四相이나 사상지견四相知見이 없으면 여

래법신이 법계法界에 충만한 것을 저절로 알아지는 것이니, 중생이 법신을 깨닫지 못하는 것은 사상지견이 있음이다.

만약 사상지견만 없으면 우주의 삼라만상이 다 법신法身인줄 알 것이며 자기도 법신인줄 알 것이다. 이같은 법신은 곳곳에 있으니 어느것이 법신이 아닐 것인가?

그러면 이와같은 법신의 진리가 실려 있는 금강경은 곧 법신의 전체 표현이라고 할 수 있다. 이 까닭에 부처님께서 상주법신常住法身과 이 경의 관계를 보이시기 위하여 수보리를 불러 말씀하신다.

'곳곳마다 어느 곳을 막론하고 만약에 항상 계신 법신의 진리가 온전히 나툼인 이 경이 있게되면, 이는 곧 전 법신불法身佛이 현신現身함과 같으니 법신은 본래 나툴 수 없는 것이지만, 이 경으로 해서 나투어지는 것이다.

이 일을 아는 자는 심히 드문 것이다. 범인凡人이나 열등劣等 중생(지옥, 아귀, 축생)으로는 도저히 알기 어려운 것이다. 다못 하늘이나 사람이나 아수라 가운데서도 상근기上根器나 알 것이다.

깨달으면 누구든 응당 일체세간의 몸과 마음과 물건을 아끼지 아니하고 공양 공경하고야 말 것이니, 이곳을 어떠한 곳이라 할까? 이곳은 상주법신불常住法身佛이 현로現露하신 곳이어 부처님의 진불眞佛, 진사리眞舍利가 계신 탑과 묘일 것이다.

　이러하므로 일체세간의 천인天人과 아수라가 공경하고 공양하므로 오체五體를 던져 절할 것이요, 귀의하므로서 부처님을 둘러싸고 모든 꽃과 향기로 그곳에 장엄할 것은 물론이다.'

PART 16.
분장업정농

第十六. 能淨業障分

復次須菩提善男子善女人受持讀誦此經若爲人輕賤 是人先世罪業 應墮惡道 以今世人輕賤故 先世罪業即爲消滅當得阿耨多羅三藐三菩提 須菩提 我念過去 無量阿僧祇劫 於燃燈佛前 得值八百四千萬億那由他諸佛悉皆供養承事無空過者 若復有人 於後末世 能受持讀誦此經 所得功德 於我所供養諸佛功德百分 不及一千萬億分乃至算數譬喻所不能及 須菩提 若善男子善女人 於後末世 有受持讀誦此經所得功德 我若具說者 或有人聞 心即狂亂狐疑不信 須菩提當知是經義不可思議 果報亦不可思議

16. 능정업장분 能淨業障分

　　復次須菩提야 善男子善女人이 受持讀誦此經하여
若爲人輕賤이면 是人은 先世罪業이 應墮惡道어던
以今世人輕賤故로 先世罪業이 卽爲消滅하여 當得
阿耨多羅三藐三菩提니라

　다시 수보리야, 선남자 선여인이 이 경을 수지독송함에 만약 남에게 업신여김이 되거든 이 사람은 선세에 죄업이 응당 악도(지옥 축생 아귀)에 떨어질 것이로되, 금세에 사람이 업신여김으로써 선세의 죄업이 곧 소멸되며 마땅히 아뇩다라삼먁삼보리를 얻을 것이다.

【주해】

　악도惡道라 함은 지옥, 아귀, 축생이다. 이치로 말해서 우리 몸이 해당하는 것에 말하자면 우수憂愁, 사려思慮, 모욕이 그것이요, 크게 말하면 병고, 횡액橫厄, 사망이 그것이다.
　선세죄업先世罪業이라 하면 전생에 지은 죄에 끼친 업력을 말함이니 현세에도 전생을 찾을 수 있다. 가령 일초전一秒前

이라도 과거면 전생이니 과거에 지은 일의 모든 악행으로 끼친 심리적 고통이나 육체적 고통이 그것이다. **금세**今世는 현재 세상을 말함이니 이치로 말하면 현념現念 곧 현재의 생각이 그것이다.

이러므로 육조혜능대사가 말씀하시기를 '선세先世는 곧 앞 생각의 망심妄心이요, 금세今世는 뒷 생각의 깨달은 마음'이라 하셨다.

어찌한 말씀인가? 전념前念이 망령되면 이 죄업으로 인하여 응당 악도에 떨어질 것이지만, 현념現念이 깨우쳐 밝으므로 선세先世의 죄업을 하잘 것 없이 천賤(죄근이 본래 없음을 깨달으므로) 하게 여김으로 망령된 마음이 머물지 못하여 죄업이 이루어 지지 못하고 곧 보리菩提를 얻을 것이라 하심이다.

【강의】

상주법신常住法身을 드러내시기 위하여 법신의 이치가 갖추어진 이 경으로서 나툴 수 없는 몸을 나툰 것을 찬탄하여 말하되, '항상 주住한 법신은 처소가 없는 것이니 법신의 이치가 갖추어 나투어진 이 경만 있는 곳이면 곳곳마다 곧 법신불法身佛이 계심인 것이다.

이를 깨달은 일체세간의 하늘이나 사람 그리고 아수라

는 응당히 공경하고 공양하고 찬탄하고 예배함이 될 것이니라' 하시어 법신의 처소가 없음을 말씀하셨다.

　그러시고 이제는 또 다시 법신에는 시간과 제업諸業이 공함을 말씀하시려 하여 수보리를 부르시었다.

　'다시 수보리야, 선남자 선여인이 법신의 이치가 갖추어 나툼인 이 경을 수지독송함은 심히 어려운 일이지만 남에게 오히려 업신여김이 되거던 마땅히 알아라. 이는 선세先世 죄업이 응당 악도에 떨어질 것이로되, 이 경을 수지독송하는 공덕으로 해서 단지 업신여기는 것으로 선세先世 죄업이 소멸되고 그리고도 또 다시 마땅히 아뇩다라삼먁삼보리를 얻을 것이라' 이렇게 말씀하신 것이다.

　이 말은 악도에 떨어질 중죄가 업신여김을 받는 쉬운 일로 교환된다는 말이다.

　어찌한 연고로 그러냐? 선세先世에 아무리 최악의 중죄를 지었다 할지라도 법신의 이치가 갖추어 나툼인 이 경을 읽음에서 참 성품이 뚜렷히 밝음인 법신의 몸을 알 때에는, 법신에는 한 물건도 없음이니 죄업이 공한 줄 알게 될지니, 죄업이 공하면 악도가 공할 것이다.

　이 까닭으로 선세죄업이 곧 소멸되어 악도가 업신여기는 평이한 일로 변하는 것을 알아야 한다. 그렇다면 왜 업신여김까지는 공할 수 없는가? 할 것이다.

16. 능정업장분　**271**

그러나 자성이 밝은 법신의 이치는 자심自心에서 맛볼 것이니 선세先世 죄업이 소멸한 청정한 자성락自性樂은 성聖과 성聖 사이에나 아는 것이지 범인凡人으로는 전연 모르는 것이다.

법신을 체득한 자를 범부가 업신여김을 비유하면 조그마한 새우가 큰 용龍의 일을 알지 못하고 업신여김과 같은 것이다. 이러한 업신여김쯤은 불보살이 중생을 제도하는데 있어 즐거운 일이요, 죄보가 아닌 것이다. 곧 업신여김이 업신여김이 아니니 불보살은 중생에게 업신여김이거나 공경받는 일이 없으면 제도할 인연이 없는 것을 알아야 한다.

그가 나를 공경함으로 해서 그 인연으로 하여 내가 그를 제도하고, 그가 나를 업신여김으로 또한 그 인연으로 하여서 제도하는 것을 몰라서는 안 된다.

또 세살먹은 아이가 어른을 업신여기는 것은 어른분상에선 재롱이니 귀엽게 볼지언정 업신여김이나 죄보罪報로 볼 수는 없는 것이다.

또 이 참 성품이 뚜렷이 밝은 법신의 이치法身理致에는 선세先世가 공하고 후세가 공할 것이다. 그래서 선세의 죄업이 공하고 금세今世의 업신여김이 공하고, 후세의 악도가 공하여 마땅히 아뇩다라삼먁삼보리를 얻는 것을 알아야 한다.

須菩提야 我念過去無量阿僧祇劫하니 於燃燈佛前에 得値八百四千萬億那由他諸佛하여 悉皆供養承事로되 無空過者니라

수보리야 내가 과거 무량한 아승지겁을 생각하니 연등불전에서 팔백사천만억 나유타 모든 부처님을 얻어 만나서 다 공양하고 순종하여 섬기어서 헛되이 지낸 분이 없었나니라.

【주해】

아승지는 번역하면 무앙수無央數요, 나유타도 역시 숫자數字의 이름이니 말하자면 10억을 1낙차一洛叉라 하고 10낙차十洛叉를 일구지一俱胝라 하고 10구지十俱胝를 1나유타一那由他라 하니 나유타는 즉 천만억이다. 승사承事는 부처님의 뜻을 순종하고 봉사한다는 뜻이다.

【강의】

부처님께서 법신의 이치가 갖추어 드러난 이 경에 이르러서는 처소가 공空하고 시간이 공하고 죄업이 공한 것을 말씀하신 것이다. 그래서 '이 경을 수지독송하는 자는 필경에 안팎 일체가 다 공하여 곧 무주무상無住無相(= 머묾도 없고 상도 없음)의 실상법신實相法身일 것이다'라고 앞에서 말씀하시었다.

이번에는 경의 공덕을 비유하시다가 말씀을 다하지 못하시어 자기의 과거 지내던 사실과 지은 바 공덕을 꺼내시어 듣는 대중으로 비교해보게 하심이니 어떠한 것인가?

부처님께서 말씀하시되, '내가 과거 무량아승지겁을 생각하니 연등燃燈 부처님전에서 팔백사천만억의 나유타那由他나 되는 모든 부처님의 출세하심을 얻어 만나 한 분도 빼놓지 않고 공양 승사承事하여 그냥 지낸 분이 없었다' 하신 그것이다.

그러면 부처님께서 이 모든 부처님을 만나 헛되이 지냄이 없이 공양 승사承事하여 감히 게으르지 못하였으며 감히 어기지 못하였으니, 이 일이 어찌 쉬운 일이며 어찌 작은 공덕이라 하겠는가?

팔백사천만 나유타나 되는 모든 부처님을 헛되이 지냄이 없이 다 공양하고 승사하셨다는 이 사실! 과연 어려운 공덕일 것이다.

若復有人이 於後末世에 能受持讀誦此經하여 所得功德을 於我所供養 諸佛功德으론 百分不及一이며 千萬億分과 乃至算數譬喩라도 所不能及이니라

만약 다시 사람이 이후 말세에 있어 능히 이 경을 수지 독송하여 얻을 바 공덕은 내가 모든 부처님께 공양한 바 저 공덕으론 백분의 일도 못 미치며 천만분과 내지 숫자가 있는대로 비유를 할지라도 능히 못 미칠 것이다.

'그는 그러하고 만약 다시 이후 말세에 사람이 이 경을 수지독송함에 있어 그 얻는 바 공덕을 말하면 저 팔백사천만억 나유타 모든 부처님께 공양 승사한 공덕으로는 백분의 일도 못 미칠 것이며, 천분의 일도 못 미칠 것이며, 천만억분이나 내지 숫자가 생긴대로 다 비유해도 능히 못 미칠 것이다' 하셨다.

왜 그러냐? 이 경의 불가사의, 무변無邊한 공덕은 능히 아뇩다라삼먁삼보리심心을 얻게 하며, 한량없는 모든 부처님을 탄생하게 한 까닭이다.

그래서 비록 말세라도 이 경을 수지독송하는 사람이라면 그 근기가 대승이거나 최상승이어서 법신처法身處를 해득할 것이다. 해득하면 곧 무상보리無上菩提에 도달할 것은 물론이다.

그런데 모든 부처님께 공양하는 공덕은 아무리 공덕이지만 사상事相에 불과한지라 단지 복보福報에 그칠 것이요, 무상보리에는 멀다하시는 말씀이시다.

이런 까닭에 경을 가지는 공덕에 비교하면 백분에도 천만억분에도 숫자가 있는 대로 비유해도 미치지 못한다 하신 것이다.

그리고 또 여래께서 과거 팔백사천만억 나유타 부처님께 승사공양承事供養하신 공덕을 사변事邊으로 보지말고 이변理邊으로 본다 할지라도, 또한 말세에 경전을 가지는 공덕에 비유하면 내지 숫자의 비유에도 못 미칠 것이다.

왜냐? 가령 세존께서 과거 모든 마음을 정성스러이 또 게으름이 없이 무상보리를 배웠으며 마음을 정일精一히 하여 무상보리를 익혀(이상은 이理변의 승사공양) 이러히 승사承事하므로서 설사 오늘에 부처님이 보리를 얻었다 할지라도 경전을 가지는 공덕에는 못 미칠 것이다.

왜냐? '이 경은 모든 부처님의 아뇩다라삼먁삼보리를 갖고 있는 것이며 다시 무량한 모든 부처님을 산출産出하는 까닭이다.

무슨 연고냐? 이 경은 실상법신實相法身에 즉함이요, 일체상一切相을 여의어 존재하였음이니 일체상을 여읨이 곧 제불諸佛이요 곧 아뇩다라삼먁삼보리라 이름한다'고 하신 까닭이다.

그러므로 세존께서 과거에 승사공양承事供養하신 팔백사천만억 나유타 부처님이 아무리 많다해도 모두 이 경으로 좇아 나온 것이며, 또 저 많은 부처들이 얻으신 아뇩다라삼먁삼보리법이 아무리 깊고 묘하다 해도 모두 이 경에서 나온 까닭이다.

　이 경에는 과거, 현재, 미래의 불가설不可說 제불이 계신 것이며, 이 경에는 과거, 현재, 미래의 불가설 아뇩다라삼먁삼보리법이 있는 것을 볼 줄 알아야 한다.

　이 까닭으로 말세에 이 경을 능히 수지독송할 신근信根만 있다면 그 얻는 바 공덕은 세존께서 과거 모든 부처님께 공양승사한 공덕으로는 백분의 일, 천만분의 일, 천만억분의 일 또는 숫자의 비유라도 미치지 못할 것은 사실이다. 다시 이러한 경이 있으므로 해서 말세의 중생에게도 성불할 은전恩典이 있는 것을 알아야 한다.

須菩提야 若善男子善女人이 於後末世에 有受持讀誦此經하여 所得功德을 我若具說者인데 或有人 聞이면 心則狂亂하여 狐疑不信하리라

　수보리야, 만약 선남자 선여인이 후말세에 이 경을 수지독송하는 자 있어 얻는 바 공덕을 내가 만일 다 말하게 될지면, 혹 어떠한 사람은 듣고 마음이 곧 산란하여 여우같이 의심하고 믿지 아니할 것이다.

　이 경전의 공덕이 이러하여 무어라 할 수 없고 무엇에 비교할 수 없다. 비유할래야 처소가 없고 말할래야 입이 없다. 그러하므로 부처님께서 말씀하시다 못하여 수보리를 불러 마지막으로 말씀하신다.

'수보리야 이후 말세에 만약 선남자 선여인이 이 경전을 수지독송하여 얻는 바 무량공덕을 내가 만일 다 설할지면 혹시 사람은 듣고 기가 막혀 광란증을 일으키어 전전輾轉히 의혹하여서 설마 그럴 수가 있나 하는 여우같은 의심으로 믿지 않을 것이다.' 하시었다.

왜 그러냐? 이 경전만은 대승근기大乘根器가 아니면 능히 그 이치를 받아 가질 수도 없으며 그 말을 독송할 수도 없는 까닭이다.

근기가 하열한 범부가 이 경전을 대할 때에는 정定해 놓고 이치에 통달치 못할 것이니, 이치에 득달 못하고서 이 경의 공덕을 갖추 들을 때에는 도리어 코웃음을 짓거나 비방하거나 의혹을 일으켜서 실심광란失心狂亂할 것이 마땅한 일이다.

저들에게는 너무 생각 밖에 일이기 때문에 광란증을 일으킬 것이요, 저들에게는 너무 가당치 않기 때문에 비방할 것은 마땅한 일이다.

과연 그렇다. 이 경의 뜻을 가져 말로 옮겨 내 것을 만들고 다시 남을 이롭게 하는 공덕이야말로 소승이나 범부에게는 마땅할 바가 아니며 그네에게 생각될 바가 아닌 것이다.

須菩提야 當知하라 是經은 義도 不可思議며 果報도 亦不可思議니라

수보리야, 마땅히 알아라. 이 경은 뜻도 가히 생각할 수 없으며 과보도 가히 생각할 수 없다.

이 경전의 공덕이 이러하거니 무슨 수로 말할 것이며 비유할 것인가? 비유하자면 경계의 끝이 없어 못 미칠 것이요, 말할려면 무량겁이 못 미칠 것이다. 이 까닭에 부처님께서 중지하시고 끝으로 결론을 내리시니 이렇다.

'수보리야 도대체 말하자면 이 경이 뜻도 생각할 수 없고 과보도 생각할 수 없느니라' 하시고 마치시었다.

왜냐? 어떠한 말, 어떠한 비유를 다 해 볼지라도 그 뜻, 그 공덕에는 가당치 않기 때문에 그냥 생각할 수 없다고 하시는 수밖에 없는 까닭이다.

그러면 과보가 생각할 수 없다함은 어찌한 말씀인가? 이 경은 실다이 한번만 외우면 선세先世의 죄업이 일념에 몽땅 다하여 부처님이 되는 까닭이요, 또 이 경 뜻이 생각할 수 없다 함은 어찌하신 말씀인가?

이 경은 모든 부처님과 모든 부처님의 아뇩다라삼먁삼보리의 불가사의한 뜻이 이 경전의 뜻인 까닭이다.

이 경이 이곳까지 오면서는 하열한 근기를 위하여 종縱
으로 횡으로 말씀하시던 이른바 제삼단第三段 법문이 끝나
게 된 것이다.

돌이켜보건대 경머리에 '이러히 내 들었다' 한 이러에서
는 최상승 근기로 아뇩다라삼먁삼보리심에 들게 하심이
요, 그 다음 '응당 이러히 주하며 이러히 항복받으라' 한 이
러에서는 대승으로 아뇩다라삼먁삼보리에 들게 하신 것이
요, 그 다음에 '보살마하살은 응당 이러히 그 마음을 항복
받을지니 하시고 9류중생을 멸도滅度하되 4상四相이 없이
멸도하여야 보살이니라' 하신 이 구절의 이러에서는 중근
기中根器로 아뇩다라삼먁삼보리에 들게 하신 것이다.

그리고 그 다음 이 경이 이곳까지는 하근기의 가지 가지
의심처를 가지 가지로 쫓아 파하시어 이리 몰고 저리 몰아
아뇩다라삼먁삼보리심에 들게하여 마치신 것이다.

이에 이르러 모든 법을 듣던 대중은 상·중·하 세가지
근기를 막론하고 모두 아뇩다라삼먁삼보리의 마음을 발하
게 된 것이다.

그러므로 하문下文에 수보리가 묻는 '선남자 선여인이 아
뇩다라삼먁삼보리심을 발하오니 어떻게 마땅히 머무르며
어떻게 그 마음을 항복받으리까?' 한 이 물음은 실상實相에
있어서는 하늘과 땅인 것을 알아야 한다.

말하자면 앞의 것은 깨닫기 전의 아뇩다라삼먁삼보리심을 발함이요, 뒤의 것은 깨달은 뒤의 아뇩다라삼먁삼보리심을 발한 것이다.

이 까닭에 이곳에서 문답하심이 위의 것과 흡사하나 그 뜻은 현격한 차이가 있는 것이다.

위의 글은 선남자 선여인이 여래의 호념부촉護念付囑에 힘입어 소승과小乘果로 만족을 알던 그들이 비로서 아뇩다라삼먁삼보리심의 맛을 알고 아뇩다라삼먁삼보리심을 발하여서의 그 마음에 주하는 법과 항복받는 법을 물은 것이요, 아래글은 여래의 말씀을 힘입어 아뇩다라삼먁삼보리심이 어떠한 것인 줄 깨닫고 증득하여 그 오득悟得한 바 마음의 주하는 법과 항복받는 법을 물은 것이다.

그러면 위의 글은 깨닫기 전의 아뇩다라삼먁삼보리심을 발하오니 어떻게 그 마음을 주하고 항복하여 깨달을까를 물음이요, 하문下文에는 당신의 은전恩典에 의하여 깨달았사오니 이 깨달은 마음을 어떻게 머물고 항복하여 영영 내것을 만드오리까를 물음이다. 그래서 위의 것은 일용법日用法과 보림법保任法을 물은 셈이다.

그런데 이 경이 여기까지 와서는 마루터기가 되어 앞에서는 아뇩다라삼먁삼보리를 깨닫게 하기 위한 삼처三處의 전심법傳心法이 되었고, 뒤로는 구경의 비단멸非斷滅의 활구

活句를 얻게 하기 위함이신 역시 삼처三處의 일용법日用法을 보이시게 된 것이다.

금강경을 보는 자로 만약 이 일곱 곳의 뼈박힌 곳(깨닫기 전의 삼처전심법三處傳心法과 깨달은 후의 삼처일용법三處日用法과 마루터기인 곳)을 모르고 지내가면 금강경을 소홀히 본 자라 아니할 수 없다.

혹 분연히 말하기를 금강경은 일구一句에서도 전체 뜻義을 알 것이니 어찌 일곱 곳을 말하여 과장하는가? 할 것이다. 일구一句에서 전체를 얻는다 함은 인정치 아니함은 아니지만 부처님께서 중생을 위하여 넓히신 말씀 뜻에서도 맺힌 골수처를 찾아내고 부처님이 설하신 진리를 깨쳐야 또한 아름답지 않을까 한다.

또 그리고 이 경을 깨닫기 전과 깨달은 후로 가름은 아직도 아뇩다라삼먁삼보리의 의혹처를 못 깨달은 자라 할 수 있다. 왜냐? 처음에 발한 마음이 곧 보리의 마음인줄 모르는 까닭에 깨닫기 전의 마음과 깨달은 후의 마음을 둘로 나누는 까닭이다.

즉 마음이 곧 보리로 볼 때에 선후先後를 말할 여지가 없는 것이다. 그러므로 옛사람이 말하되 '초발심시初發心時에 문득 정각을 이룬다' 한 것이다.

아뇩다라삼먁삼보리심에는 아뇩다라삼먁삼보리심이 아

님이 없는 줄 알아야 한다. 이 까닭에 본경本經에서 깨닫기 전悟前編이나 깨달은 후悟後編이나에서 **똑같이** '선남자 선여인이 아뇩다라삼먁삼보리심을 발하오니 마땅히 어떻게 머무르며 어떻게 그 마음을 항복받으리까?' 한 것도 이 까닭이다.

선남자 선여인이 처음에 발한 아뇩다라삼먁삼보리심과 뒤에 발한 아뇩다라삼먁삼보리심이 본래 둘이 아니요, 동일히 아뇩다라삼먁삼보리심일 뿐이다. 왜냐? 보리심으로 발하여 도로 보리심을 얻는 까닭이다.

쉽게 말하면 깨닫기 전悟前에도 본래가 아뇩다라삼먁삼보리심이었고 깨달은 후悟後에도 그대로 아뇩다라삼먁삼보리심이었던 까닭이다.

애처롭다. 이 뜻에 밝은 최상의 근기는 경 머리에 '**이러히 내 들었다**'에서 보리처를 알았을 것이요, 또 이 뜻에 도달한 대승은 '**마땅히 이러히 머물고 이러히 항복받을지니**'에서 보리처에 들어갔을 것이요, 중근기中根器는 '이러히 항복받을지니 하여 항복받는 법으로 9류九類중생을 멸도滅度할 것과 4상四相이 없이 하여야 할 것에서 아뇩다라삼먁삼보리에 들어갔을 것이다. 이같이 3근三根의 들어간 곳도 동일한 것이요, 깨닫기 전과 깨달은 후悟前悟後가 본래 그 마음인 것을 알아야 한다.'

PART 17.
구경무아분

第十七. 究竟無我分

爾時須菩提 白佛言 世尊善男子善女人 發阿耨多羅三藐三菩提心 云何應住 云何降伏其心 佛告須菩提善男子善女人發阿耨多羅三藐三菩提者當生如是心我應滅度 一切眾生滅度一切眾生已 而無有一眾生實滅度者何以故須菩提 若菩薩有我相人相眾生相壽者相即非菩薩 所以者何須菩提實無有法發阿耨多羅三藐三菩提心者 須菩提於意云何 如來於燃燈佛所 有法得阿耨多羅三藐三菩提不不也世尊 如我解佛所說義 佛於燃燈佛所 無有法得阿耨多羅三藐三菩提 佛言 如是如是 須菩提實無有法如來得阿耨多羅三藐三菩提 須菩提若有法如來得阿耨多羅三藐三菩提燃燈佛即不與我授記 汝於來世 當得作佛 號 釋迦牟尼 以實無有法得阿耨多羅三藐三菩提 是故 燃燈佛與我授記 作是言 汝於來世當得作佛號釋迦牟尼何以故 如來者即諸 法如義 若有人 言如來得阿耨多羅三藐三菩提須菩提 實無有法 佛得阿耨多羅三藐三菩提 須菩提 如來所得 阿耨多羅三藐三菩提 於是中 無實無虛 是故如來說一切法 皆是佛法須菩提 所言一切法者即非一切法是故名一切法 須菩提譬如人 身長大須菩提言 世尊如來說人身長大 即為非大身是名大身須菩提 菩薩 亦如是 若作是言我當滅度無量眾生即不名菩薩何以故須菩提實無有法名為菩薩 是故 佛說一切法無我無人無眾生無壽者須菩提若菩薩 作是言我當莊嚴佛土 是不名菩薩 何以故 如來說莊嚴佛土者即非莊嚴 是名莊嚴 須菩提若菩薩 通達無我法者 如來說名眞是菩薩

17. 구경무아분究境無我分

 爾時에 須菩提 白佛言하시되 世尊이시여 善男子 善女人이 發阿耨多羅三藐三菩提心하오니 云何應住 하며 云何降伏其心이닛고

 저 때에 수보리 부처님께 사뢰어 말씀하되 세존이여 선남자 선여인이 아뇩다라삼먁삼보리심을 발하오니 어떻게 해서 마땅히 머물도록 하오며 어떻게 그 마음을 항복받으릿까?

【주해】

 어떻게 마땅히 머무릿까 이 대문大文이 묻는 법과 문자가 앞에서와 같으나 단지 다른 것은 어떻게 물을까에서 글자 한자가 바뀌어 놓였을 뿐이다. 위에서는 마땅히란 말이 어떻게란 말 위에 있고 아래에서는 밑에 있는 것뿐이 다르다. 이것이 문법으로는 차이가 있으나 의미로는 큰 차이가 없는 듯 하지만 머리에 놓이면 좀 늘어진 맛이 있고 아래에 놓이면 긴절緊切해 보일 뿐이다.

위에 놓이면 어떻게 아주 절실한 조어사가 되고 아래에 놓이면 주住함에 아주 절실한 조어사가 된다.

그러므로 상문上文에는 깨닫기 전悟前인지라 보리심에 주함보다 어떻게가 긴절緊切했고, 뒤에는 깨달은 후인지라 주함에 긴절한 것이다.

【강의】

이에 이르러 상중하上中下 삼근三根을 병에 따라 투약함인 듯 하신 설법과 정령하신 자비를 힘입어 일제히 아뇩다라삼먁삼보리땅에 든 바 되어 이 한 물건을 홀로 드러내고 있는 것이었다.

이때에 수보리는 한 걸음을 더 나아가 묻지 못할 곳을 물었으니, 묻는 바 말은 고여시古如是(= 전에도 이러히) 금여시今如是(= 지금도 이러히) 세존이시여, 선남자 선여인이 아뇩다라삼먁삼보리심을 발하오니 어떻게 마땅히 머무르며 어떻게 그 마음을 항복받으릿까? 한 그것이었다.

수보리가 진정한 아뇩다라삼먁삼보리땅에 도달했을진댄 어떠한 보리처處가 있어서 주할 것을 물었으며 어떠한 보리심이 있어서 항복받을 것을 물었는가? 보리는 본래 한 물건도 없으니 한 물건도 없음에는 주住와 항복이 가당치 않다.

그렇건만 수보리 물었으니 이곳은 본래 한 물건도 없음인지라 한 물건 없음에 머무를 건가? 또 한 물건 없음에 주住가 되면 한 물건 없으므로 항복받을 건가? 수보리는 깨끗한 보리에 있는 보살로 어떻게 이를 물을 것이며 부처님께서는 이를 어떻게 대답하실 것인가? 자못 주목된다.

佛告 須菩提하시되 若善男子善女人이 發阿耨多羅三藐三菩提心者댄 當生如是心이리니

부처님께서 수보리에게 말씀하시대 만약 선남자 선여인이 아뇩다라삼먁삼보리심을 발하였을진대 마땅히 이러히 마음이 났으리니

부처님께서 수보리의 물음에 응하사 곧 말씀내리시되 '만약 선남자 선여인이 진실하고 정확한 아뇩다라삼먁삼보리 마음을 발하였을진댄 응당히 이러히 마음이 살아났으리라' 하시어 한 말씀으로 보이신 것이다.

그렇다면 이러라는 이 마음은 어떠한 것인가? 이러라 함은 부처님이 가지고 계신 본자청정本自淸淨한 성품 그대로임을 가리키심이요, 마음이라 함은 아뇩다라삼먁삼보리 그 마음을 이름이시다. 이렇고 보면 마땅히 '이러인 마음을 살릴지니라' 보이신 이 한 말씀에서 수보리의 묻던 말과

부처님의 답하실 곳은 다하여 흔적도 없어진 것이다.

왜냐? 본자本自청정에는 깨닫기 전이나 깨달은 후를 통하여 빈空듯 담적湛寂함이니 묻고 대답할 건더기가 없을 것이요, 또 아뇩다라삼먁삼보리 마음에는 미迷한 마음과 깨친 마음이 꿈인듯 허망할지니 주住하고 항복받음이 붙을 곳이 없는 까닭이다.

이러한 까닭에 '마땅히 본래 있는 이러인 마음을 살릴 뿐이니라' 한 이 한 마디가 이 대답은 다 되신 것이다. 깨닫기 전에도 깨달은 후에도 언제든 이러히는 마찬가지일 것이다. 그러나 아래에 여러 말씀을 하시게 된 것은 이 한마디의 해석에 불과한 것을 알아야 한다.

我應滅度一切衆生이나 滅度一切衆生已하여는 而無有一衆生이 實滅度者니라

내가 마땅히 일체중생을 멸도하였을지니 일체중생을 멸도하여 마쳐서는 실은 한 중생도 멸도된 자가 없다 하리라.

아뇩다라삼먁삼보리를 발한 사람은 어떠한 마음이 살아날 것인가? 과연 선남자 선여인이 진실한 아뇩다라삼먁삼보리마음을 발했을진댄 마땅히 일체중생을 멸도滅度하였을 것이니, 이러히 멸도함에서는 마땅히 자기 마음이 청정하여 중생도 없고 멸도滅度도 없을 것이다.

그런고로 경에 '내가 응당 일체중생을 멸도하여서는 일체중생을 멸도하여 마쳤는지라 한 중생도 멸도한 자가 없다.' 하신 것이다. 한 중생도 없으니 멸도가 있을 것인가?

만일 멸도가 있으면 중생이 있음이니 다시 한 개 중생을 더할 뿐인 것이다. 왜냐? 중생과 멸도와 멸도견滅度見이 있는 마음이 생긴 탓이다.

그러므로 중생을 봄(중생견)이 있어도 다시 한 중생을 짓는 것이요, 멸도滅度를 봄(멸도견)이 있어도 다시 한 중생을 짓는 것을 알아야 한다. 이 사실이 깨달은 후인 아뇩다라삼먁삼보리 마음을 발함에서 오는 현상인 것이다.

何以故오 須菩提야 若菩薩이 有我相 人相 衆生相 壽者相이면 卽非菩薩일새니라

왜 그러냐? 수보리야 만약 보살이 아상과 인상과 중생상과 수자상이 있으면 곧 보살이 아님인 것이다.

왜 그러냐 아뇩다라삼먁삼보리에는 일체중생을 취사取捨(=놓고 당김) 없이 그대로 실현하는 것이 참 멸도이다. 다시 말하면 경의 말씀같이 한 중생도 실로 멸도자滅度者가 있지 않아야 하겠거늘 오히려 중생견衆生見이 있거나 멸도견滅度

견見이 있으면 이는 도리어 사상견四相見에 떨어짐이니, 실로 법이 없음인 보살로서 일체중생에 멸도견(아상견)이 있거나 멸도에 중생견(인상견)이 있거나 각覺에 미迷지견(衆生相見), 미迷에 각지견(壽者相見)을 두거나 하면 이는 중생이 본래 여여如如하여 다시 멸도를 기다릴 여유가 없음을 알지 못함이다.

다시 말하면 실무유법實無有法(= 실로 법이 없음)을 알지 못함이니 보살이라 할 수 없는 것이다.

이 소견이 있음으로 주住와 항복을 묻게 됨이니, 아뇩다라삼먁삼보리심의 발發한 소견을 놓지 못함인 것이다. 보살견見은 멸도견滅度見을 놓지 못함이요, 멸도견은 중생견衆生見을 놓지 못함인줄 알아야 한다.

所以者何오 須菩提야 實無有法에 發阿耨多羅三藐三菩提心者니라

그 이유가 무엇이냐, 수보리야. 실로 법이 있지 아니함이 아뇩다라삼먁삼보리를 발함이 됨인 탓이다.

그러면 이 4자四者의 소견이 없어서 보살이라 이름할 수 없는 그 까닭은 무엇인가? 아뇩다라삼먁삼보리에는 가히 멸도滅度할 한 법도 없고 가히 멸도될 한 법도 없어서 실로 법이 있지 아니함이 곧 아뇩다라삼먁삼보리이고, 또 실로 법이 있지 않아서 아我와 법(보살법)이 있지 아니함이다.

이러한 까닭에 부처님께서 사상견四相見이 있으면 보살이 아닌 까닭을 일러 말씀하시되 '수보리야, 실로 법이 있지 아니함이 아뇩다라삼먁삼보리심을 발한 자가 됨인 것이니라' 하셨다.

어렵도다. 아뇩다라삼먁삼보리의 이 마음이여, 법이 없으면 이곳을 이룰 길이 없고, 법이 있으면 이 마음을 발할 수가 없는 것이다. 그러나 법을 취함은 도정途程에 있음이요, 법을 놓음은 피안에 도달함이니, 이 까닭에 부처님께서 정법을 뗏목에다 비유하시게 됨은 이 법의 불가취不可取(= 가히 취할 수 없음), 불가사不可捨(= 가히 놓을 수 없음)를 분명케 하심인 것이다.

피안은 실무유법實無有法이건만도 유법有法을 가자치 않으면 피안에 도달할 수 없는 것이요, 차안此岸도 실무유법實無有法이니 역시 유법有法을 가차假借하여 피안을 돌지廻 아니하면 실무유법의 정체를 모르는 것이다. 아니 차안과 피안이 둘이 아닌 것을 모르는 것이다.

그러므로 상사上士는 차안此岸에서 실무유법實無有法을 아는 것이요, 중사中士는 피안에서 실무유법을 아는 것이요,

하사下士는 피안의 실무유법에서 끊겨 차안此岸에 나오지 못하나니 이런 자는 삼승三乘의 하는 바요 외도의 사견이 되는 것이다.

이런고로 필자는 말하되 '세간현상에서 일사일법一事一法을 떠나지 아니하고 그대로 정체正體를 실현하는 것이 불법佛法이다'고 한다.

또 나는 불법이 곧 유위법有爲法이라고 하고 싶다. 왜냐? 본래의 실무유법實無有法인 차안此岸과 피안에서 미혹한 중생이 생기므로 이로해서 대치법對治法이 생겼으니 즉 이름이 불법인 까닭이다.

이는 유위법(중생법)을 유위법有爲法(= 불법)으로 대치以夷制夷하자는 것이다. 그러므로 중생이 없었다면 불법도 없었을 것이다. 또한 깨달은 사람覺者에게는 불법도 사법邪法이 되는 것이다.

그러므로 차안과 피안이 둘이 없이 실무위법實無爲法인 때에는 가자假借했던 유위법(즉 불법)도 종적이 없을 것이다.

독자讀者는 이러한 삼제三際가 공한 실무유법處實無有法處를 아는가? 아는 자는 마음과 부처와 중생이 없는 삼세三世의 제불과 통하려니와 그렇지 아니하면 무간지옥을 향하여 고苦를 겪을 것이다.

삼세제불三世諸佛과 통함이 어떠한가? **생각해 보라, 이것**

이 곧 불도를 공부함이다.

須菩提야 於意에 云何오 如來가 於燃燈佛所에 有法하여 得阿耨多羅三藐三菩提不아

수보리야 뜻에 어떠하냐? 여래가 연등불 처소에서 아뇩다라삼먁삼보리를 법이 있어서 얻었느냐?

부처님께서 앞서 '실로 법이 있지 아니함이 아뇩다라삼먁삼보리를 발함이라' 하신 후 다시 자기의 옛날 수기授記 받던 일을 꺼내심은 다름이 아니시다.

시회時會대중이 실무유법實無有法이 아뇩다라삼먁삼보리를 발함이라 한 이 말씀을 듣고 내심內心에 의심스러움이 생겼으되 '실로 아뇩다라삼먁삼보리심이 가히 얻을 것이 없을진댄 지금 우리들에게 깨쳐진 아뇩다라삼먁삼보리는 무엇이며 세존의 아뇩다라삼먁삼보리는 무엇인가?

세존께서는 우리가 세존께 아뇩다라삼먁삼보리를 받듯이, 세존께서도 연등불소燃燈佛所에서 아뇩다라삼먁삼보리를 증득하신 후 수기授記까지 받으신 것을 보더라도 분명치 아니한가?' 함이었던 것이다.

이 까닭에 부처님께서 옛날 일을 이끄시어 밝혀 주시려 하시되 '수보리야 네 뜻에 어떠하냐? 내가 저 연등불소에

서 아뇩다라삼먁삼보리를 법이 있어서 얻었단 말이냐?' 하고 물어 보셨던 것이다.

不也니다 世尊이시여 如我解佛所說義하여는 佛이 於燃燈佛所에 無有法하여 得阿耨多羅三藐三菩提이니다

아니옵니다. 세존이시여 저의 부처님 말씀하신 바 뜻을 앎 같아서는 부처님께서 연등불소에서 "법이 있지 아니한지라 아뇩다라삼먁삼보리를 얻으신거라" 합니다.

수보리는 자기 의심처를 반문하심에 이르러 가만히 생각해 보았다. 자기가 발發한 아뇩다라삼먁삼보리심은 과연 한 법이 없음도 없어서 이 마음이 얻음과 법만 공하여 얻음이 아니라, 다시 법소견法所見과 득소견得所見까지 공하여 얻음임을 깨쳤던 것이다.
그래서 곧 답을 여쭙되 '아니옵니다. 세존이시여, 이 법은 일체를 여의어 있사오니 어찌 득得할 득과 법法할 법이 있사오리까? 이러히 득과 법이 없사오니 어찌 법소견과 득소견得所見이 있사오리까?
그러므로 제가 부처님 말씀하신 바 뜻을 해석함 같아서는 부처님께서 연등불소에서 아뇩다라삼먁삼보리를 얻음이 없습니다.

 또 아뇩다라삼먁삼보리도 없습니다. 어찌한 말씀이오리까? 부처님께서 얻으신 바 아뇩다라삼먁삼보리가 없음은 아니로되 아뇩다라삼먁삼보리법 자체가 본래 법이 없음에 법의 소견까지 없음이시니 아뇩다라삼먁삼보리가 없음이요, 또 득得이 아님은 아니로되 얻음이 본래 법이 있음이 없음에 얻은 소견이 없으시니 얻음이 없음이라 하나이다.

 이러한 고로 이 법은 본래가 여여如如하여 얻은 자가 없으며, 법法일 자가 없으며, 법없을 자도 없으며, 얻음 없을 자도 없나이다' 하였다.

 그러면 무엇인가? 본자청정本自淸淨한 그대로 그것이다. 이러히 함이 바로 이것인 이것이다.

佛言하시되 如是如是니라 須菩提야 實無有法하여 如來가 得阿耨多羅三藐三菩提니라

 부처님께서 말씀하시되 이러히고 이러히고나. 수보리야, 실로 법이 있지 아니하였는지라 여래가 아뇩다라삼먁삼보리를 얻었느니라.

 부처님께서 수보리의 말씀을 들으시고 곧 인가印可하여 말씀하신다. '이러히고 이러히고나. 너의 아뇩다라삼먁삼보리심을 얻음이 이러히 함이었고, 나의 아뇩다라삼먁삼보리를 얻음도 이러히 함이었더니라. 즉 너도 청정자성淸淨自性 그것의 그러히 함이었고 나도 청정자성 이것에 이러히 함이었더니라' 는 말씀이다.

그리고 다시 수보리를 불러 말씀하시되 '과연 내가 연등불 처소에서 본래 이것인 이에 러히 하였음이니如是 실로 법이 있지 아니하여 이러 하였더니라.

이러히 함이 아뇩다라삼먁삼보리이었고 또 실로 법이 있지 아니하였는지라 이러히 함이 아뇩다라삼먁삼보리를 얻음이 되었더니라.

까닭이 무엇이냐? 비록 한 법이라도 얻음과 법이 있었던들 이는 벌써 아뇩다라삼먁삼보리부터 아닐지요 얻음도 얻음아닐 것인 까닭이다.

그러므로 이를 얻는 자는 아뇩다라삼먁삼보리와 법이 둘이 아니니 실무유법實無有法이 아뇩다라삼먁삼보리인줄 알 때 러如히 하는 얻음과 법이 아뇩다라삼먁삼보리(眞滅度)일 것이다.' 하셨다.

須菩提야 若有法하여 如來가 得阿耨多羅三藐三菩提者댄 燃燈佛이 卽不與我授記하되 汝於來世에 當得作佛하여 號釋迦牟尼련 만은 以實無有法하여

得阿耨多羅三藐三菩提일새 是故로 燃燈佛이 與我
授記하사 作是言하시되 汝於來世에 當得作佛하여
號를 釋迦牟尼리라하시니라

수보리야, 만약 법이 있어서 여래가 아뇩다라삼먁삼보리를 얻
었던들 연등불께서 곧 나에게 수기를 주시되 '너는 오는 세상에
마땅히 부처를 지으리니 이름을 석가모니라 하시지 아니 하시였
으리라' 그러나 실로 법이 있지 아니함을 써서 아뇩다라삼먁삼보
리를 얻었을 때, 이런고로 연등불이 나에게 수기를 주어 이런 말
씀을 하시되, '너는 오는 세상에 마땅히 부처됨을 얻을지니 이름
을 석가모니라' 하리라 하시었다.

【주해】

서가모니란 사바교주의 이름이니 서가모니께서는 연등
불燃燈佛 때에는 선혜善慧보살로 계시었던 것이다.
그때에 항원왕降怨王이라는 임금이 연등불을 청하여 성城
에 들게 하셨는데 그 때 마침 비가 온 뒤라 땅이 질퍽질퍽
하였다.
이것을 본 선혜보살이 머리털을 풀어 땅에 펴서 밟으시
게 하니 연등불께서 곧 수기授記를 주어 말씀하시대 '너는
내세來世에 마땅히 부처을 지으리니 이름은 서가모니라 하
리라' 하시었다.

그런데 서가모니란 말을 번역하면 능인적묵能仁寂默이니 능能은 할 수 없음이 없다는 뜻이요, 인仁은 속씨앗이란 말이다.

비유하면 향인杏仁은 약 이름으로 살구씨이니 향인이라면 씨의 씨인 속씨요, 또 인仁이 능히 인仁한다면 속씨에서도 다시 속씨의 눈을 말함과 같으니 속씨의 눈은 생명을 가진 곳이다.

이같이 서가모니께서도 마음중의 마음인 속마음에서 다시 활구적活句的 생명처를 얻으셨으므로 연등불께서 능인적묵能仁寂默이란 이름을 내리신 것이다.

【강의】

수보리야, 너희가 이미 옛날 여래가 수기授記받던 일을 의심했으니 이것을 말해보자.

그 때에 만약 법이 있어서 여래가 아뇩다라삼먁삼보리를 얻었을진댄 이는 법이 있을 때 득得이 있고 득이 있을 때에 법이 있어 사상四相을 면치 못하였으리니, 이러고는 연등불께서 '너는 내세來世에 마땅히 부처를 이룰 것이니 이름은 서가모니라' 하시는 수기를 내리시지 아니하였을 것이다.

그러나 나의 얻은 바 보리는 법을 여의어 법이요, 얻음을 여의어 얻음인고로 아니 얻음을 여윌때에 곧 법이요, 곧 득이 된고로, 아니 실무유법이 곧 아뇩다라삼먁삼보리인고로 연등불께서 이러한 법에 인가하여 수기하시되 '너는 내세에 마땅히 부처를 지을 것이니 이름은 서가모니다' 하신 것이다.

그러면 이 실무유법實無有法은 무유법無有法을 여윈지라 실무유법이요, 유위법有爲法에 즉即 하였는지라 실무유법인 것이다.

유위법에 즉하여 실무유법이 됨은 유위법을 여의지 아니하는 때문이요, 무유법無有法을 여의어 실무유법이 됨은 무유법을 두지 아니하는 때문이다.

그러므로 이 실무유법은 유有만 여의어 무유법이 아니요, 무無도 여의어 실무유법인 것이다.

왜냐? 유有만 여의고 무無를 여윌줄 모르면 다시 유법有法이 되는 까닭이다. 왜냐? 유有는 무無의 대對요, 무는 유의 대對인 까닭이다.

이러한 대대對待를 두고는 여하한 무無를 알았다 할지라도 도리어 무를 아는 법만法慢에 지나지 못하여 유有의 장해를 더 단련시켜줌에 그치는 것이다. 이 뿐이랴, 단상외도斷常外道나 단견斷見 외도外道의 마魔로 화化하기 쉬운 것이다.

그러므로 불도를 배우는 사람은 이 실무유법實無有法에서

17. 구경무아분

각별한 주의를 하여 유무양변有無兩邊을 여의는 때에 삼제三際에 들지도 말아야 하며, 단멸에 떨어지지도 말아야 하며, 비유비무非有非無라 하지도 말며, 영지불매靈智不昧하여, 유有에서 이러하고 무無에서 이러하여 스스로 걸림이 없어야 할지니 유有를 떼이고 붙일 것도 없으며, 무無를 여의고 붙일 것도 없으며, 불법을 이루고 아니 이룸도 없을 것이다.

이것을 실무유법實無有法의 아뇩다라삼먁삼보리법이라 할 수 있다.

何以故오 如來者는 卽諸法이 如義니 若有人言하되 如來가 得阿耨多羅三藐三菩提라면 須菩提야 實無有法하여 佛得阿耨多羅三藐三菩提니라

어찌한 연고냐. 여래라 함은 곧 모든 법이 러한 뜻이니 만약 사람이 있어 말하되 '여래가 아뇩다라삼먁삼보리를 얻었다' 하면 수보리야 실로 법이 있지 아니하여서 부처가 아뇩다라삼먁삼보리를 얻음이다.

【주해】

모든 법이 러한 뜻이라 함은 모든 법의 다함이 없는 진실성은 본래로 저 혼자서 그러하여 '모든 법과, 일과, 행위'에 있어 저 혼자 그러함 같이 그러하여 오고 감에 흔적을 남김없이 그러 그러히 움직이지 않는 뜻이다.

그러할지면 깨닫기 전과 깨달은 후가 **이러함**이요, 일체법이 **이러함**이요, 본성청정本性淸淨이 **이러함**이요, 뭐니 뭐니 등등이 다 **이러함**일 것이다.

한결같이 **이러하**므로 있는 바 법이 없고, 있는 바 법이 없는지라, 모든 법의 성性이 공하여 공리空理에 어그러짐이 없을 것이다.

여래라 함은 위와 같은 뜻에서 앎을 극히 하시여 앎과 뜻이 없이, 또한 얻음과 곳이 없이, 이러히 그곳에서 와도 오심이 없이 오심을 **여래**라 한다.

【강의】

부처님께서 옛날 일을 이끌어서 실증實證을 대신 후에 다시 본 뜻으로 돌아가시어 말씀하신다. '수기를 받게됨은 실로 법이 없음이니 실로 법이 있지 아니함이 아뇩다라삼먁삼보리를 발함이라' 함은 어찌한 연고인가?

일체상一切相을 여읜 다함이 없는 자성을 얻으면 다시 말하여 제법성諸法性이 공한 일여진경一如眞境에 이르면 곧 여래이시니 여래라는 것은 진여자성眞如自性이 다함이 없이 깨끗하여 일체 법을 두지 않고 일체법 위에 이러히 평등하여 같지도 다르지도 않음일 것이다.

그러면 이러의 뜻이 이러함에도 불고하고 만약 사람이 있어 말하되 '여래가 아녹다라삼먁삼보리를 얻었다' 하면 옳겠는가?

수보리야 이런 자는 여래라는 뜻을 알지 못하는 자가 아니라면 '실로 법이 있지 않아서 부처님이 아녹다라삼먁삼보리를 얻었다' 함 그것일 것이니라.

어찌한 까닭이냐? 언어言語상으로는 얻음 없음인 이 얻음도 '얻음이라' 할 밖에 없음이니 내가 중생경계를 써서 아녹다라삼먁삼보리를 얻었다 함도 이와 같은 말투인 것을 알아야 한다.

須菩提야 如來所得阿耨多羅三藐三菩提 는 於是 中에 無實無虛니라

수보리야 여래의 얻은 바 아녹다라삼먁삼보리의 이 가운데에는 실함도 없고 허함도 없는 것이다.

그러면 얻음과 법이 공하여 본래로 그러인 진실상眞實相으로 얻음을 삼는 이 보리菩提의 마음은 본시가 이러함인지라 아我와 법과 득得과 득처得處가 함께 없을지니 어느 것이 아녹다라삼먁삼보리법이며 어느 것이 얻음이겠는가無實.

또 이 아녹다라삼먁삼보리는 일체법을 능히 발생함에

항하사의 공덕이 구족하여 삼라만상이 아뇩다라삼먁삼보리 아님이 없을지니 어느 것이 아뇩다라삼먁삼보리 공덕이 아니며, 어느 것이 아뇩다라삼먁삼보리의 묘색妙色이 아니겠는가無虛.

다시 이 한개의 진실상은 유무有無를 일으키어 허虛하지 않은 것이며, 인人과 법法을 여의어 실實한 것이며, 만고를 전후하여 불변하는 것이며, 시방十方을 통하여 일여一如한 것이며, 현우賢愚에 있어 택하지 않는 것이며, 사상四相을 집착하여 여의어 힘이 없는 것이다無虛.

또 다시 무릇 있는 바 일체법과 일체상이 실제성이 없이 허망하여 구름같은 것이며, 바람같은 것이며, 꿈같은 것이며, 그림자같은 것이며, 물방울같은 것이며, 이슬같은 것이며, 번개같은 것이며, 무지개같은 것이다無實.

이렇게 보면 이 법이 가로 보나 세로 보나 무실無實이요 무허無虛이니, 이 까닭에 부처님께서 수보리에게 말씀하시되 '여래가 얻은 바 아뇩다라삼먁삼보리 가운데에는 실實도 없고 허虛도 없다' 한 것이다.

또 달리 말해보자. 이 법은 다함이 있는 상相이 아니니 실實함이 없고 또 이 법은 진여의 체體이니 허虛함이 없다.

이 법은 이리해도 말이 되고 저리해도 말이 됨은 무슨 까닭인가? 이 아뇩다라삼먁삼보리중에는 정법定法이 없음이요, 시비是非를 보지 않음이다. 실實이 없다함은 곧 옳음이 없다함이요, 허虛가 없다함은 곧 그름이 없다함인 까닭이다.

是故로 如來說一切法이 皆是佛法이니라

이러한 연고로 여래가 일체법이 다 불법이라 말씀하신 것이다.

이러한 연고로 부처님께서 말씀이 '일체법이 다 불법佛法이다' 하시었다. 왜 그러냐? 허許함이 없는고로 불법이요, 실實이 없는고로 불법이다.
다시 실實도 불법이요, 허虛도 불법이니 무비無非 불법인 까닭이다. 왜냐 불법은 일체법을 두지 않음으로 일체법이 다 불법이 되는 것이다.

須菩提야 所言一切法者-卽非一切法이니 是故名 一切法이니라

수보리야 말한 바 일체법이란 것은 곧 일체법이 아니니 이러한 고로 이름이 일체법인 것이다.

그러하면 여래가 말씀하시는 이 불법佛法이자 일체법은

어떠한 것인가? 여기에서 다시 이러한 법을 집착할 것인가? 부처님께서 이를 염려하시어 다시 수보리를 불러 말씀하신다.

'내가 말한 바 일체법이 다 불법佛法이다 한 이 법法만은 만고에 바꿀 수 없는 정법定法인줄 아느냐?

아니다. 말한 바 일체법이라 함도 정법定法이 아니고 실상實相이 없어서 곧 일체법 아님이니 이런고로 일시일시一時一時 이름만이 일체법이라 하는 것이다' 하시었다.

왜냐? 여래성품인 진여체眞如體가 비록 일체법을 여의지 아니하고 진여라 하지만 또한 일체법을 가히 취착하지도 아니하는 연고이다. 이러므로 일체법이 곧 불법이라 하는 이 말도 정법定法이 아닌줄 알아야 한다.

須菩提야 譬如人身長大니라

수보리야 비유하면 사람몸의 장대함 같은 것이다.

일체법자一切法者가 허망하여 이름뿐이 일체법이라 함을 비유하면 사람의 몸이 수미산왕과 같다함 같으니 사람의 몸이 크기가 이와같다 하면 이는 가정하여 말함에 불과한 몸이요, 말뿐의 큰 몸이요, 이름뿐의 큰 몸일 것이 아닌가? 일체법의 실체가 없음에 일체법이 아님도 이와같으니

가설假說, 가명假名의 이름뿐에 불과함 일 것이다.

다시 실로 저러한 몸이 참으로 있다 할지라도 색신色身인 이상 사대四大인지라 찰나 찰나 괴멸하여 실제성 없음이 꿈 같고 번개같은 허명무실의 환화신幻化身이요, 말뿐의 허망한 몸일 것이니 일체법의 실체성實體性이 없음도 또한 이와 같으니 찰나 찰나 일체법의 현실이 없음은 아니로되 일찰나刹那라도 실제성이 허망하여 취착取着할 수 없음이 저렇듯 말뿐 이름뿐의 것일 것이다.

須菩提言하되 世尊이시어 如來說 人身長大는 卽爲非大身이오 是名大身이니다

수보리 말씀하되 세존이시여 여래께서 말씀하신 사람몸의 큼은 곧 큰 몸이 아니옵고 이 이름이 큰 몸이올시다.

수보리는 이 뜻에 부연할려 하여 부처님 말씀을 잇는다.
'세존이시여, 여래의 말씀하신 사람몸의 큼은 곧 큰 몸이 아니오니 이 이름뿐인 큰 몸일 것입니다.' 하여 비유하신 뜻을 분명케 해 드린 것이다.

수보리의 말 뜻인즉 일체법도 또한 이러하여 일체법이 곧 일체법이 아니요, 이 이름이 일체법일 것이니 이러히 실무유법實無有法인지라 '일체법이 곧 불법佛法이라 하신 것이요, 또 불법도 실무유법인지라 '불법이 곧 불법이 아니요, 이 이름이 불법이라' 하신 것입니다.

이런고로 '여래께서 얻으신 아뇩다라삼먁삼보리 이 가운데에는 옳음도 없고 그름도 없고 실實도 없고 허虛도 없다' 하신 것이라 합니다.

그러면 아뇩다라삼먁삼보리의 반야 이 법에는 일체법이 일체법이 아니요 불법이 불법아니요 이 이름이 불법이요, 일체법인 고로 다시 일체법이요 불법이 됩니다.

왜 그러냐 하오시면 '안과 밖을 놓고 취하지 않는 연고이며, 정법定法을 쓰지 않는 연고이며, 실무유법實無有法인 연고라' 하겠습니다.

須菩提야 菩薩도 亦如是하여 若作是言하되 我當滅度無量衆生이라면 即不名菩薩이니라

수보리야 보살도 또한 이러하여 만약 이러한 말을 짓되, '내가 마땅히 무량중생을 멸도한다' 하면 곧 보살이라 이름할 수 없다.

그러하다면 수보리야, 이 법을 배우는 보살의 정체도 또한 그러하여 실무유법實無有法인 것이니 만약 보살이 이러한 말을 하되, '내가 마땅히 무량중생을 능히 멸도滅度한다고 하면 이것은 상相에 집착함이거나, 상相을 여읨이거나, 집착과 여읨이 없음이거나, 또 집착과 여읨을 함께 삿된법으로 봄이거나, 여의고 집착함을 함께 불법으로 봄일 것이다.

위와 같음은 상相에 집착함이니 이 법이 실무유법實無有法임을 알지 못함이다. 만약 상相을 여읨이 되면 이 법이 옳음도 없고 그름도 없음을 알지 못함이요, 만약에 상相에 여의고 집착함이 없음이 되면 이 법이 무실무허無實無虛임을 알지 못함이요, 만약에 집착과 여읨을 함께 사법邪法으로 봄이 되면 이는 일체법이 곧 불법佛法임을 알지 못함이요, 만일 집착함과 여읨을 함께 불법佛法으로 봄이 되면 이는 불법이 곧 일체법임을 알지 못함이다.

이러하고서는 보살이라 이름할 수 없는 것이다. 까닭이 무엇이냐? 본래 없는 중생을 잘못 보아 멸도滅度까지 생기게 됨은 어떠한 망견妄見이며, 어떠한 전도顚倒인가?

이런고로 일진법계一眞法界에 일념이 일어나면 곧 스스로가 먼저 마음의 중생이 됨이며 남에게는 중생이 없는 것이다. 이 까닭에 일념一念이 깨달으면 세계가 청정이요, 일념이 깨닫지 못하면 편계偏界가 중생이다. 이러히 중생이 없을 때에야만 보살도 없을 것이다.

何以故오 須菩提야 實無有法이 名爲菩薩일새니

라

무슨 연고이냐? 수보리야 '실로 법이 있지 아니함이 보살이라 이름됨인 것이다.

왜 그러냐? 이 실상법實相法에서 중생이 실무유법實無有法인 것같이 보살도 실무유법인 것이다. 이 까닭에 경에 '실무유법이 이름이 보살이라 한다' 하시었다. 그러면 실상實相이란 이 법은 어떠한 법인가?

이 법은 나와 남이 있지 아니한 법이요, 이 법은 나와 법이 있지 아니한 법이요, 이 법은 마왕과 부처가 있지 아니한 법이요, 이 법은 취取하고 놓음이 있지 아니 함이요, 이 법은 이치와 해석이 있지 아니함이다.

또한 이 법은 주住와 상相이 있지 아니함이요, 이 법은 정법定法과 부정법不定法이 있지 아니함이요, 이 법은 실법과 비실법非實法이 있지 아니함이니 이것이 곧 물건이 아뇩다라삼먁삼보리법이요, 이것의 이름이 곧 사상四相을 여읜 보살인 것이다.

是故로 佛說一切法이 無我無人無衆生無壽者라하니라

17. 구경무아분 311

이러한 고로 부처님이 말씀하시기를 '일체법이 아도 없고, 인도 없고, 중생도 없고, 수자도 없다' 하시었다.

그러면 이 실상인 보리법에는 본래가 가히 제도할 중생이 없으며 가히 근거할 법이 없으며, 가히 이름할 보살이 없다.

이런고로 부처님께서 말씀하신 바 일체법이라는 것은 '때에 따라 사람의 자승자박自繩自縛을 끊음이요, 사람에 따라 미혹됨을 보내줄 따름에 불과한 것이다' 그러하니 어떻게 꼭 정법定法이 있을 것이며, 지적할 깨달을 곳이 있을 것인가?

본래가 실무유법實無有法인 이것을 가지고 본래가 실무유법인 중생에게 실무유법 그러히 자승자박을 끊고, 모든 미혹을 보내게 할 뿐이다.

이 까닭에 경에 '일체법이 나我라 할 자체가 없고無我, 따라서 남이라 가르킬 곳이 없고無人, 드디어 하나이니 여럿이니 할 일체처가 없고無衆生, 겸하여 실다운 이치를 가히 취할 곳이 없다無壽者' 하심이다.

須菩提야 若菩薩이 作是言하되 我當莊嚴佛土라 하면 是不名菩薩이니라

수보리야 만약 보살이 이러한 말을 짓되 '내가 마땅히 불토를 장엄한다' 하면 이는 보살이라 이름하지 못한다.

저러하거늘 만약에 보살이 스스로 이런 말을 짓되 '내가 마땅히 불토를 장엄한다' 하면 이것은 사상四相에 집착함이 되는 것이다. 이는 득得과 법이 있음이니 득은 아我이요, 법은 인人이요, 장엄은 중생衆生이요, 불토는 수자壽者인 탓이다. 이같이 사상四相이 있고는 보살이라 할 수 있겠는가?

불토라 함은 마음이 깨끗함을 이름이요, 장엄이라 함은 모든 법의 구족을 이름이니 보살이 사상四相이 없이 실무유법하게 무량중생을 제도할지면 깨끗한 마음, 즉 불토가 현전現前할지요, 깨끗한 마음땅이 현전現前할지면 자연 모든 법의 구족인 것이다.

이것이 보살의 장엄불토이거늘 이곳에서 어찌 보살로서 장엄 불토를 말할 수 있겠는가?

만약 보살로 불토장엄을 말한다 하면 이는 벌써 진의眞義의 불토장엄은 달아난 것이니 보살이라 이름할 수 없는 것이다.

何以故오 如來說-莊嚴佛土者는 卽非莊嚴이오 是名莊嚴이니라

어찌한 연고이냐? 여래가 말한 장엄불토란 것은 곧 장엄이 아니요 이 이름이 장엄이신 것이다.

무슨 연고로 그러냐? 여래가 말씀하신 바 장엄불토가 장엄불토가 아니어서 장엄불토가 되는 까닭이다. 이 까닭에 장엄불토라는 것이 본래 허망하여서 실로 있지 아니한 것을 말씀하기 위하여 생긴 이름인줄 알아야 한다.

앞에 말한 바와같이 깨끗한 마음이 불토라면 깨끗한 마음에서 불토견佛土見이 있을 것이며, 또 장엄지견莊嚴知見이 있을 것인가?

모든 상相의 구족이 모두가 마음땅心地이 깨끗함에서 스스로 구족할 것이니 어느 겨를에 장엄을 말할 여지가 있겠는가? 이러므로 '장엄불토가 곧 장엄불토가 아니요, 이 이름이 장엄불토라' 하는 것이다.

그런데 이상까지는 상相없는 장엄에서 말해 본 것이지만 앞으로 상相있는 장엄으로 말해 보자. 유상有相장엄이라면 무엇을 말함인가?

중생을 제접提接하는 방편의 지혜인 것이다. 또 방편이란 무엇을 말함인가? 본래가 정법이 없음을 사용함인 것이다.

또 지혜란 무엇을 말함인가? 상이 있어 공의 이치를 능히 알아냄을 이름이다.

또 불토란 무엇을 이름인가? 중생을 제접하기 위하여 거짓 세운 방편의 정토淨土인 것이다.

또 정토란 무엇인가? 상相이 없는 공空한 이치가 들어남을 이름이다.

장엄불토의 자체가 이러 하거늘 만약 보살로 망령되이 내가 마땅히 불토를 장엄한다 하면 이는 장엄불토의 뜻도 알지 못하는 견혹見惑이니 어찌 보살이라 이름하겠는가?

須菩提야 若菩薩이 通達無我法者면 如來說名하되 眞是菩薩이니라

수보리야 만약 보살이 아我와 법이 없음을 통달한 자이면 여래가 말하되 '진시眞是보살이라' 이름할 것이다.

그러면 이 법의 자체가 이러하여서 아我와 법이 이러하고, 득得과 처處가 이러하고, 상相과 용用이 이러하고, 명名과 설說이 이러할 뿐이다.

이러하다는 견해와 지식까지도 또한 이러하고, 깨달은 보살도 또한 이러하고, 깨칠 아뇩다라삼먁삼보리법이 또한 이러하여 일체 자취가 없이 저절로 이러하여서 그냥 공에서 이러의 소식이 묘히 들어날 뿐이다.

그러면 이곳은 실상實相의 깨끗한 상相이면서도 깨끗한

상을 두지 아니함일지니 하물며 나와 법을 둠이겠는가?

이 까닭에 부처님께서 위의 뜻을 걷어 말씀하시되 '수보리야 보살이 아我와 법이 없는 곳을 통달하는 자라야만 여래가 진시眞是보살이라 이름하리라' 하셨다.

PART 18.
일체동관분

第十八. 一體同觀分

須菩提於意云何如來 有肉眼不 如是世尊 如來有肉眼須菩提於意云何如來有天眼不如是世尊如來有天眼須菩提 於意云何 如來有慧眼不如是世尊如來有慧眼須菩提於意云何如來 有法眼不如是世尊 如來有法眼須菩提於意云何如來有佛眼不如是世尊 如來有佛眼須菩提於意云何恒河中所有沙 佛說是沙不如是世尊如來 說是沙須菩提 於意云何如一恒河中 所有沙 有如是 等恒河是諸恒河所有沙數佛世界如是寧為多不甚多世尊佛 告須菩提爾所國土中所有眾生若干種心 如來悉知 何以故 如來說諸心皆為非心是名為心所以者何須菩提過去心不可得現在心不可得未來心不可得

18. 일체동관분 一切同觀分

須菩提야 於意云何오 如來 有肉眼不아 如是니다 世尊이시여 如來 有肉眼이니라 須菩提야 於意云何오 如來有天眼不아 如是니다 世尊이시여 如來有天眼이니다 須菩提야 於意云何오 如來 有慧眼不아 如是니다 世尊이시여 如來 有慧眼이니다 須菩提야 於意云何오 如來 有法眼不아 如是니다 世尊이시여 如來 有法眼이니다 須菩提야 於意云何오 如來 有佛眼不아 如是니다 世尊이시여 如來 有佛眼이니다

수보리야 뜻에 어떠하냐? 여래가 육안이 있느냐? 그렇습니다. 세존이시여, 여래께서는 육안이 계십니다. 수보리야 뜻에 어떠하냐? 여래가 천안이 있느냐? 그렇습니다. 세존이시여, 여래께서 천안이 계십니다. 수보리야 뜻에 어떠하냐? 여래가 혜안이 있느냐? 그렇습니다. 세존이시여, 여래께서 혜안이 있습니다. 수보리야 뜻에 어떠하냐? 여래가 법안이 있느냐? 그렇습니다. 세존이시여, 여래께서 법안이 계십니다. 수보리야, 뜻에 어떠하냐? 여래께서 불안이 있느냐? 그렇습니다. 세존이시여, 여래께서 불안이 계십니다.

【주해】

　육안은 육체에 있는 눈이니 범인凡人에게 있는 광명의 힘으로 보는 힘이 가리운 안에는 볼 수 없는 것이다. 천안은 육안의 광명이 모든 지장을 열어 보는 것을 가로 막는 외부의 장애까지 미치는 것이니 산하석벽山河石壁과 원근의 가리움을 무관無關히 보는 눈이다.

　혜안은 공의 이치를 알아 실상을 비춰보는 눈이다. 법안은 모든 공법空法을 요달함으로 일체법을 설하여 중생법을 깨뜨리는 눈이다. 불안은 불성이 원융함을 보아 내외 모든 법을 통달해 아는 눈이다.

　그러면 불안佛眼은 실상체實相體에 원명圓明함이요, 법안은 세속법을 능히 봄이요, 혜안은 공을 능히 봄이요, 천안은 가린 밖을 능히 봄이요, 육안은 가린 앞만 보는 것이다.

【강의】

　앞의 말에서 '이 법이 자체가 사상四相이 공하고 사상견四相見이 공함에서 아我와 법, 득得과 처處, 명名과 설說, 해석과 지혜, 내지 보살과 아뇩다라삼먁삼보리법이 공하여 저彼가 중생임을 보지 아니하며, 내가 보살임을 보지 아니하며, 이것이 아뇩다라삼먁삼보리임을 보지 아니하며, 불토가 깨끗함을 보지 아니하여서 일체가 아견我見과 법견法見이 없을지니 이 보지 아니함이 이름이 모든 여래라'고 하였다.

그러면 모든 봄이 없을 때는 모든 눈도 없을 것이다. 그러나 여래께서는 다섯가지 눈이 구족하시고 계심에야 어찌할까? 오안五眼이 계시고야 어찌 보심이 없으실가?

다시 말하면 여래께서는 화신化身으로 관찰하시는 육안肉眼이 계시며, 대천세계를 두루 보시는 천안天眼이 계시며, 지혜에 밝으신 혜안慧眼이 계시며, 모든 법의 공함을 아시는 법안法眼이 계시며, 자성을 항상 깨치신 불안佛眼이 계시거니 어찌 여래로 모든 보심이 없으시다 할 것인가?

가령 모든 법의 공함을 요달 하셨다 해도 견해見解이시요, 반야지가 항상 밝음常明이라 하셔도 견해이시요, 자성이 항상 깨침이라 하셔도 깨침으로 보심이니, 항차 삼천세계를 보신다든가 목전의 모든 경계를 보신다든가 하는 것은 말할 것도 없는 것이 아닌가?

이같이 여래께서 다섯 종류의 눈이 구족하시어 물건과 법을 보시며 성품과 이치를 보심이 분명하시거늘 어찌해서 설법하심에는 모든 법과 모든 법지견法知見이 공했다 하시었는가?

이와같은 것이 대중의 의심인줄 아시고 이를 밝히시려 무애변無礙辯을 토吐하심에서는 전례와 같이 한 가지씩 물으시어 수보리로 답이 나오게 하셨으니 아래와 같다.

'수보리야 너의 뜻에 어떠하냐? 여래가 육안이 있느냐? 없느냐?' 하시고 수보리의 가려운 곳을 물으시는 것이다.

수보리는 심히 뜻에 맞아 곧 여쭙되 '그렸습니다. 세존이시여, 여래께서는 화신경계化身境界에서 일체 물건을 보시는 육안이 계십니다.'

부처님이 또 물으시되 '수보리야 뜻에 어떠하냐? 여래가 천안이 있느냐?'

수보리 여쭙되 '그렸습니다. 세존이시여, 여래께서는 삼천대천세계의 모든 색상色相을 손바닥 위의 것과 같이 보시는 천안이 계십니다.'

부처님이 또 물으시되 '수보리야, 어떠하냐? 여래가 반야에 밝은 혜안이 있느냐?

수보리 더욱 합의하여 여쭙되, '그렸습니다. 세존이시여, 여래께서는 상相없는 이치를 통달하시어 실상을 보시는 혜안이 계십니다.'

부처님께서 또 물으시되

'네 뜻에 어떠하냐? 여래가 법안法眼이 있느냐?'

수보리 또한 여쭙되

'그렸습니다. 세존이시여, 여래께서는 일체법의 공을 요달하시어 일체법을 능히 설하시어 중생과 부처를 깨트리시

는 법안法眼이 계십니다.'

 부처님이 또 물으시대

'수보리야, 네 뜻에 어떠하냐? 여래가 불안佛眼이 계시냐? 아니 계시냐?' 수보리 여쭙되

'그렇습니다. 세존이시여, 여래께서는 깨달음의 성품이 뚜렷이 밝으신 불안佛眼이 계십니다.' 하였다.

 그러면 이렇게 부처님께서는 물으시고 수보리가 대답하는 동안에 부처님께서는 불의 물으시는 뜻이 긴緊해지는 것이 되고 수보리는 수보리의 의심나는 곳이 밝히 들어나진 것이 되었다.

 그렇게 된 것은 무엇인가? 부처님께서는 오안五眼이 이러히 구족하시어 보심은 비록 다르나 체성體性은 오히려 같아서 도리어 실무유법인줄 모르는구나? 하는 뜻이 이 물음에서 긴해지신 것이요, 수보리는 이와같이 이러히 오안五眼이 구족하시어 다섯가지로 보심이 분명하시거늘 법이 공하고 봄이 없음을 말씀하시는 이유는 무엇인가? 하는 의심이 분명케 되는 것이 이 대답에서 밝아진 것이다.

 이같이 동상이몽同床異夢의 꿈을 꾸는 것은 수보리는 체體를 잡아 용用을 의심한 탓이요, 부처님께서는 용用을 잡아 체體를 들어 내려 하심이니 즉용卽用이 즉체卽體임을 알리시려 함에 있는 것이다.

그러나 부처님께서는 아직 이것을 깨트리지 아니하시고 다음같이 또 물으시는 것이었다.

須菩提야 於意云何오 如恒河中所有沙를 佛說是 沙不아 如是니다 世尊이시여 如來說是沙니다.

수보리야, 뜻에 어떠하냐? 항하수 가운데 있는 바 모래 같음을 불이 이 모래를 말씀하신적이 있느냐? 그렀습니다. 세존이시여, 여래께서 이 모래를 말씀하셨습니다.

다시 물으시되 '수보리야, 네 뜻에 어떠하냐? 항하수 가운데 있는 바 모래수와 같음을 불이 말한적이 있느냐? 없느냐?' 물으신 것이다.

수보리는 사실대로 여쭙되 '그렀습니다. 세존이시여, 여래께서는 앞에서 항하수에 있는 바 모래수와 같은 모래수를 말씀하신 적이 있습니다.' 했으니 부처님께서 수보리로 이 대답까지 나오게 하신 것은 무엇을 말씀하시려 함인가?

오안五眼이 여여如如하여 실무유법實無有法인 것을 알리시기 위하여 찾아가는 도중에 한 개의 교량이시니 부처님께서는 의례 나올 이 대답을 기다리시고 다시 진일보進一步하여 또 물으시는 것이었다.

須菩提야 於意云何오 如恒河中所有沙하여 有如是沙等恒河에 是諸恒河의 所有沙數로 佛世界如是라 하면 寧爲多不아 甚多니다 世尊이시여

　수보리야, 뜻에 어떠하냐? '한 개의 항하가운데 있는 바 모래수와 같이 이같은 모래들의 항하가 있음에 이 모든 항하에 있는 바 모래수대로 불세계가 다시 이렇다하면 어찌 생각하겠는가, 많다 하겠지?' 심히 많습니다. 세존이시여,

　한번 더 물으시되
　'수보리야, 네 뜻에 어떠하냐? 한 곳의 항하수에 있는 모래수처럼 또 이와같은 항하수가 있다하고, 이같은 항하수에 있는 바 모래수대로 불세계(삼천대천세계 안에 한 부처님이 계셔 교화하심을 불세계라 함.)라 하면 그 세계가 많지 않겠는가?'에 대하여 '심히 많습니다. 세존이시여, 이것은 수보리의 대답이었다.
　그러면 이같이 부처님께서 일곱법이나 물으시사 수보리로 일곱번이나 답이 나오게 하신 것은 이 아래 나올 말씀을 하시려는 것이니 왜 진작 말씀하시지 않으시고 답을 기다리시어 말씀하시게 되느냐? 하는 것은 청중의 마음에 잘 이해되게 하시려 함이시다.
　의심처를 잡아내어 저들로 중복케 하신 후에 저들의 소

지소각所知所覺을 분명케 하신 후, 최후에 보일 곳을 묘히 알려주시는 것은 부처님의 변재辯才이신 것이다.

왜냐? 그곳을 보이심에 그 길을 찾지 아니하면 비록 그 그릇이라도 능치 못하거든 더구나 근기가 하열한 사람이겠는가?

이런 까닭에 여래를 만나는 사람은 견고한 신심과 원력만 있으면 그 그릇의 우열을 불문하고 그 자리로 아니 구해내심이 없으시니 이러므로 부처님은 대자대비의 소유자이시며 무애변無礙辯의 소유자이신 것이다.

佛告須菩提하시되 爾所國土中所有衆生의 若干種心이라도 如來悉知하나니라

부처님께서 수보리에게 말씀하시대 저 국토중에 있는 바 중생이 약간의 마음 가지는 것이라도 여래께서는 다 아시는 것이다.

부처님께서 수보리의 끝 대답을 마저 들으신 후 다시 수보리를 불러 말씀하시게 된 것은, '저렇게 많은 불세계 국토중에 있는 무량중생의 조금 가지는 마음이라도 여래가 다 아시나니라' 한 이 말씀을 하시자는 것이다.

그렇다면 청중의 의심은 오안五眼의 소용에 있음에 불구하고 부처님 말씀은 중생의 마음가짐을 다 안다 하시는 이 대답은 전연 딴 말씀같을 것이다.

왜냐? 오안五眼의 보는 바를 의심함에 중생 마음가짐을 다 안다는 대답이 당치않은 까닭이다. 하지만 이것이 여실히 보이는 말씀이시다.

왜냐? 앞서 말한 바 같이 오안五眼의 봄은 비록 다르나 체성體性은 도리어 같으니 같은 체성은 곧 마음이다. 마음에는 여래의 마음이나 중생의 마음이나가 다름이 없이 하나인 까닭이다.

다시 말하면 무량세계에 있는 일체 중생의 마음이 일어나고 꺼지는 것은 곧 여래의 마음이 일어나고 꺼지는 것이다. 왜? 여래는 중생의 체體이요, 중생은 여래의 용用인 탓이다.

체體가 용用을 모를 수 없고 용이 체를 모를 수 없으니 중생이 잠시 갖는 마음이라도 여래의 마음이 아님이 없으니 어째서 여래도 여래 자기 마음을 모르랴 하심인 것이다.

그러면 이러한 여래의 마음을 알면 모든 세간법世間法과 출세법出世法이 다 마음의 일인지라 아니 곧 마음인지라 제가 저를 다 알고 다 볼 것이니, 오안五眼은 무엇에 쓰는 것이며, 오안의 보는 바는 어데일 것이며 아니 오안의 보는 것은 마음이 아니고 무엇일까?

이른바 오안五眼도 마음의 일이요, 오안의 보는 바도 마음의 일인 것이니 어느것이 마음이 아닌 것이 있으며 어느 것이 마음으로 아니 되는 것이 있을 것이냐?

진실로 이 마음만 알면 모든 것을 모를 것도 의심할 것도 없이 일체를 다 알고 다 보는 부처님일 것이다.

何以故오 如來說諸心이 皆爲非心이니 是名爲心이니라

어찌된 연고냐? 여래가 설한 모든 마음이 다 마음이 아니니, 이 이름이 마음이 됨이니라.

그러면 이 마음은 어떠한 것이기에 그러한가?

마음은 본래 없음을 마음이라 함이니 만약 마음이 있는 줄 알 때에는 일체를 다 알고 다 봄만은 요원해지고 말 것이다. 왜냐하면 마음이 있는줄 알 때 마음은 한량없이 많으리니 어떻게 여래 마음을 다 알겠는가?

마음은 하나에서만 알아지는 것이요 하나는 근본이 없는데서만 되는 것이다.

이 마음의 근본이 이러한 고로 일체 중생의 마음과 외도外道의 마음과 성문聲聞의 마음과 연각緣覺의 마음이 또한 그러히 내가 없는 그것이다.

그런고로 경에 '여래가 말한 모든 마음이 다 마음이 아니라 이 이름이 마음이니라' 하시었다. 만일에 마음이 없는 마음이 아니요 있는 마음이라면 여래는 곧 일체중생의 잠깐 가지는 마음을 캄캄히 모르고 있을 것이다.

所以者何오 須菩提야 過去心 不可得이오 現在心 不可得이오 未來心 不可得이니라

그 이유는 무엇이냐? 수보리야, 지나간 마음을 얻을 수 없음이며 지금의 마음을 얻을 수 없음이며 오는 마음을 얻을 수 없음이니라.

그 이유가 무엇이인가를 물을 것 같으면 '모든 중생의 마음이 다 본래가 없음을 마음이라' 는 말이다. 삼승三乘과 외도, 그리고 여래의 마음도 그러한 것이다. 실로 가히 증거할 곳이 없음이 마음이다.

누가 이 마음을 감히 이것이 마음이라고 들어낼 것인가? 이는 여래도 불능不能이요, 중생도 불능이다.

만일 누가 말할 수 있다면 이는 벌써 망妄심이다. 망妄이 망을 인연하여 하는 말일 것이요, 본래 얻을 수 없는 그 마음은 아닐 것이다.

그리고 이 망심인들 허망이 아니랴, 본래가 없음일 것이니 어떠한 것이 마음일까?

전념前念을 증거할 수 없고, 후념後念을 증거할 수 없고, 현념現念을 증거할 수 없는 것이다.

여기에서 '모든 마음이 다 마음이 아니라 이 이름이 마음이라' 하신 말씀이 들어 맞을 것이다. 이 까닭에 부처님께서 '과거의 마음을 얻을 수 없고, 현재의 마음을 얻을 수 없고, 미래의 마음을 얻을 수 없다' 하신 것이다.

왜 그러냐? 이 마음이 본래가 그러하므로 본심과 망심이 함께 가히 얻을 수 없는 무無이기 때문이다. 이러한 무無의 마음을 통하면 다시 무량한 중생의 무량한 마음 씀씀이를 다 알며, 무량한 일체법을 다 알아 오안五眼으로 봄이 구족할 것이다.

이는 무량한 중생과 무량한 일체법과 오안五眼의 봄이 다 마음일 따름인 까닭이다. 이것이 청중의 오안의심五眼疑心에 대한 여래의 답의 골수인 것이다.

그러면 한 **마음일 따름이라** 한 이 마음(곧 무심으로 마음을 삼은 다음)은 **마음**과 **중생**과 **부처**의 차별이 없고 과거와 현재와 미래를 얻을 수 없는 것이다.

이 까닭에 여래께서 한 생각을 움직이지 아니 하시고 중생을 다 아시며 한 눈을 뜨지 아니 하시고 중생의 마음 씀씀이를 다 보시며 일순간을 허비하지 아니 하시고 불국토를 장엄하여 마치시는 것을 알아야 한다.

PART 19.
법계통화분

第十九. 法界通化分

須菩提於意云何 若有人滿三千大千世界七寶以用布施 是人以是 因緣得福多不 如是 世尊 此人 以是因緣得福甚多須菩提 若福德有實 如來不說得福德多以福德無故如來說得福德多

19. 법계통화분法界通化分

須菩提야 於意云何오 若有人이 滿三千大千世界 七寶로 以用布施라면 是人이 以是因緣으로 得福多 不아 如是니다 世尊이시여 此人이 以是因緣으로 得 福甚多니이다

수보리야 뜻에 어떠하냐? '만약 사람이 삼천대천세계에 가득한 칠보로써 보시에 사용하면 이 사람이 이 인연으로써 얻은 바 복덕이 많다고 하겠느냐?' 그렇습니다, 세존이시여, 이 사람이 인연으로써 복을 얻음이 심히 많겠습니다.

보살과 중생과 불토와 장엄과 법과 득得과 또는 오안五眼의 봄이 다 마음일 뿐이라 하면 여래께서 설하신 바 무주상無住相 보시 복덕도 이 마음뿐일지니 이 마음은 과거심過去心을 얻을 수 없고, 미래심未來心을 얻을 수 없고, 현재심現在心을 얻을 수 없다 하시었으니 어떠한 마음이 무주상無住相보시를 지었으며 어떠한 마음이 무주상 복덕을 얻을 것인가? 그래서 대중들은 복덕이 곧 마음인 줄을 알았으나 어떠한 마음으로 이 복덕을 짓는 것이며 어떠한 마음으로 이 복덕을 받을 것인가가 청중의 의심처이다.

부처님께서 이를 아시고 전례前例에 의하여 수보리에게 물으신다.

'수보리야, 네 뜻에 어떠하냐? 만약 사람이 삼천대천 세계의 칠보를 가지고 보시에 사용했다 하면 이 사람이 이 인연으로 하여서 얻는 복덕이 많겠느냐?' 물으셨다.

부처님께서 어찌해서 이렇게 물으시는 것일까?

대중이 보시와 복덕이 마음인줄 알았으나 마음이 과거, 현재, 미래를 통하여 얻을 곳이 없으므로 마음은 없는 것이니 어떠한 마음으로 보시를 할 것이며 어떠한 마음이 복이 될 것인가?

이것이 의심처인 줄 아시므로 보시와 복덕이 마음인 줄은 알면서 어찌하여 마음이 본래 없는 것인 줄은 잊었느냐? 하심이다.

바꿔 말하면 복이 마음인 줄 알 때에 곧 없는 것인줄 알 것이니 어찌 복받을 마음을 의심할 수 있을까 하시어 '그래 과연 칠보 보시가 있는 것이며 이 인因으로 복을 받음이 있겠느냐?' 하여 풍자諷刺하시면서 가려운 곳을 건드려 주는 것이었다.

그러나 수보리는 의심나는 곳을 물음에만 뜻에 맞아서

의심대로 대답하였다.

'그렇습니다. 세존이시여, 이 사람이 칠보로 보시하는 인연으로서 복을 얻음이 심히 많을 것입니다.' 하였으니 이 가운데에는 얻을 수 없는 이 마음이 어떻게 보시인布施因이 있으며 복과福果가 있겠습니까? 하는 뜻이 포함돼 있다.

須菩提야 若福德이 實有인대 如來가 不說得福德多 언마는 福德無故로 如來說得福德多니라

수보리야, 복덕이 실로 있을진대 여래가 복덕이 많다고 아니 하시련마는 복덕이 없는 연고로써 여래의 말씀이 복덕이 많다 하신 것이다.

부처님께서 수보리로 답이 나오게 하신 후에 정면으로 그 뜻을 깨뜨리시려 말씀이 나오신다.

'수보리야 복덕이 참으로 있는 것일진대 여래가 복덕이 많다는 말부터 아니 하였으리라' 만은 실實에는 복덕이 허망인 없음인 고로 많다는 말을 사용 하게 된 것이다.

왜냐. 많다는 말은 본래 사량할 수 있는 수數와 말할 수 있는 수數에나 쓰이는 말이요 비사량처에나 비언설처非言說處에는 본래 아니 닿는 말인 까닭이다. 이러한 까닭에 '여래가 복덕이 많다는 말을 하게 됐다' 고 경에 말씀하신 것이다.

19. 법계통화분

PART **20.**

이색이상분

第二十. 離色離相分

須菩提於意云何佛可以具足色身見不 不也世尊如來 不應以具足色身見 何以故 如來 說具足色身 即非具足色身是名具足色身須菩提於意云何如來可以具足諸相見不不也世尊如來不應以具足諸相見何以故 如來說諸相具足即非具足是名諸相具足

20. 이색이상분 離色離相分

須菩提야 於意에 云何오 佛可以具足色身見不아 不也니이다 世尊이시여 如來不應以具足色身으로 見이니이다

수보리야 네 뜻에 어떠하냐? 부처를 가히 구족한 색신으로써 보겠느냐?' '아니옵니다. 세존이시여, 여래를 구족색신으로는 응당 볼 수 없습니다.'

【강의】

 청중은 또 한 의심이 생겼으니 부처님께서는 중생과 국토가 공空하여 오직 마음이고, 보시와 복덕이 공하여 오직 마음이라 하시어 일향一向복덕이 없음으로써 큰것을 삼으시니 중생과 국토를 멸도滅度하여서 마음을 실현하였음에는 보시와 복덕의 성품이 공하여 곧 마음인 줄은 알았을지라도 이 마음을 깨친 공덕은 실제에서 없지 않을 것이다. 현시現示 여래의 복덕을 보아도 확실한 것이다.

그것은 무엇인가? 가령 보이는 것만 가지고 말하더라도 우선 부처님이 가지신 색신色身이 구족하시니 이는 복보福報가 아니고 무엇이며, 또 부처님께서는 이 다함이 없는 마음을 증득하셨으니 어찌 이러한 법신法身에서야 삼십이상三十二相과 팔십종호八十種好가 없을 수 있겠는가.

만일 있다면 삼십이상은 무無로서 유有를 얻으심인 것이다. 다시 말하면 무위심無爲心으로 증證하신지라 불신佛身도 필경 무위無爲어야 할 것이어늘 구족한 제상諸相을 가지심은 여래가 하신 말씀과 상위相違가 아니라면 실지의 복보는 이렇게 따로 있는 모양이다 하여 대중은 여래의 복보福報에 대하여 상호구족의 의심이 생기는 것이었다.

무량중생의 잠깐 쓰는 마음이라도 다 아시는 부처님께서 청중의 이 뜻을 모르실리가 없다. 그래서 말머리를 색신色身으로 도리키어 수보리에게 물으신다.

'수보리야 네 뜻에 어떠하냐? 부처를 너희들이 보기를 구족한 색신으로써 부처라 여기느냐?' 하시면서 구족한 색신이 색신과 구족이 아닌 줄을 잊었으냐? 하시는 암시를 보이셨다.

수보리는 이 암시에 곧 깨닫고 '아니옵니다. 세존이시여, 여래만은 구족한 색신으로는 응당 볼 수 없습니다.'

何以故오 如來說具足色身이 卽非具足色身이요
是名具足色身이니다

어찌한 연고입니까? 여래께서 말씀하신 구족색신이 곧 구족색신이 아니옵고 이 이름이 구족색신인 것입니다.

왜 그러하오리까? 여래께서 말씀하신 구족색신이란 본래 공하여 마음인지라 구족색신이 아니오니 만약 이것을 구족색신이라 집착하여 복보福報이거나 또는 구족으로 보는 마음을 일으키면 이는 마음이 마음한테 속는 것이니 색신色身이 곧 법신法身인줄 알지 못함일 것입니다.
　법신은 공중의 참 달月이라 하면 색신은 물가운데 비치는 달이니 물가운데 달이 본래 허망하여 공중에 달인 줄 알지 못하는 것 같습니다.
　그러므로 물가운데 달이 물가운데 달이 아니니 아무리 물가운데 달을 헤치고 보아도 달은 없을 것입니다. 이러므로 이름이 물가운데 달이지 달이 아닙니다.
　이와같이 아무리 구족한 색신이라도 구족이 구족아니요, 색신이 색신아닌 이상 이름뿐인 구족색신具足色身입니다. 그러므로 이 구족색신을 구족으로 알거나 복보福報로 아는 것은 마음의 정체를 알지 못하는 것을 여실히 폭로하는 것입니다.

이 마음이 물가운데 달인 줄을 알지 못하는 것 같습니다. 또 공중의 달도 달이 아닌고로 달인줄 알지 못하는 것입니다(본 마음은 마음이 아닌 고로 마음이라 함).

須菩提야 於意에 云何오 如來를 可以具足諸相으로 見不아 不也니다 世尊이시여 如來를 不應以具足諸相見이니다

수보리야 뜻에 어떠하냐? '여래를 가히 모든 상相이 구족하다고 보겠는가?' '아니옵니다. 세존이시여, 여래를 모든 상이 구족하시다고 응당 볼 수 없습니다.'

부처님께서 수보리의 말으 들으신 후 또 물으신다. '네 뜻에 어떠하냐? 여래를 모든 상相이 구족함으로서 보느냐?'(색신은 응화신應化身을 이름이요, 제상諸相은 응화신의 삼십이상三十二相과 팔십종호八十種好를 이르심이다) 하시었으니 역시 전에 물으시던 의미와 법으로 물으신 것이다.

그러면 어찌하여 구족색신을 앞에서 물으시고 다시 구족제상具足諸相으로 물으시나? 색신이라 하면 현존불現存佛이 가지고 계신 화신을 일러 말씀함이시니 색신만이 물가운데 달같이 이름뿐의 달이 아니요 다시 색신에 딸린 구족한 모든 상(청중은 보신보다 여기에 더 의심을 가졌으니 보화신報化身만은 대중과

가짐이 같으나 대중과 다른것을 제상호諸相好인 고로 여기에 복보福報의 견見과 의심이 생긴 것이다. 이는 공중의 달도 달이 아닌 것을 알지 못함에서 나온 것이니 즉 최후 수자견에 걸린 탓이다. 또 불佛께서 이를 깨뜨리심에도 제상諸相보다 색신에 먼저 하심은 대중이 색상色相보다 제상諸相에 집착을 거슬리사 근본으로 쫓아나오실려 함이다.)도 따라 그러할 것이라 함을 알려주심이다.

수보리 또한 알아 듣고 같은 논법으로 말씀 여쭙되 '아니옵니다. 세존이시여, 여래를 즉 공空인 마음을 어찌 구족한 제상諸相이라 볼 수 있습니까?' 한 것이다.

何以故오 如來說諸相具足이 卽非具足이오 是名諸相具足이니다

어찌한 연고입니까? 여래께서 말씀하신 구족한 모든 상이 곧 구족이 아니요, 이 이름이 구족한 모든 상입니다.

왜 그러하옵니까? 모든 상相은 색신에 딸린 것이니 색신이 물가운데 달일진대 이 모든 상호相好도 따라서 물가운데 달이 될 것입니다.

비유하면 어떠한 사람이 있어 심히 단정한 얼굴을 가졌습니다. 그런데 그 얼굴이 때에 의하면 혹 웃는 얼굴, 혹 우는 얼굴, 혹 찡그는 얼굴, 혹 반가운 얼굴, 혹 성난 얼굴,

혹 혀를 빼문 얼굴, 혹 입을 벌린 얼굴, 혹 입술을 악문 얼굴, 혹 애꾸의 얼굴, 혹 잠자는 얼굴등의 가지 가지 얼굴을 나타낼 것입니다.

그러나 이 가지 가지 얼굴이 한번 지나간 후에는 다시 얻을 수 없는 그 얼굴입니다. 다시 짓는다 하더라도 전에 것은 아닐 것입니다.

또 그 얼굴들은 필요한 때에 일시 일시 짓는 것이오, 본래의 얼굴은 아닐 것입니다. 그리고 또 가지 가지 모양의 얼굴이 일시 일시 이름뿐만이 웃는 상, 우는 상이지 실제로는 없으려 하여 없을 수 없는 본래 그대로의 본래의 얼굴일 것입니다.

또 아무리 웃는 상相을 찾으려 한번 웃음을 지키고 놓지 않는다 해도 필경은 본래의 얼굴로 환원할지라도 웃는 상은 찾을 길 없을 것입니다.

그러면 급기야엔 웃는 등 가지 가지의 얼굴이 곧 본 얼굴상이요, 본래 얼굴이 곧 가지 가지의 얼굴입니다. 즉 가지 가지의 얼굴이 본 얼굴을 여의지 않고 있고, 본 얼굴이 가지 가지의 얼굴을 여의지 않고 있습니다.

그렇다면 가지 가지의 얼굴도 그 얼굴일 것이요, 본 얼굴도 그 얼굴일 것입니다.

만일 여기에서 가지 가지 얼굴에 집착하여 가령 웃는 얼굴을 다른 사람으로 보고 또 본 얼굴을 다른 사람으로 보면 옳지 않습니다. 한층 더 미迷하여서 가지 가지 얼굴에 집착하여 본 얼굴을 잊음이거나, 본 얼굴의 단정함을 보고 가지 가지 얼굴이 왜 단정치 않으냐고 한다면 이것도 옳은 일이 아닙니다.

여래의 제상구족諸相具足도 또한 이와같습니다. 구족 제상諸相은 가지 가지 얼굴같고, 무위無爲법신法身은 본 얼굴같습니다. 모든 상이 법신을 여의지 못하고 법신法身이 제상諸相을 여의지 못하여 제상이 곧 법신이요, 법신이 곧 제상諸相입니다.

만약 구족제상具足諸相에 집착하여 복보福報로 앎은 가지 가지 얼굴에 집착하여 본얼굴을 잊음과 같습니다.

만일 본얼굴을 잊고는 가지 가지 얼굴이 어떠한 자임을 모름과 같이 구족 제상에 집착하고는 여래의 구족제상이 어떠한 것인줄 모를 것입니다.

이것이 대중이 여래의 구족상具足相을 보고 그릇 여래복보如來福報로 보는 연고입니다. 또 법신이 곧 제상諸相이요, 제상이 곧 법신인 줄 알 때 다시 말하면 법신불法身佛은 다함이 없는 본마음이거늘, 어찌해서 부처님의 모든 상相은 다함이 있는 구족제상具足諸相일까? 함은 본얼굴은 단정함이어늘 어찌해서 가지 가지 얼굴이 단정치 못하느냐? 함과 같습니다. 더구나 구족한 모든 상과 깨끗한 법신을 달리 봄은 여러 얼굴과 본얼굴을 딴 얼굴로 보는 것과 같습니다.

이는 가지 가지 얼굴도 그 얼굴, 본얼굴도 그 얼굴임을 알지 못함이니 이와같이 깨끗한 법신도 그 실상實相, 구족한 모든 상相도 그 실상임을 알지 못함입니다.

그러므로 단정한 얼굴에 어찌해서 여러가지 얼굴이 없느냐? 하든지 가지 가지 얼굴에 어찌하여서 단정한 얼굴이 없느냐? 하는 것은 본래 얼굴이 어떠한 것인줄 모르는 것일 것입니다.

이와같이 깨끗한 법신에 왜 모든 상이 없느냐든지 이 모든 상相을 법신 여래의 복보福報라 하면 이것도 여래실성이 어떠한 것인줄 모르는 것일 것입니다.

얼굴의 본얼굴은 가지 가지 상相도 아니요, 단정상도 아닙니다. 필요에 의하여 종종상種種相, 단정상端正相을 임의로 하는 것이 이 얼굴의 자재인 복보福報입니다.

단정상이나 종종상에 처하지 않는 본연의 천작天作 무위인 그것이 이 얼굴의 묘용妙用인 복보입니다.

이와 같이 실무유법實無有法인 아뇩다라삼먁삼보리를 성취한 여래의 복보福報도 구족제상도 아니요, 청정법신상도 아니요, 임의자재상任意自在相도 아닙니다.

구족상, 청정상, 임의상任意相에 처하지 않는 여여如如하여 가리지 아니하며, 여여如如하여 이즈러지지 않는 그것이 여래상의 묘용인 복보입니다.

그러면 이 구족상으로서 그릇 여래의 복보로 보는 자들이 왜 이러한 말이 나오게 되는줄 압니까? 통틀어 말하자면 이는 종종의 얼굴이 본래로 있는 것이 아닌 줄을 모름이며 또 이 종종의 얼굴이 본래의 얼굴 모양인줄 모르는 오류誤謬에서 나오는 것입니다.

이와 같이 청정법신처에 모든 상의 구족이 본래 있음이 아닌 허망무실虛妄無實인줄 모름이고, 제상구족이 본래 청정법신인줄 알지 못하는 까닭입니다.

그러므로 '여래께서 제상구족諸相具足이 곧 제상구족이 아니요, 이 이름이 제상구족이라' 한 것입니다. 하였다.

PART 21.
비설소설분

第二十一. 非說所說分

須菩提 汝 勿謂如來作是念我當有所說法莫作是念何以故 若人言 如來有所說法即為謗佛不能解我所說故 須菩提 說法者無法可說是名說法爾時慧命須菩提白佛言世尊頗有眾生於未來世聞說是法生信心不佛言須菩提彼非眾生非不眾生何以故須菩提眾生眾生者 如來說非眾生是名眾生

21. 비설소설분 非說所說分

須菩提야 汝勿謂如來作是念하되 我當有所說法이라하라 莫作是念이니라

수보리야 너는 여래가 이러한 생각을 짓되 '내가 마땅히 법을 설함이 있다' 한다고 하지 마라. 이런 생각을 짓지말(자타가 다 없어야 한다는 말)지니라.

【강의】

이만하면 부처님이 말씀하신 본래의 마음속에 품은 뜻을 알련만도 대중은 또 다시 의심한다.

"이와같이 모든 상이 상相아니요, 색신이 색신 아니어서 상相도 없고 다함도 없다 할진대 이제 이 법은 누가 설하는 거며, 또 이 설하시는 이 설은 설이 아니고 무어라 할건가?" 함이다.

다시 말하면 이제 이 법을 설함에 설하는 자가 있고, 설하는 소리가 있고, 설하는 법이 있으니, 설하는 자의 신상身相은 허망이라 하실지나 설하는 음성은 다시 어디서 나오는 거며 설하는 법은 무엇이라 돌릴것인가? 함이다.

　부처님께서는 대중의 이 의심을 보시고 심히 민망히 여기셨다. 그래서 수보리를 불러 즉각적으로 일러 말씀하시었다.

　'수보리야 너는 여래가 이런 생각을 짓는다고 하지마라. 마땅히 법을 설함이 있다고 이 생각을 짓지 말지니' 하시었다. 이렇게 하여 한 말로 의심을 막아 놓으셨으니 이 한 말씀은 어떠한 뜻인가?

　대중이 설하는 자가 공空하다 함을 듣고 설하시는 음성과 설하시는 법에 미혹하게 되므로 부처님께서 대중에게 이 한 말씀으로 설說이 설 아니요, 법이 법 아니니, 어찌 내가 무슨 법이 있을 것이며, 어찌 내가 무슨 설이 있겠는가?

　내가 종일 법을 말하여도 법생각이 없으니 법을 설한 곳이 어디이며, 내가 종일 설하여도 설한 상이 없으니 설하는 것을 본 자가 누구인가?

　또 설이 없으니 법이 어데 있으며, 또 음성이 없지는 아니해도 음향이 허망하여 주처住處가 없으니 음音과 인人이 스스로 공했고 또 법을 제시함이 없음은 아니로되, 법 역시 허망하여 정법定法이 없으니 법과 인人이 스스로 공空했을 것이다.

　이같이 인人과 법法과 설說이 공했으니 이곳에 무슨 설을 일으키며, 무슨 법을 생각하겠는가?

생각은 곧 법이요, 곧 말이니 '이렇듯 생각을 짓지 말라' 하심이다. 일체 생각을 말때에는 생각 아님과 말 아님과 법 아님이 앞에 들어나서 법이 스스로 구족할지며, 설說이 스스로 구족할지며, 생각이 스스로 구족할지니, 이 생각, 이 법, 이 설은 곧 너의 말로는 무념無念, 무법無法, 무설無說 이니라 하시었다.

何以故오 若人言하되 如來가 有所說法이라하면 卽爲謗佛이니 不能解我所說故니라

어찌한 연고냐? 만약 사람이 말하되 여래가 법을 설함이 있다 하면 곧 불을 훼방함이 되는 것이니 나의 설하는 바를 알지 못하 는 연고이다.

이러한 고로 부처님께서 어찌된 연고를 말씀하시되 '만 약 사람이 무념無念, 무법無法, 무설無說을 알지 못하고 여래 가 설한 법이 있다 하면 이는 불법과 불설佛說을 통달하지 못함이 됨이니 부처님의 뜻을 통달치 못하고 부처님께서 설한 바가 있느니 없느니 함은 이는 부처님을 비방하는 것 이 되는 것이다.

이는 능히 여래의 설한 무념無念이 즉 구족념具足念이요,

무설無說이 즉 구족설具足說인 뜻을 알지 못하는 것이 된다.'
라고 하시었다.

그러면 이 무념 즉념卽念 무법 즉법卽法, 무설 즉설卽說이 란 것은 어떠한 것인가? 본래가 가히 말할 말이 없으며, 가히 법할 법이 없으며, 가히 염할 염念이 없는 것이다.

왜냐? 설할 자체가 스스로 공空하니 설說을 지적할 수가 없고, 음성도 그렇고 법과 염念도 또한 그러한 탓이다.

또 이 무설, 무법, 무념이라 보면 즉설, 즉법, 즉념이라 하게 됨은 무엇인가?

설說이 스스로 공하여 설을 지적할 수 없을 때와, 법이 스스로 공하여 법을 얻을 수 없을 때와, 염念이 스스로 공하여 염을 잡을 수 없을 때에, 이 자리는 삼자三者가 함께 막힘이 없는 동일한 공空의 처소인 것이다.

왜냐하면 이 자리는 즉상卽相, 즉공卽空의 일체가 구족한 자리이므로 즉설, 즉법, 즉념이라는 것이다. 그러면 이 법이 스스로 공하여 법이 없으며, 설이 스스로 공하여 설이 없을 때에는 즉 법이 원만하며 동시에 설이 구족할 수 있는 탓이다

須菩提야 說法者는 無法可說이 是名說法이니라

수보리야 법을 설한다 함은 법이 없음을 가히 설함일지니 이

이름이 법을 설함이다.

이것이 경에 말씀하신 바 '설법이라는 것은 법이 없음을 가히 설함일지니 이것은 이름만이 설법일 것이다' 하신 것이다. 어찌하신 말씀이냐?

법이 없음인지라 구족법具足法이요, 구족법을 가히 말할 수 없는지라 무설無說인 설인 것이다. 이것이 소위 말없는 말의 진실법眞實法이라 할 것이니 즉 말있는 무설無說의 설법이라고도 할 것이다.

그러나 여래가 법을 설하시게 됨은 법이 아니면 무법無法을 알 길이 없음이요, 설說이 아니면 무법無法을 깨우치게 할 길이 없음이시다.

이 까닭에 무법을 알 때에, 설說의 무용無用을 알고, 설의 무용을 알 때에 여래의 무설법無說法을 알 것이다.

또 여래의 무설법을 알 때에는 무설의 진설법眞說法도 들을 줄 알 것이다.

아공我空 법공法空 득공得空의 이 설법공說法空을 들을 때에는 모든 공을 이뤄서 앞에 말한 바 얼굴과 공중에 달도 흔적이 없을 것이다.

이곳에서 향상일로向上一路를 향하여 한 발을 더 나갈 것인가, 아닌가를 수행자는 참구하여야 한다.

착실히 생각해 보라. 이것이 곧 양변삼제兩邊三際를 여읜 묘용의 진제眞諦를 공부함이 될 것이다.

爾時에 慧命須菩提가 白佛言하되 世尊이시여 頗有衆生이 於未來世에 聞說是法하고 生信心不잇가

저 때에 혜명수보리 부처님께 사뢰어 말씀하되 '세존이시여, 자못 중생이 오는 세상에 있어서 이 법 설하심을 듣고 믿는 마음을 내오릿까'

【주해】

혜명慧命이란 혜慧는 공한 지혜이요, 명命은 도道의 생명이니 공한 지혜로 보리菩提의 생명을 삼는다는 뜻이다. 공을 알기로 제일인 수보리를 들어내는 말이다.

【강의】

모든 공으로부터 설법공說法空을 들을 때에 혜명인 수보리는 사상지견四相知見으로부터 아뇩다라삼먁삼보리 지견이며 내지 제법의 공한 지견까지 공하였다.
　이래서 부처님 말씀 뜻에 심히 계합되어 비록 법신法身이 몸이 없고, 설說이 없고, 법이 없고, 보임이 없음을 알았으나, 몸 아닌 이 몸과, 법 아닌 이 법과, 말 아닌 이 말이 함께 미묘하여 믿기도, 알기도 어려운지라 자못 말세중생이 이 반야공덕의 이 설법을 듣고 신심이 일어날 수 있을까? 이것이 수보리의 걱정이었다. 그래서 '말세중생이 이 법문을 듣고 신심을 내오릿까?' 하고 여쭈어 본 것이다.

佛言하시되 須菩提야 彼非衆生이며 非不衆生이니라

부처님이 말씀하시되 수보리야 저彼가 중생이 아니니, 중생아님도 아니다.

【강의】

애처롭다. 부처님께서 입이 아프도록 일러주셨건만 수보리가 후래중생을 의심하는 것을 보니 아직도 부처님의 말씀하신 바 뜻을 바로 못 본 것이 들어났다.

아니다. 저들이 길을 미迷함이 오랜지라 경계를 당함에 자주 망각함인줄을 아셨다. 그래서 부처님께서 거듭 말씀해 주시되 '수보리야 네가 염려하는 저들이 중생이 아니니라' 하시어 너는 어찌하여 중생이 본래 없음이요, 가히 제도할 것이 없는 것을 잊었느냐? 너는 어찌하여 중생이 중생아닌 줄 잊었느냐? 너는 어찌하여 아직도 중생지견衆生知見을 놓지 못하였느냐?

저들을 중생으로 보고 믿기 어렵겠다는 지견을 일으키는 것은 저들이 중생이 아니요, 실은 네가 중생이 됨을 면치 못함이니 그것은 네가 사상四相을 여의지 못함이 된다.

저가 중생임을 볼 때에는 네가 중생이니 한 생각을 일으킴에 곧 중생인 연고이다. 중생으로 봄이 있을 때에 믿기 어렵다는 지견, 멸도하겠다는 지견이 있을지니 이는 사상지견四相知見을 면치 못함이 아니겠느냐?

저들도 반야자성을 구족함이 너와 나와 다름이 없어 항상 부처이니 이를 잊음은 네가 중생이요, 저가 중생이 아니다. 왜 그러냐? 불성은 망각할 때에 곧 중생인 까닭이다.

그러나 또 저가 중생이 아님도 아니다. 왜냐? 저가 비록 불성을 갖춤은 너와 나와 다름이 없으나 너같이 일념이 미迷할 때 곧 중생이 되어서 팔만사천 업식業識에 끌려 있으니 중생 아님도 아니라 한 것이다.

그러나 저가 스스로 중생일지요, 너나 나에게는 중생이 없을 것이다. 왜냐? 나에게는 각성覺性이 두루 원만할 따름인 까닭이다.

만약 저가 중생인 줄 봄이 있을 때에는 저가 중생임에 따라서 같이 중생이 됨이다. 왜냐? 청정 각해覺海에 한 생각이 비로서 미迷한 까닭이다(아무리 각覺에 있을지라도 피彼가 중생임을 볼 때에 각覺에 걸린 것이니 미迷).

그러므로 누구든지 한 생각 미迷한 것만 도리키면 곧 부처일 것이다. 중생과 부처가 되는 것이 이 청정자성 바다 위에 이 한 생각이 미迷하고 각覺하는데 있는 것을 알아야 한다.

그러면 이 청정이라는 것은 미迷를 여의어서만 청정이 아니요, 각覺도 여의어서 청정이요, 이 청정이라는 것은 일체상을 여의어서만 청정이 아니요, 일체상一切相에 즉卽하여서도 청정인 것을 알아야 한다. 왜냐? 부처와 중생이 없어서 부처인 탓이니라.

何以故오 須菩提야 衆生衆生者는 如來說 로는 非衆生이니 是名이 衆生이니라

왜 그러냐? 수보리야 중생 중생하지만 여래의 말로 하자면 중생이 아니니 이 이름이 중생이니라.

부처님께서 이어 말씀하시되 여기에서 저가 중생이 아님도 알 것이요, 중생 아님이 아님도 알 것이요, 다시 무엇이 중생이 되고 안됨도 알 것이며, 따라서 미래중생에 대한 신심기우信心杞憂가 없음도 알 것이다.

왜냐? 저가 중생이 아니니 신심信心의 여부가 없을 것이요, 저가 중생 아님도 아니니 이 법이 없을 수 없음도 알 것이다.

그러므로 나는 이렇게 말한다. 부처인 내가 '중생도 아니요, 중생 아님도 아니라'고 한 이 중생 중생하고 한 말이 여래如來의 경우에서는 중생 아님을 중생이라 하는 말일 것이다.

이 까닭에 이름뿐이 중생이라 했던 것이다. 그것은 어찌한 까닭이냐? 부처인 내 경계에는 일찍이 중생이 없는 것이지만 말을 하게 됨에서는 할 수 없이 중생 중생하고 말하게 되는 것이니 이는 너희 중생경계를 맞추느라 하는 말인 것을 알아야 한다. 이러므로 중생이 아닌 것을 이 이름이 중생이라 한 것이다.

PART 22.
무법가독분

第二十二. 無法可得分

須菩提 白佛言 世尊佛 得阿耨多羅三藐三菩提爲 無所得耶 佛言 如是如是 須菩提 我於阿耨多羅三藐三菩提 乃至無有少法可得 是名阿耨多羅三藐三菩提

22. 무법가득분無法可得分

須菩提 白佛言하되 世尊이시여 佛得阿耨多羅三藐三菩提는 爲無所得耶리까 佛言하시되 如是如是니라 須菩提야 我於阿耨多羅三藐三菩提에 乃至無有少法可得이니 是名이 阿耨多羅三藐三菩提니라

수보리 부처님께 사뢰어 말씀하되 세존이시여, 부처님께서 아뇩다라삼먁삼보리를 얻으심은 얻은 바 없음이 됨이오리까? 부처님께서 말씀하시되 '이렇고 이렇다' 수보리야 내가 아뇩다라삼먁삼보리에 내지 조그마한 법도 가히 얻음이 없음이니 이를 아뇩다라삼먁삼보리라고 이름됨이다.

수보리는 청정성淸淨性 바다 위에서 중생이 적연寂然없음을 들을 때에 잊은 듯이 다시 반야공空 성품에 돌아와서 아뇩다라삼먁삼보리에 접하게 되니 내외상內外相이 다하여 만법萬法이 통한 듯이 하나로 천지天地에 그대로 있으나 천지가 알지 못하는 것이었다.

여기에 이르러서는 사의思議할 바 못되어 본래 이러함 그

것이었고 본래로 **이러**를 얻음 그것이었다. 다시 말하면 한 법도 얻을 수 없는 아뇩다라삼먁삼보리의 전체를 나툼인 그것이었다.

그래서 돌연 묻는 말이 '세존이시여 부처님께서 아뇩다라삼먁삼보리를 얻으심 이것은 얻음이 없음이 되나이까?' 하여 부처님의 심금을 건드린 것이다.

부처님께서 뜻에 합하여 곧 대답하셨다. '옳다. **이러함**이었고 **이러함**이로다' 하사 인가印可하셨다. 그리고 다시 수보리를 불러 중복하시되 '수보리야 내가 아뇩다라삼먁삼보리에는 내지 조그만 법이라도 얻음이 없으니 이 이름이 아뇩다라삼먁삼보리니라' 하시어 이 뜻을 분명케 해 주셨다.

이만하면 수보리의 물음과 부처님의 대답이 다 된 것이다. 이 법이 스스로 공하여 얻음이 없음을 말씀하신지는 이미 오랬던 것이나 수보리는 부처님의 훈련을 기다려 청중의 근기가 익어감을 엿보아 '소득이 없음이 됩니까?' 한 이 한 말로 얻을 바 없는 곳을 유발하였으니 이곳에서는 얻을 바 없음이 곧 아뇩다라삼먁삼보리심을 발한 것을 아는 사람은 곧 법 없음으로 정각正覺에 들어 갈 것이다.

PART 23.
정심행선분

第二十三. 淨心行善分

復次須菩提 是法平等 無有高下 是名阿耨多羅三藐三菩提 以無我無人無眾生無壽者修一切善法 即得阿耨多羅三藐三菩提 須菩提 所言善法者 如來說非善法是名善法

23. 정심행선분淨心行善分

復次 須菩提야 是法이 平等하여 無有高下하니 是名阿耨多羅三藐三菩提니라 以無我無人無衆生無壽者하여 修一切善法하면 即得阿耨多羅三藐三菩提니라

다시 수보리야 이 법이 평등하여 높고 낮음이 없으니 이 이름이 아뇩다라삼먁삼보리다. 아도 없고 인도 없고 중생도 없고 수자도 없이 일체선법을 닦으면 곧 아뇩다라삼먁삼보리를 얻는 것이다.

【강의】

지금에 말씀한 사구게四句偈가 바로 앞에서 말한 바 있던 깨달은 후의 수행을 말하게 됨인 것이다.

이 말씀이 있으시기 직전에 수보리가 부처님께 '당신은 본래부터 있는 아뇩다라삼먁삼보리심 이것을 가지고서 얻었다 하심일 뿐이옵지 별달리 얻음은 없지요?' 한 이 말에 부처님은 옳다고 인가印可하신 후 '나는 조그만 법도 얻은 것이 없다' 하신 것이다.

만약 여기에 있어 그 사람이라면 얻음 없는 얻음을 스스로 얻었을 것이지만 부처님은 얻지 못한 대중을 위하여 얻는 법으로서 아래에 사구게四句偈를 보이신 것이다.

이 법이 평등하여 높고 낮음이 없으니
이 이름이 아뇩다라삼먁삼보리다.
아我도 없고, 인人도 없고, 중생衆生도 없고
수자壽者도 없이 일체의 선법을 닦으면
곧 아뇩다라삼먁삼보리를 얻는 것이다.

이것은 최상승의 수행법으로 보이신 것이다.

그러면 일체 선법이란 어떠한 것인가? 이는 용적用的, 체적體的으로 나눌 수 있다.

'체적이라면 관심觀心하는 일법一法이 모든 행을 갈무린다' 한 이 관심법觀心法이 그것일거니 이 마음을 어떻게 관觀할 것인가?

이 법이 평등하여 모든 하늘에 대하여 더함이 없고, 일체 축생에 처하여 덜함이 없으며, 성聖에게 있어 늘어남이 없으며, 어리석음에 있어 줄어듬이 없고, 예와 지금에 다름이 없고, 멀고 가까움도 없고, 옳고 그름도 없고, 남자와 여자도 없고, 귀한 것과 천한 것도 없어서 오직 일심一心임을 관觀함이 그것이다.

만일 용적用的이라면 일체중생이 맡은 바 직업과 책임이 그것이 된다. 그래서 각기 맡은 직업 행동은 곧 수행법이요, 직장은 곧 수도장修道場인 것이다.

불교의 용어를 사용하자면 직업행동은 곧 불사佛事 행동이다. 이 법계法界는 그대로 불신佛身이요, 모든 법은 그대로 불법佛法이요, 모든 일은 그대로 불사佛事인 까닭이다. 이렇게 생각하는 것이 바로 본 불교사상이다.

일체 국민이 각기 일체 직장에 있어 상하 귀천없이 대법계를 도량으로 삼고 앉아서 자기에게 맡겨진 바를 충실히 이행하게 되면 이는 무상대도를 닦는 대수행인이 되는 것을 알아야 한다.

이같은 깨달음에서 볼 때에 자기가 맡은 바 직책에 충실함이 일체선법을 닦음이 되는 것이니 이 법이 평등한 까닭이다.

평등한 까닭에 직업에 있어 귀천이 없다. 어떠한 미천한 직업이라도 일체적으로 선법善法이 되는 것이다.

공기를 호흡하는 미물과 곤충에게 그 호흡되는 공기는 평등히 대자연의 공기인 것 같이 미물 곤충으로 대자연의 전체의 공기를 자기것으로 하여 호흡하는 것을 알아야 한다.

왜냐? 이 공기는 평등하여 대소大小와 고하高下를 가리지 않고 미물과 곤충에게 까지 자기 것이 되어 주는 것이기 때문이다.

이같이 전국민이 자기의 직업으로서 전체적인 선법善法임을 각득覺得하여 충실한 수도행을 해야 한다. 이러한 선법善法을 수행함이야말로 최고 최상의 대수행법인 것이다.

이 법만은 부처님이 그 때를 기다려서 그 사람에게나 전하시려 하던 가장 아끼시고 가장 비밀로 삼으셨던 법임을 알아야 한다.

만약 이 용적用的인 일체 선법善法에서 일체 국민이 능히 자기 맡은 바 직장에 충실하므로써 대수행을 삼되 자신에게 선천적으로 타고난 지혜와 능력을 다 발휘하여 수행한다면 이 수행법은 어떠한 수행법이며, 어떠한 결과를 가져오겠다 할 것인가?

이 수행법은 활구活句의 아뇩다라삼먁삼보리법에 호흡을 맞추는 것일 거요, 산 부처님의 동용動用을 훈련하는 것일 거요, 산 부처님의 행을 실습함인 것일 것이다.

여기에서 또 다시 용적用的에서는 행동불법行動佛法으로, 체적에서는 이지불법理智佛法으로 하여 쌍으로 닦는 이 불법만은 누구를 위하여 말씀하셨던가?

오직 최상승을 위하여 말씀하신다 한 이 금강경을 수지

독송할 줄 아는 최상승 수행인에게만 허락된 것이다. 그들만이 수행할 활구수행법이요, 일용법日用法이요, 보리법菩提法인 것이다.

그런데 이에 와서는 혹자는 물을 것이다. 금강경에 이 같은 대수행인이 있다면 왜 산 부처나 산 부처님 행동을 볼 수가 없느냐? 할 것이다.

그것은 까닭이 있다. 다른 까닭이 아니다. 단순히 사상四相이 있음 뿐이다. 진실로 자기 직책에서 충실하여 사상四相만 없으면 이 사람은 이미 불佛이요, 이 사람의 행동은 이미 부처님의 행동일 것이 틀림없다.

사상四相만 없다면 직업이야 무엇이든 상업이든, 직공이든, 군경이든, 모두가 최상승의 활구를 수행하는 자로서 적어도 산 부처님의 행동을 훈련하는 대 수행자가 아니면 곧 그가 산 부처일 것이다.

오직 사상四相뿐이 문제가 된다. 그러면 어떻게 하는 것이 일체 선법을 사상四相이 없이 일체 직업에 충실하는 대수행인이 될 것인가?

가령 상인商人으로 적당한 이익에서 국민에게 편의를 주면서 자기생활을 보장하는 데에 자기의 선척적인 능력과 지혜를 다 쓰면 이 사람은 상업商業 대수행에 충실하는 인격자인 것이다.

이쯤 하자면 아주 쉬운 일이다. 그러나 쉬운데도 어려운 일이 있다. 그것은 상인 자신이 폭리와 부정이 없이 상업 도덕을 지키어 자리이타自利利他의 수도생활을 하는 데까지는 쉬우나 그 사람이 이것을 자인自認하여 자기의 선을 인정하여 남이 이를 알아 주지 못할까 염려하면 이것은 아상我相이 되는 것이니 탈이다.

또 다른 상인들은 불량품으로 고객을 속여 폭리를 남기는 줄 알게 되면 이것은 다시 인상人相이 되는 것이다. 또 일반 상인들은 선전술과 기만책으로 고객에게 손해를 끼친다 생각하면 이는 중생상衆生相이 되는 것이다.

또 생각하기를 나는 이렇게 정당한 상인인 인격자로 자처하면 이는 수자상壽者相이 되는 것이다. 그러므로 어렵다는 것은 이것이다. 이러한 사상四相이 없기가 어렵다.

만일 이러한 관념의 사상四相이 없이 선천적으로 타고난 지혜와 능력을 남김없이 모두 제공하여 자리이타自利他利행을 할 줄만 안다면 이는 부처행동을 훈련하는 자이요, 오래지 않아 부처가 될 자이다. 이것이 상업을 해가면 최상승의 불법을 수행하는 자이니 최상승의 활구수행活句修行을 여법히 수행하는 대인격자인 줄 알아야 한다.

이 같음은 상업에만 그러한 것이 아니다. 대통령 이하 공무원이나, 농군이나, 학자나 일체 맡은 바 직책이 다 그러하여서 그들이 가진 직업수행법이 곧 산 부처 행동을 닦을 수 있는 것이다.

만일 우리나라 국민 전체가 각자가 타고난 지혜와 능력을 모두 발휘하여 자기 직책으로 수도행을 할줄만 알고서 사상四相이 없어서 남의 잘못을 봄이 없고, 나의 잘함을 들어낼줄 모르면서 자신이 타고난 힘과 맡은 일에 충실할 줄만 안다면 우리 국민같이 재질 많은 겨레로는 한국을 최고 문화수주에 갖다놓을 수도 있고 이 겨레는 최고 문화인이 될 수도 있는 문제이다.

이것이 부처님 서가모니가 가지고 오신 최고 이상理想인 것이다. 한국은 이렇게 용적用的면에서 불교를 행동화하며 수행을 생활화하는 한편, 정적靜的면에서 모든 생활, 모든 행동을 일심상一心上에 갈무려 놓고 마음을 관觀한다면 동정일여動靜一如, 정혜쌍수定慧雙修, 이사불이理事不二의 수행법이 아니고 무엇이랴.

부처님이 세상에 오신 구경의 목표는 여기 있는 것이다. 부처님이 우리에게 필경 이것을 알리시려고, 이 일 때문에 오신 것을 밝히 보아야 한다.

법화경에 부처님이 일대사一大事 인연으로 오셨다 함은 바로 이것이다. 일대사一大事란 말은 곧 부처님의 큰 일이란 말이다. 부처님의 큰 일이란 곧 중생을 부처로 바꾸는 일이다. 이 일이 부처님의 사업이요 부처님의 하시는 운동인 것을 알아야 한다.

한국불교의 재건은 실질적 실지면에서 되는 행동불교이어야 한다. 즉 각사업覺事業과 각覺 운동이 일어나고야 한국불교는 재기되는 날이다. 나라도 그렇고 민족도 그렇다.

각覺 사업과 각覺 운동이 없이는 이 겨레의 암매闇昧한 사상과 비참한 경제상은 밝은 빛을 볼 날이 없다. 또 이 정치의 사대사상事大思想과 부패 현상도 면할 날이 없다.

이외에는 온갖 소리를 자신이 아는대로 다 해보았자 아무 소용없다. 온갖 좋은 말, 가진 좋은 계교는 다 자신을 더욱 망치게 하는 결과밖에 아니 가져올 것이다. 이것을 비유하면 불난 집에 앉아서 자기집을 불끄기 위해 온갖 의논과 회책만 말한다면 불은 더 붙게 하고 말것이다.

우리 국민에게 이러한 반야사상, 이러한 각사업覺事業을 일깨고, 지도하고, 계몽시키는 것이 우리 불교의 일이어야 하고 나라의 일이어야 하고 국민운동이어야 한다.

지금의 우리민족이 나가는 그 계몽, 그 훈련, 그 운동보다는 훨씬 빠른 효과를 가져올 줄 믿는다. 현금의 국민교육과 정책수립으로는 우리민족의 행복이 황하하청黃河何清이지만 이 훈련, 이 교육은 살던 집 찾듯 쉬울 것이다.

왜냐? 중생은 본성품이 깨달음인 까닭이요, 또 이 국민들은 이리 속고, 저리 속은 괴로움이 편안한 본래의 집을 동경하는 까닭이다.

단지 어렵다는 것은 본래의 고향을 떠난지 오래서 딴 짓을 많이 하였으므로, 빨리 깨치기가 어렵다. 그렇지만 이 사업만은 하고 또 하기를 쉬지 않는다면, 본래 안되는 일을 자꾸만 하는 것 보다는 좋은 것이다.

나는 이 사업이 될 것을 깨달은 적이 있다. 나는 자전거를 배워보고 알았다. 처음에는 동물체動物體가 자전거 위에 앉아서 갈 수 있는 것을 의심했다. 그러나 믿음을 하고 또 해서 결국 자전거를 타게 되었다. 물론 그 동안에는 머리도 깨지고 다치기도 했던 것이다. 그러나 자신自信을 가지고 쉬지 않은 결과가 성공을 가져오고 말았다.

그 뿐이랴, 곡마단의 자전거는 외바퀴로도 가고, 또 외바퀴가 줄 위로도 달리고, 또 사람을 얹고도 달렸다. 이것은 되는 이치가 있음을 믿음에서 하고 또 함에서 된 것이다.

이와같이 사상四相이 없는 직업職業 수행법이 어렵다 하지만 그보다는 쉬운 것이다. 단지 믿지 않을 뿐으로 안 됨이요, 단지 하고 싶지 않으므로 안 될 뿐이다. 단지 정성스럽지 않으므로 안될 뿐이다.

그렇지만 지금에는 중생들이 괴롭고 괴로운 나머지 편

안한 곳을 알게만 해주면 다들 그 길을 밟으려 할 것이다.

누가 고통없는 복지福祉를 싫어하랴? 복지생활을 할 수 있고 할 수 있는 진리의 증거를 보여 주는데도 아니 할 사람은 없을 것이다. 더구나 고苦에 부딪친 민족으로서는 잘 될 것이다.

다만 문제는 우리 불교인과 또 지성인이 이 겨레에게 될 수 있는 진리를 보여줌에만 달려 있는 것이다. 곧 계몽이 있을 뿐이다.

그렇게 해서 전민족이 상하를 막론하고 자신이 처한 입장에서 '사상四相이 없는 일체 선법善法을 닦으면 곧 아뇩다라삼먁삼보리를 얻는다' 하신 말씀을 깨달아서 직업수행의 대도인大道人이 되게 할 것이다.

즉 생활이자 불법佛法이요 불법이자 행동인 이 불법으로 한국불교의 재건이 있어야 할 것이다. 한국은 불교로 보나 나라로 보나 이 길밖에 없고 또 이 길을 밟아야만 사는 것이다.

須菩提야 所言善法者는 如來說 卽非善法이니 是名善法이니라

수보리야, 여래가 말한 바 착한 법이란 것은 곧 착한 법이 아니니 이 이름이 착한 법인 것이다.

위에서 부처님이 평등성이 곧 정각正覺임과 또 증득치 못한 자는 평등성을 몸소 훈련하여 돈증頓證할 것을 말씀하셨다.

그러면 이 점수돈증漸修頓證이 돈오점증頓悟漸證이라 할 수 있다. 그것은 돈오頓悟가 없이는 점수漸修가 있어도 돈증頓證이 아니 생기는 까닭이다.

왜 그러냐? 가령 선악이 없는 평등성을 행함으로 말해도 자성이 본래 죄와 복이 없어서 선악을 말할 곳이 없음을 깨달은 연후에 이 행이 닦아 질 것이요, 따라서 증득이 생기는 까닭이다.

그렇지 않으면 이 행은 얻음도 없고 다함도 없을 것이니, 얻을 수도, 닦을 수도 없는 탓이다. 이러므로 점수돈증漸修頓證에는 돈오점증頓悟漸證의 뜻이 붙는 것이다.

그러나 평등으로 정각을 삼는 돈오점수頓悟漸修에 까지 이해가 못가는 사람은 어떻게 얻음이 될 것인가. 말하자면 아직도 두뇌가 분별 문제를 떼지 못한 사람은 어떻게 얻게 할 것인가?

가령 부처님께서 말씀하신 일체법이 일체법 아닌줄 모르고 선법으로 간주하거나 또 일체 세간법이 일찍이 불법인줄 모르고 악법으로 간주하는 자는 어떻게 얻게 할 것인가? 말이다.

이러한 자는 아직도 악을 싫어하고 선을 좋아하는 근성에 있는 자이다. 그러면 그들은 자기 근성에 적합한 일체 선법으로 하여금 이 법을 얻게 해야 할 것이다.

그러므로 부처님께서 선악경계에 있는 자를 위하여서는 돈수돈증頓修頓證의 법이자 점수점증漸修漸證의 법문을 열어 주시되 '아我가 없고, 인人이 없고, 중생衆生이 없고, 수자壽者가 없음으로써 일체선법을 닦으면 곧 아뇩다라삼먁삼보리를 얻으리라' 하시었다.

그러면 일체선법이란 어떠한 것인가? 대체적으로 말하면 앞에 한 말같이 일체중생이 맡은 바 직책에 충실함이 그것이요, 분별적으로 말하면 육바라밀, 사제법四諦法, 삼십칠조도법三十七助道法, 내지 세간의 삼강오륜三綱五倫, 공익사업, 자선사업등 까지가 그것이다.

청정한 자성에는 선법도 허물이니 어찌 허물로 청정한 이 법 얻음을 말씀하셨을까? 이는 깨달은 경계에서 보면 선악이 없음이요, 미迷한 경계에서 보면 선은 악보다는 깨달음의 길에 가까운 까닭이다.

그러므로 부처님께서 그들에게 사상四相을 여읠 것을 말씀하셨으니 이는 선악이 없는 법을 통과케 하여 깨닫게 하시려 함인 것이다.

일체선법이면 곧 청정자성이다. 왜냐? 청정자성은 일체 악법도 버리지 않거니 항차 선법을 버리겠는가?

선법이든, 악법이든 사상四相만 여의면 곧 자성自性이요, 자성이든 보리법菩提法이든 사상四相만 있으면 곧 선악법인 까닭이다.

이와 같이 일체선법을 행하되 사상四相이 없으면 곧 아뇩다라삼먁삼보리가 될지니 이는 선법에서 사상四相을 여의므로써 정각正覺을 이룸이 되는 까닭이다.

만약 그렇지 아니하여 일체선법에서 사상四相을 여읨을 점점漸漸히 하여 점점증득漸漸證得을 볼지니 말하자면 선법을 행하여 아상我相이 없으면 남의 허물을 보지 않을 것이요, 남의 허물을 보지 아니하면 인상人相이 없을 것이요, 인상이 없으면 중생이 설 수 없으니 중생상衆生相이 없을 것이다.

중생상이 없으면 선법이 없을 것이요, 선법이 없으면 청정선법인 수자상壽者相일지니 수자상이 없으면 다시 선법, 악법을 여의지 아니하고 청정자성을 나툴 것이다. 이 같이 해가면 필경에 아뇩다라삼먁삼보리를 얻음이 틀림없다.

그러면 이 일체법이란 자는 또 가히 지적할 곳이 있을 것일까? 아니다. 일체법은 정한 법이 없는 것이다. 사상四相을 여의려 할 때에 있어 이를 가자할 때의 일체선법일 뿐

23. 정심행선분 379

이다.

선법善法은 피안에 도달하는 한 개의 배에 그치고 피안은 아닌 까닭이다.

선법이라면 설사 피안에 도달케 해 주는 선법善法이라도 선법이 아니어서 피안이 되는 것이니 이것이 선법이 없다는 이유이다.

그러므로 부처님께서 말씀하시기를 '수보리야 말한 바 선법善法도 곧 선법이 아니니 여래가 선법이라함은 이 이름이 선법이니라' 하시었다.

PART 24.
복지무비분

第二十四. 福智無比分

須菩提 若三千大 千世界中所有 諸須彌山王如是等七寶聚 有人持用布施 若人 以此般若波羅蜜經乃至四句偈 等受持讀誦 為他人說 於前福德 百分不及一百千萬億 分乃至算數譬喻 所不能及

24. 복지무비분福智無比分

須菩提야 若三千大千世界中에 所有諸須彌山王하여 如是等七寶聚로 有人持用布施라도 若人 以此般若波羅蜜經으로 乃至 四句偈等을 受持讀誦하여 爲他人說하면 於前福德으론 百分不及이며 百千萬億分과 乃至 算數譬喩라도 所不能及이니라

수보리야 만일 삼천대천세계 중에 있는 바 모든 수미산왕만한 이러한 칠보 무더기를 어떠한 사람이 가지고 보시에 사용하였을지라도 만약 사람이 있어 이 반야바라밀경에 내지 사구게등만 가지고라도 뜻을 알고 외워 남을 위하여 설명해 주면 앞에 말한 복덕은 백분의 일도 못 미칠 것이며 백천만억분과 내지 숫자가 생긴 대로 비유를 할지라도 능히 미칠 바가 못 되리라.

그러면 선법을 닦는 이유는 복덕을 오게 하자는 것이니 일체 선법의 인因은 일체 복덕의 과果를 가져오려니와 선법이 아닌 이름만이 선법인 선법은 어떠한 복을 부르게 할 것인가?

이것이 청중의 의심처가 되었다. 다시 말하면 앞서 말씀에 '얻음이 없음이 정각正覺이라' 하셨으니 이러한 정각을 얻음에 있어서는 어떠한 복덕이든 간에 있는 것일까? 없는 것일까? 하는 의심이었다.

이 뜻을 밝히 아신 부처님께서는 다시 말머리를 경전의 공덕으로 돌리시어 말씀하신다.

'수보리야, 높기와 넓기가 팔만유순八萬由旬이나 되는 수미산왕으로 말하면 산중의 왕이니 특히 이러한 한 개의 수미산도 아니요, 삼천대천세계에 있는 이같은 모든 수미산왕의 칠보七寶의 무더기를 어떤 사람이 가지고 조불조탑造佛造塔의 불사도 하며 공익과 구제사업도 하여 일체선법을 행하여 다 사용했다 하여도 만약 다른 사람이 있어 이 금강반야바라밀경의 뜻에 내지 사구게四句偈등에 불과한 것이라도 수지독송하여 남을 위해 연설 하므로써 세상을 깨우치게 함만은 못한 것이니 칠보로 보시한 복덕을 이 복덕에 비교하면 백분의 일도 못 미칠 것이며, 십만억분과 내지 숫자가 생긴대로 비유해 볼지라도 능히 미칠 바가 못되리라' 하시었다.

이 말씀 뜻에는 일체선법을 행한 복덕(칠보 보시와 같은 복덕)이 아무리 많다 할지라도 또 아무리 아름다운 일이라 할지라도 사상四相을 여읜 일체 선법을 수행하는 복덕(사구게등에 불과하는 진리라도 마음에 함께 깨닫는 복덕)에는 천 분이나, 만 분이나, 내지 얼마에도 비할 수 없다 하심이니(사상을 여읜 일체선법 중에도 진리를 파악하여 연설하는 선법이 최승이니 이 경이 본래 사상四相을 여의었고 또 사상을 여의어서야 행하게 되는 까닭) 어찌함인가?

다른 선법을 행하는 보시는 비록 아름답고 많다고 할지라도 다함이 있고 상相 있음이 되어, 자성의 미迷를 부를지니 그 복덕이 실답지 않은 까닭이요,(사상을 여의면 일체선법이 동일하지만 경을 가지는 선법은 본래부터 함이없고 상相이 없는지라 모든 선법보다 더 귀히 여김이 여기 있다), 이 경을 가지는 선법을 행하는 복덕은 비록 사구게에 그칠지라도 무위無爲, 무상無相, 무루無漏에 통함이니 그 법이 저 혼자로 생사를 벗을 뿐 아니라 남으로 일체 미함을 깨우쳐 줌이니 어찌 자타自他가 일시에 불도를 이룸이 아니랴 하심이다.

그러므로 부처님이 경 가지는 공덕, 이 한 말씀이 청중이 의심이 된 "사상四相을 여읜 선법의 복덕을" 다 보이신 것이오, 따라서 법 없는 정각과, 평등한 정각과, 상相을 여읜 정각의 얻는 바 복덕도 함께 답하심이 된 것이다.

왜냐? 이 삼자의 얻는 바인 곳은 구경究竟 한가지로서 모두가 무위無爲, 무상無相, 비사량非思量인 복덕곳이며, 모두가 무주無住, 무법無法의 불가언설不可言說인 공덕경계인 까닭이다.

PART 25.

화무소화분

第二十五. 化無所化分

須菩提 於意云何 汝等勿謂如來 作是念 我當度眾生 須菩提 莫作是念 何以故 實無有眾生如來度者 若有眾生如來度者 如來即有我人眾生壽者 須菩提 如來說有我者 即非有我 而凡夫之人以爲有我 須菩提 凡夫者如來說即非凡夫 是名凡夫

25. 화무소화분化無所化分

須菩提야 於意云何오 汝等勿謂如來作是念하되
我當度衆生이라하라

수보리야 뜻에 어떠하냐? 너희들이 여래가 이러한 생각을 짓되
'내가 마땅히 중생을 제도한다'고 이르지 말라.

【강의】

사상四相을 여읜 선법을 말하시기 바로 전에 '이 법이 평등하여 고하高下가 없으므로 정각이 된다'고 말씀하셨다. 그러면 이 평등에는 고하가 없으니 부처와 중생이 없을 것인데도 부처님께서는 여전히 중생제도를 말씀하시게 됨은 어찌한 일인가? 하는 의심도 나기 쉬운 것이다.

왜냐? 제도가 있으면 중생이 있음이니 중생이 있고는, 사상四相이 없을 수 없고 사상四相이 있고서는 얻음이 없다는 말도 아니되는 말인 까닭이다.

부처님께서 여기에 깊이 심려하시사 수보리를 불러 말

씀하신다. '네 뜻에 어떠하냐? 여래가 과연 사상四相이 있 겠는가? 너희들은 여래가 이러한 생각을 짓되 내가 마땅히 중생을 제도한다고 하겠는가?' 하시사 한 말씀으로 부당한 망상인 것을 보이신 후 부당한 이유를 다시 설명하실 것이다.

須菩提야 莫作是念이니라

수보리야 이러한 생각을 짓지 말지니라.

'수보리야 이러한 생각을 짓지 말지니라.' 하셨으니 이 말씀이 위에서 부처님께서 하시던 말씀을 접속하는 여래 자신이 '이러한 생각을 지음이 없다' 하심으로 볼 것인가? 그렇지 아니하면 수보리에게 '이러한 생각을 지음이 없어라' 하심으로 볼 것인가?

둘이 다 아니다. 이 말씀은 수보리와 여래가 함께 이러한 생각을 짓지 말것을 말씀하심이다. 아니 '이러한 생각 지음이 없었더니라' 하심이다.

왜냐? '이런 생각을 짓지 말라.' 한 이 말은 인아상人我相을 떼인 여래어如來語이시니 다시 말하면 인아人我가 없는 저 평등성에는 이러한 생각을 **지음 없음이더니라** 하심이다. (이는 일체여래나 중생계가 본래부터 이러한 생각 지음이 없었던 것을 말함이다. 이 경에 자주 나오는 '이 생각을 짓지말지니라' 하심이 대게 이와 같은 말이다).

何以故오 實無有衆生하여 如來度者니라

어찌한 연고이냐? 실상은 여래가 제도할 중생이 없었더니라.

위에서 이같은 생각을 짓지 말지니 하시고 평등자성에는 그러한 망상이 없음을 한번 더 보이신 후 그러한 연고를 말씀하신다. '저 평등자성平等自性에는 여래가 멸할 중생이 있지 아니했더니라' 하신 그것이다.

어찌하신 말씀이신가? 청중들이 평등처에 어찌 중생이 있어서 멸도滅度를 받을 것인가 하는 이 의심은 오히려 평등으로 보는 소견이 있기 때문에 평등처에서 제도할 중생이 부당한 지견까지 생기게 된 것임을 알아야 한다. 이것은 평등을 오히려 사량思量해 봄에서 생긴 오류이니 이 오류에서 다시 평등견平等見과 중생견衆生見과 내지 멸도견滅度見까지 생기게 되는 것이었다.

그러므로 부처님이 말씀하신 '실로 여래가 멸도할 중생이 없다'고 하신 이 말씀이 청중의 의심한 말뜻과 언사言辭는 비록 같으나 그 말뜻이 나온 출처는 크게 다른 것이다.

왜냐? 중생은 평등성품을 헤아림에서 멸도할 중생이 없

는 의심이 생긴 것이요, 여래께서는 평등성을 헤아리는 지견까지 없음에서 실로 멸도할 중생이 없다' 하심인 것이다.

그러므로 이 말씀을 꺼내시기 전에 평등에는 이러한 생각 짓지 말지니 한 것을 전제로 하신 것이다. 그러면 청중은 평등지견을 둠이요, 여래는 평등지견을 두지 않음이 다르니 같은 평등성에 이르러서도 지견知見하나 있으므로 해서 본래의 제도할 중생이 없음을 앎에서 중생과 멸도에 대한 의심이 생긴 것이다. 평등성의 지견이 없었던들 평등을 깨달을 때에 그대로 중생과 멸도가 적멸해지는 것이다.

若有衆生하여 如來度者면 如來卽有我人衆生壽者니라 須菩提야 如來說 有我者는 卽非有我어늘 而凡夫之人이 以爲有我라하나니라 須菩提야 凡夫者도 如來說卽非凡夫요 是名凡夫니라

만약 여래가 제도할 중생이 있다하면 여래는 곧 아와 인과 중생과 수자가 있는 자이다. 수보리야 여래가 아아가 있음을 말함은 곧 아가 있음이 아니건만 범부의 사람들이 말하되 아아가 있다 하나니라. 범부라 함도 곧 범부 아님을 여래가 설함이니 이 이름이 범부이다.

그러면 이러한 평등성에서 평등을 생각하는 지견을 짓지 말지니 생각지음이 없을 때엔 중생이 스스로 적멸하여 여래가 멸도할 중생이 있지 아니할 것이다. 그렇지 아니하고 여래가 멸도할 중생이 있을진대 이는 지견이 생김이니 여래는 곧 아상我相, 인상人相, 중생상衆生相, 수자상壽者相이 있음이 될 것이다. 여래라도 지견이 있을 때에는 중생도 멸도도 법도 생길 것이다.

그러나 여래는 실로 아我도 없고, 인人도 없고, 중생도 없고, 수자壽者도 없는 것이언만 잘못 생각하면 여래가 아我도 있는 것 같고, 인人도 있는 것 같고, 중생衆生도 있는 것 같고, 수자壽者도 있는 것 같으니 그 이유는 여래께서 아我를 설하심도 있었고, 인人을 말씀하신 것도 있고, 중생도, 수자도 말씀하심이 있는 까닭이다.

그러나 여래께서는 이 사상四相을 말씀하심은 있었지만 이 사상四相에 있어 보지는 아니하셨다. 여래가 아我를 말씀하심이 있음은 곧 아我가 아니다.

왜냐? 여래경계에는 본래 아我가 없건만 아我가 있는 범부의 지견이 와서 접촉되므로 범부의 지견을 맞추어 아我라 함이시다. 그러면 이 아我는 실은 범부들의 아我이요, 여래의 아我는 아닌 것이다.

비유하면 원숭이의 음성을 잘 아는 사람이 있어 원숭이

와 접촉됨에서 필요에 의하여 원숭이 언어를 썼다 하여 이 사람이 원숭이 말을 함으로 해서 원숭이가 되는 것은 아니다. 이 사람은 항상 사람대로의 사람이요, 원숭이의 말은 원숭이의 것이요, 사람의 것은 아니다. 단지 원숭이를 제접하는데서 소용됐던 것이다.

여래의 아我가 있음도 또한 이와 같으니 여래가 비록 범부들의 분별인 아我의 경계를 말했다 하여 여래가 범부되는 것은 아닌 것이다.

범부들의 아我는 언제든지 범부들의 아我이요, 여래의 아我는 아니다. 중생을 제접하기 위하여 소용됐음에 불과한 것이다.

그러므로 경에 '수보리야, 여래가 아我가 있음을 설하는 것은 곧 여래가 아我가 있음이 아니요, 범부들이 아我가 있기 때문에 저들의 경우로서 내가 아我라 함이니라'고 하신 것이다.

이 말뜻을 잘 알고보면 이번에 또 말씀하신 바 범부라 함도 여래께서 또 범부를 보심이 있다고 볼 것인가?

만일 그렇다면 이는 위에 말씀하신 바 뜻을 알지 못함이니, 여래가 범부를 말씀하심이 곧 범부가 아니요, 범부의 경계를 쓰는 그 범부로 해서 여래께서도 범부를 말씀하시게 된 것이다.

이 까닭에 미혹한 중생들이 혹여나 여래께서 말씀하신 범부에 또 집착할까 염려하시어 이렇게 말씀하신 것이다.

'수보리야 범부라 한 것은 곧 범부가 아님을 여래가 말함이니라' 하셨으니 이 이름이 범부일 뿐이다.

PART 26.
==========

법신비상분

第二十六. 法身非相分

須菩提 於意云何 可以三十二相 觀如來不須菩提 言如是如是 以三十二相觀如來 佛言須菩提 若以三十二相觀如來者 轉輪聖王卽是如來 須菩提白佛言 世尊 如我 解佛所說義不應以三十二相觀如來爾時世尊 而說偈言若以色見我以音聲求我是人行邪道不能見如來

26. 법신비상분法身非相分

須菩提야 於意云何오 可以三十二相으로 觀如來
不아

수보리야, 뜻에 어떠하냐? 가히 삼십이상으로써 여래라 여겨
볼 수 있겠는가?

【주해】

 '삼십이상三十二相'이 어떤 것인가를 앞장에서 잠깐 주해
한 일이 있다. 삼십이상이란 서른 두 가지로 보는 상법相法
에 만점滿點을 얻은 것을 말함이니 이러한 구족상具足相의
소유자는 부처님과 전륜성왕만이 소유된다 하였다.
 서가모니께서 태자로 계실 때에 신선 아사타가 태자의
관상보기를 마치고 슬퍼 하였다. 정반왕이 그 까닭을 물으
니 선인이 말하기를 '태자의 상은 삼십이상이 구족하니 전
륜성왕이 아니 되시면 부처를 이루실 것인데 상호가 더욱
밝으심을 뵈니 반드시 부처를 이루시어 일체종지種智를 얻

어 무상법륜無上法輪을 굴리실터인데 나는 이미 나이가 많음에 이 법을 듣지 못할 것 같아 슬퍼하노라' 하셨다.

관觀과 견見은 다르니 견은 그 봄이 눈에 있고, 관은 그 봄이 지혜에 있다.

【강의】

앞에서 부처님이 평등으로 정각을 말씀하시기 전에 '부처님이 얻으신 아뇩다라삼먁삼보리는 얻은 바 없습니까?' 한 수보리의 물음이 있었다. 그 때에 부처님께서는 **이러이러**라고 인가印可하시었으니 그 때에 청중으론 마음 속으로 의심나는 일이 있었던 것이다.

그는 무어냐? 만약 부처님께서 아뇩다라삼먁삼보리를 얻은 바 없이 얻으셨다 하면 이는 얻음이 없으심이다. 얻음이 없음이라 함은 청정한 본성에 본래 그대로를 얻음이라 새로이 얻을 것이 없다 함을 말함이니, 본래 얻음이어서 얻음이 없음은 우리 청중도 그렇고, 부처님도 그렇고, 내지 일체중생이 다 그러할 것이어늘 어찌해서 여래만 삼십이상이 있게 되고 우리들은 삼십이상이 없게 돼 있는가?

이것三十二相만은 여래의 얻음이 아니면 무엇인가?

여래에게는 삼십이상이 있고 우리에게는 삼십이상이 없음을 보아도 분명하니 여래는 곧 삼십이상이라 관해도 무방하다 아니할까? 하였다.

왜 그러냐? 본래부터 얻음이 구족한 본성은 부처님과 우리가 다름이 없으나 오직 삼십이상만이 다르고 있으니 필시 삼십이상을 여래로 봄이 옳다는 것이다.

이 까닭에 부처님께서 돌연 삼십이상 말씀을 꺼내신다. '수보리야, 네 뜻에 어떠하냐? 가히 삼십이상으로서 여래를 관하겠느냐?' 물으신 것이다. 이 묻는 뜻 가운데에는 본래 얻음인 본성에 있어 본성과 색신을 달리 보는구나의 뜻도 포함돼 있는 것이었다.

다시, 말하면 구족한 본성은 곧 구족한 법신法身이니 법신과 색신을 따로 보는 지견을 내지 말라 하심인 것이다.

법신이 곧 색신인줄 알 때에는 삼십이상과 범인상凡人相이 함께 실답지 못한 놈으로 들어날지니 저러한 망상(여래는 삼십이상이 있다는 망상)이 서지 못할 것이요, 또 색신이 곧 법신일줄 알 때에는 삼십이상과, 범인상凡人相과 내지 일체상이 구족상일지니 저러한 망상(우리는 삼십이상이 없다는 망상)이 또한 서지를 못할 것이다.

須菩提言하되 如是如是니다 以三十二相으로 觀如來니이다

수보리가 말씀드리되, 이렇사옵고, 이렇사옵니다. 삽십이상으로써 여래라 여겨 볼 수 있습니다.

위의 말같이 삼십이상이 설 곳이 없는데도 불구하고 수보리는 이 대답에서 이렇고 이러합니다 하여 삼십이상으로서 여래를 관할 수 있다는 뜻을 말했다.

어찌 된 셈인가? 수보리가 이 같이 상相에 집착한 지견을 내는 것은 결코 앞에서는 깨닫고 이제 다시 미迷해져서가 아니다.

이 세상에 상을 여의지 못하고 부처님께 나온 자는 때때로 그렇게 생각할 것을(삼십이상으로 여래를 관하는) 생각하여 미迷한 입장에서 부처님께 대답해 보임이니 이것은 미한 중생의 입장으로서 부처님의 하실 말씀이 나오시도록 하기 위하여서 짐짓 말씀하신 것이다. 이것으로 보면 과연 수보리는 권현權現의 임명任命을 다 한다고 할 수 있다.

佛言하시되 須菩提야 若以三十二相으로 觀如來者댄 轉輪聖王도 卽是如來리라

부처님께서 말씀하시되 수보리야, 만약 삼십이상으로써 여래를 여겨 볼지면 전륜성왕도 곧 여래겠구나.

【주해】

전륜성왕은 사천하四天下를 관할하는 왕이니 그 복업이 비록 새는 복有漏福이지만 여래와 같은 고로 그 색신色身의 구족만은 여래와 비슷한 것이다. 여래께서는 복과 지혜가 쌍으로 온전하시어서 유루복有漏福과 무루복無漏福이 함께 구족하신지라 색신에도 구족한 신상身相이 계시며 성리性理에도 구족한 법신상法身相을 얻으신 것이다.

【강의】
 부처님께서는 수보리의 말로 인연하여서 하려 하시던 말씀을 꺼내시게 된다. '수보리야, 만약 삼십이상으로서만 여래를 관觀한다 하면 전륜성왕도 삼십이상이 있으니 곧 여래이겠구나?' 하신 것이다.
 그래서 부처님은 전륜성왕을 예로 들어 삼십이상이 여래가 아님을 알림으로서 삼십이상을 여래로 보는 지견을 타파해 주신 것이다.

須菩提白佛言하되 世尊이시여 如我解佛所說義하얀 不應以三十二相으로 觀如來니이다

 수보리가 부처님께 사뢰어 말씀드리되 '세존이시여, 내가 부처님의 말씀하신 바 뜻을 해석함 같아서는 삼십이상으로써 여래라 응당 볼 수 없습니다.'

수보리는 부처님께서 나오시려던 말씀이 다 나오신 것을 뵙고선 비로서 부처님께 사뢰는 말이다.

'세존이시여, 내가 부처님의 말씀하신 바 뜻을 해석함 같아서는 삼십이상으로써 응당 여래라 볼 수 없습니다' 하였으니 왜인가? 삼십이상은 누구든지 유루복有漏福만이라도 구족히 지으면 생기는 상호이니 "여래라" 보기에는 불능이며, 설사 삼십이상을 여래만 가지는 거라 할지라도 여래성품에는 삼십이상이 삼십이상이 아닌지라 범인凡人의 상相이 범인의 상이 아닌거와 같은 것이다.

또 삼십이상과 범인상凡人相은 구별할 새도 없이 "본래로 모든상이 구족"한 그것일지니, 중생 스스로가 구족치 못한 상을 봄은 중생 스스로의 미망迷妄이며 또 삼십이상을 구족하게 봄도 또한 중생 스스로의 미망인 것이다.

이러하므로 이곳에서 삼십이상과 범인상凡人相을 함께 놓아야 하고, 여래지견如來知見과 범인지견도 함께 놓아야 한다.

법신으로 상相이 없으면 이것이 곧 색신이요, 색신으로 상이 없으면 이것이 곧 법신法身일지니 여래나 삼십이상을 쳐들 미망迷妄이 어디로 오겠는가?

爾時에 世尊께서 而說偈言하시되 若以色見我하며 以音聲求我하면 是人은 行邪道라 不能見如來하리라

저 때에 세존께서 게偈를 설하여 말씀하시되 만약 빛으로서 나를 보고나 음성으로써 나를 구하면 이 사람은 사도를 행하는지라 능히 여래는 보지 못할 것이다.

【주해】

게偈는 세속의 시詩와 같은 것이다.

【강의】

이 때에 부처님께서는 이 뜻을 명료하게 하시기 위해 또 간단하게 하시기 위하여 또 기억하기 쉽게 하시기 위하여 게偈를 지어 말씀하신다.

'만약 색으로서 나를 보려 하거나, 음성으로서 나를 구하게 할지면, 이 사람은 사도를 행함일지라, 여래如來만은 보지 못 하리라' 하시었다.

어찌한 말씀이냐? 너희들이 나의 자금색紫金色의 몸과 푸른 눈동자의 깨끗한 색 등, 구족한 신상으로 나를 관觀하게 됨은 이것은 청황적백흑靑黃赤白黑, 방원장단方圓長短 등 모든 색상에 집착한 바 된 그릇된 생각이 진성眞性을 가리었음이

니 망령된 지견과 망령된 알음알이가 쉬지 아니한 탓이다.

상相에 착하므로써 도를 구하게 됨은 우치한 까닭이어서 본래로 사도를 행함일 것이다. 본래가 상相이 아니요, 집착이 아닌, 여래의 본지풍광本地風光만은 보지 못할 것이다.

또 청아하고 융화하신 음성을 들으므로써 나를 찾으려 함 이는 궁상각징우宮商角徵羽 오음과 희노애락 환오歡惡 등의 모든 음성에 집착한 바 됨인 잘못된 지각으로써 나를 구함이니 이러한 망각을 가져서 도道를 행하려 함은 사도邪道에 떨어짐일 것이다.

본래로 망각을 여읜 여래땅如來地에는 이르지 못할 것이다. 그래서 이를 말씀하시는 여래도 여래가 아니요, 이 이름뿐이 여래인줄 알고 들어야 할 것이다.

PART 27.
무단무멸분

第二十七. 無斷無滅分

須菩提 汝若作是念 如來 不以具足相故 得阿耨多羅三藐三菩提 須菩提 莫作是念 如來 不以具足相故 得阿耨多羅三藐三菩提須菩提若作是念發阿耨多羅三藐三菩提 心者 說諸法斷滅 莫作是念 何以故發阿耨多羅三藐三菩提心者於法不說斷滅相

27. 무단무멸분無斷無滅分

　須菩提야 汝若作是念하되 如來不以具足相故로 得阿耨多羅三藐三菩提라하겠는가

　수보리야, 네가 혹 이런 생각을 하되 '여래가 구족상을 쓰지 아니한 연고로써 아뇩다라삼먁삼보리를 얻었다' 하겠느냐?

　청중은 부처님의 설법을 듣고 삼십이상이 여래와는 상관없는 것인줄 알아졌다. 쉽게 말하면 여래는 삼십이상을 쓰지 아니하여 여래인 것처럼 된 까닭이다. 다시 말하면 이러한 모든 상에 걸리지 아니한 까닭에 여래를 얻으심이라 생각된 까닭이다.
　그러나 이러한 상이 끊어져서 여래땅如來地인줄 아는 이것도 여래땅에서는 하나의 큰 망령된 생각이 되고 있다.
　왜냐 그것도 없어야 하며 그리고도 또한 까닭이 붙어 있는 까닭이 있다. 이 까닭에 부처님께서 돌연 수보리를 불러 '너는 혹여 이러한 생각을 갖지나 않았는지 모르겠다'

하시고 이렇게 물으셨다.
 "여래가 구족상具足相을 쓰지 않는 연고로써 아뇩다라삼먁삼보리를 얻었다"고 하겠느냐?' 하시는 것이다.
 이 말씀속에는 여래가 아뇩다라삼먁삼보리를 얻음 없이 얻음인 여기에는 본래로 얻음이 있었는지라 상相이 있을 수 없었음만은 사실이다. 하지만 "저같은 구족상을 쓰지 않았다는 것도 일종의 상相이므로 이런 상相 마저 없었음인 줄 다시 알아야 한다." 하신 뜻이 포함돼 있다.
 이 까닭에 이것을 마저 떼주시자고 이 말씀을 거내신 것이니 이것을 마저 떼면 활구처活句處가 들어나는 까닭이다.
 그러면 활구처는 어디인가? 부처님이 마지막으로 떼시려는 이곳을 마저 떼일 때는 양변兩邊과 삼제三際가 떨어져 걸림이 없기 때문에 활구처活句處라 함이고 다시 최후인 공에 처해서 최후인 공을 마저 떼임으로 단멸처斷滅處를 벗어날 것이기 성성惺惺하여 활구活句인 것이다.
 또 그런데 여래는 왜 이런 말씀을 하시게 되는가?
 청중들이 삼십이상을 여래땅如來地으로 보고 공경하다가 삼십이상이 상相 아니어 공하다 하심을 듣고 대중의 공경하던 마음은 풀어져서 대중이 알던 여래땅이 설 곳이 없어진 까닭이다.
 이런 이유 때문에 대중이 단멸공斷滅空에 헤매게 될때 이 까닭으로 부처님께서 말씀을 꺼내시되 '너희들은 이런 생각을 짓되 여래땅如來地은 삼십이상을 쓰지 아니한 연고로 얻었다 하지말라, 하시사 양변으로 헤매던 마음을 구해 주신 것이다.

무엇이 양변에서 구하심인가? 일변一邊은 공에서 구해주심이니 단멸상이 여래땅이 아님을 말하시사 단멸상斷滅相에서 구해 주심인 것이다. 그렇다면 과연 여래땅은 어디일까?

須菩提야 莫作是念하라

수보리야 이런생각 하지 마라.

위에서 같이 여래께서는 앞에서 구족상을 부인하셨고 지금와서는 구족상을 쓰지 아니함도 적극 부인하신 것이다. 이 까닭에 부처님께서 거듭 진지한 말씀을 내리시되 '수보리야, 이러한 생각을 하지 말라' 하신 것이다.

그러면 어떠한 생각을 하지 말 것인가? '구족상견見을 내지 말 것이며, 단멸공견斷滅空見을 내지 말 것이며, 중도지견中道知見을 내지 말 것이어서 그대로 본연의 얼음인 그 마음을 살아나게 하라' 하심인 것이다.

그러면 어떠한 것이 살려낸 본래 그 마음이며, 그 어떠한 것이 얻음 아닌 진지한 여래땅如來地인가? 지금에 와서는 이것만은 말하도록 계제가 돼 있으며 말할 차례가 닥치고만 것이다. 이것을 드러내지 않지 못하게 불은 되어있다. 무엇인가? 눈에 불을 켜고 다음 말씀을 들어야 한다.

如來不以具足相故로 得阿耨多羅三藐三菩提니라

여래는 구족상을 쓰지 아니한 연고로 아뇩다라삼먁삼보리를 얻었느니라.

이 말씀이 바로 그것이다. 이 한 말씀에 여래가 보이셔야만 했던 그 말씀은 다해 마친 것이다. 이것이 바로 얻음 없이 들어낸 여래땅인 것이요, 이것이 본래 살았던 그 마음인 것이다.

이 때를 당하여 만약 누구든 그 그릇이라면 이 땅에 들어가 일체 여래와 더불어 함께 집단자살을 기도하고 말 것이다. 이에 대한 말은 다음으로 미루겠지만 하여튼 이 끔찍한 자살장소가 바로 전에 말했던 바 깨달은 후 수행에 있어 둘째 단계인 것만을 알아야 한다.

거슬러 말해 앞에서 보인 대법계성大法界性을 수행하는 도장道場으로 삼고, 자신에게 선천적으로 타고난 업業과 지智의 행동으로 일체 선법善法 수행을 삼는 이것은 동적動的인

첫째의 일용법日用法인 것이었고, 지금에 보인 법문은 구족상도 부인, 불구족상도 부인, 내지 "시시한 생각을 짓지말라" 하여 제삼제諦까지도 부인하고 나시어서야 비로소 보이셔야 할 실물實物을 보이신 것이 바로 이 '여래가 구족상을 쓰지 아니한고로 아뇩다라삼먁삼보리를 얻었느니라' 한 이것이다.

이것은 첫째 보이신 동적動的 반면에 둘째인 정적靜的의 수행법임을 알리심인 것이다.

만약 누구든 이 법문에 납득이 가면 곧 여래땅에 자살이 되어 여래아님에서 동정일여動靜一如의 대도인大道人을 지을지요, 그렇지 못하면 이 뜻을 관하여 참구해 보아야 한다. 이것이 바로 근래 행해지는 달마선達磨禪이며 화두선話頭禪인 관심법觀心法인 것이다.

須菩提야 汝若作是念하되 發阿耨多羅三藐三菩提心者는 說諸法斷滅가

수보리야, 너는 혹여 이러한 생각을 짓되 '아뇩다라삼먁삼보리심을 발한 자는 모든 법의 단멸을 말함이라' 하겠는가?

부처님께서는 이같이 실법實法으로 실물을 보이시고서는 다시 다짐하여 물으시는 것이다.

'수보리야 너는 실법이 이러함에도 불구하고 혹여 아뇩다라삼먁삼보리심은 단멸斷滅을 가져서 말함이라 하겠는가? 실물實物은 일체법에 실행되고 있느니라' 하시었다. 단멸이 아닌 이 확실한 물건을 다시 증거 하시는 말씀이다.

莫作是念하라

이 생각을 짓지 마라.

그러시고도 더 한번 확실한 곳을 드러내시기 위하여 '이러한 생각을 짓지말라' 하시었으니 이 들어낸 한 개 실물은 일체사념一體思念을 불허하여 내지 실념實念인줄 아는 생각도 용납치 못할 것을 말씀하신 것이다.

何以故오 發阿耨多羅三藐三菩提心者면 於法에 不說斷滅相이니라

왜 그런고? 아뇩다라삼먁삼보리심을 발한 자면 법에서 단멸을 말하게 되지 않는다.

왜 일체 생각을 말아야 하는 줄 아는가?
아뇩다라삼먁삼보리심을 발하는 자는 본래가 사량思量이

아니어서 그러하니 사량이 아니라는 생각도 말아야 아뇩다라삼먁삼보리심이니 이러한 등등의 생각을 하지 말라 함이다.

이런 등등의 생각을 하지 말면 이것이 단멸상斷滅相이라 하겠는가? 아니다. 단멸상이라 한다면 이것도 사량이니 사량이 아닌 곳은 산 존재가 되어 단멸상을 말함이 아닌 것이다.

왜 그러냐 양변兩邊을 여읨은 본래의 상주불멸常住不滅이며, 상주불멸의 정등정각正等正覺의 본체인 까닭이다. 이곳에야 어찌 다시 단멸공斷滅空을 말함이 있을 것이며, 어찌 상相에 집착함을 말하겠는가?

아뇩다라삼먁삼보리심은 모든 티끌을 벗어나서 모든 티끌에 갖추어 있음이니 모든 시간과 처소에서도 그러하며 모든 공空과 상相에서도 그러하여 두루 둥글며 통하여 비었으니 그 신기롭기 방위方位 없으며 그 되어감이 자체가 없으나 실은 본래부터가 단멸斷滅이 아닌 것이다.

PART 28.
불수불탐분

第二十八. 不受不貪分

須菩提若菩薩 以滿恒河沙等世界七寶 持用布施 若復有人知一切法無我得成於忍 此菩薩勝前菩薩所得功德何以故 須菩提 以諸菩薩不受福德故 須菩提 白佛言世尊云何菩薩不受福德須菩提菩薩所作福德不應貪著是故說不受福德

28. 불수불탐분不受不貪分

須菩提야 若菩薩이 以滿恒河沙等世界七寶로 持
用布施라도 若復有人이 知一切法無我하여 得成於
忍하면 此菩薩이 勝前菩薩의 所得功德이니라

수보리야, 만약 보살이 항하사 같은 세계에 가득 찬 칠보로써 가지고 보시에 사용할지라도 만약 다시 사람이 있어 일체법에 내가 없음을 알아 인내忍耐하여 성취함을 얻을지면 이 보살이 앞서 말한 보살의 얻은 바 공덕보다 나은 것이다.

이 법이 이와 같아서 일체법에 들어 맞아, 같고 다름이 없는 것이다. 왜냐? 일체법도 본래가 아我가 없어 두루 둥글고 비어 통하여 그 묘함이 방위方位가 없고 그 되어감이 자체가 없으니 본래가 모든 상相이 아닌 까닭이다.

이 같이 보리법菩提法과 일체법이 같고 다름을 찾을 수 없고, 이 같이 보리법과 일체법이 같고 다름을 찾을 수 없음은 각기 아我가 없음인 탓이다.

그러므로 일체법이 상相으로서는 삼라만상이요, 무상無相

으로선 선악과 정사正邪이나 이같은 상相과 무상無相의 일체법이 제각기 산은 산으로, 물은 물로서, 푸를 것은 푸르고, 붉을 것은 붉으며, 착할 자는 착하고, 악할 자는 악하여 각기 모든 상相이며, 각기 모든 법法인 것이다.

그러나 구경에는 모두가 언어가 없고 사념思念이 없어 같지도 않고 다르지도 않은 경계에 이르르면 자아自我가 없을 것이다. 아我가 없으므로 각기 통하여 산은 산이나 물로 통할 것이요, 물은 물이나 산으로 통할 것이다.

또 선이면서 악으로 통할 것이요, 악이면서 선으로 통할 것이며 나自이면서 남他으로 통할 것이며 남이면서 나로 통할 것이다.

또한 물과 불 사이나, 악마와 부처님 사이나, 남자와 여자 사이나, 크고 작으며, 넓고 좁음 사이가 다 그러한 것이다.

이것이 경에 이른바 '일체법이 내가 없음을 알아 참아서 성취한다.' 한 것이다. 이와 같이 일체법이 내가 없음으로 성취한 자는 인아人我 사상四相도 없을 것이며 또한 일체 안팎등 모든 법에 벗어나서 대진리를 파악하고 말 것이다.

또 내외內外 일체법에 뛰어나서 내외內外 일체법에 즉할 것이다.

그리하여 내외 일체법이 곧 자기일事이어서 자기를 여의지 못하나 자기는 집착함이 되지 않는 것이다.

이 경계에 이르면 일체법에 즉하여 일체법을 여읠지며 일체법을 여의어서 일체법을 즉함일 것이다. 왜냐? 일체법이 아我가 없음이니 없음에서는 자유자재인 까닭이다.

이곳은 상相도 아니요 상相아님도 아니요, 단멸斷滅도 아니니 상相이 아님으로 삼십이상으로 여래를 볼 수 없다 했고 또 상相아님도 아님으로 '삼십이상을 쓰지 아니하므로써 여래가 법을 얻었다 볼 수 없다' 한 것이다.

또 단멸도 아님으로서 '법신이 일체상을 여의지 아니하여 일체상이 여래라' 한 것이다.

그뿐만 아니라 '이 법이 단멸이 아닌 고로 이 법의 성취 공덕도 단멸이 아니다' 라는 것이다.

그러므로 부처님께서 이 법의 단멸아님과 그 복덕을, 수보리에게 비유하여 말씀하시되 '만약 보살이 항하사세계에 가득 찬 칠보를 가지고 보시에 사용했다 할지라도 만약 다른 사람이 일체법에 내가 없음을 알아 얻으면 이 보살은 앞 보살의 얻은 공덕보다 더하리라' 하신 것이다.

何以故오 須菩提야 以諸菩薩이 不受福德故이니라

어찌한 연고냐. 수보리야, 모든 보살은 복을 받지 아니 하는 연고이다.

어찌하여 낫다 하느냐? 앞 보살의 얻은 바 공덕은 비록 많으나 상相의 인因을 심었음이라 내가 있을지니 필연코 새는 공덕일지요, 뒷 보살의 공덕은 나와 법이 공한 줄 아는 것이니 내가 공할 때에 공덕을 받을 곳이 공하고 법이 공한 줄 알 때에 모든 공덕법이 공할 것이다.

이같이 복이라는 그 물건과 받는 그 사람이 없으니 받네 안받네에 대한 우열을 말할 수 없는 것이다.

그러면 이곳은 복과 받음이 없으니 단멸이라 할까? 아니다. 이곳은 본래부터 공덕이었으니, 공덕을 받는 것이 아니다. 이곳은 공덕이 본래부터 받아 있음이니 이 공덕을 받는다는 것은 망언인 것이다.

그러므로 부처님께서 이 뜻을 밝히시려 말씀하시되 '수보리야, 내가 없는 법을 성취한 공덕은 칠보로 보시하는 공덕보다 나으니 이 모든 보살이 복덕을 받지 않는 연고니라' 하신 것이다.

須菩提 白佛言하되 世尊이시여 云何菩薩이 不受福德이닛까

수보리 부처님께 사뢰어 말씀드린다. '세존이시여, 보살이 어찌해서 복덕을 받지 않는 것입니까?'

수보리는 대중이 이 뜻을 모름을 짐작하고 부처님께 여쭈어 본다. '세존이시여, 보살이 복덕은 받지 않는다 함은 무엇을 이름입니까?' 하여서 부처님으로 부터 말씀이 나오시게 하였다.

왜? 부처님께서는 수보리의 물음을 기다려서만 말씀을 하셔야 할까요?

이는 "보살은 복덕을 받음이 아니다" 하면 본래 복덕에 본래받음인 이 자리는 이 말씀에 말이 다됐음이다. 그런데도 복덕을 받지 않는 이유가 다시 어떻다 말씀하신다면 이는 "복덕을 받지 않음인 곳"을 말함이 아님이 되고 "어찌해야 복덕을 받지 않게된 이유"를 묻는 딴 말이 되는 까닭이다.

이 까닭에 수보리의 물음을 기다려서 복덕을 받지 아님인 본 곳을 말씀하시게 되는 것이다.

須菩提야 菩薩의 所作福德은 不應貪着일새 是故로 說不受福德이니라

수보리야, 보살의 짓는 바 복덕은 "응당 탐하고 착함이 아님일새 이런고로 복덕을 받지 않는다." 말함이다.

그런데 딴곳이 곧 본곳인 줄 아는 사람이라야 이 말을

바로 알아 듣는 자이다. 왜이냐? 딴곳이 곧 딴곳이 아니요, 이 이름이 딴곳이요, 본곳이 곧 본곳이 아니요, 이 이름이 본곳인 까닭이다.

딴곳과 본곳이 없으면 단멸斷滅이 아닌가? 아니다. 본래로 항상 주住함이어서 불생불멸인 본땅(本地도 본지 아니요 이 이름이 本地)에는 본곳이라 함도 이 상주지常住地를 위한 가정假定의 말씀이요, 딴곳도 이를 위하신 가정의 말씀인 까닭이다.

그러면 본곳이라 함은 무엇을 이름함인가?

위에 말씀하신 "본래의 복덕이요, 본래의 받음이어서 보살은 복덕을 받지 아니한다" 한 이 구절은 본곳을 가르킨 말씀이다.

그리고 이제 부처님께서 대답하실 '수보리야, 복덕성福德性이 공하니 가히 일체경계에 물들지 말지며 일체 복에도 탐착하지 말 것이니 보살이 짓는 바 복덕은 응당 복덕경계에 탐착이 없을 새 자연 본래 복덕이 본래 받음에 이를 것이다. 이 까닭에 복덕을 받지 아니한다' 한 이 말씀은 딴곳이 된다.

왜냐? 본곳에 대한 설명에 불과한 까닭이다. 동시에 딴곳과 본곳이 둘이 다 같이 복덕을 받지 아니함인 본래 복덕처가 아님을 또 여기서 알아내야 한다.

PART 29.
위의적정분

第二十九. 威儀寂靜分

須菩提 若有人言如來若來若去若坐若臥 是人 不解我所說義 何以故 如來者無所從來亦無所去故名如來

29. 위의적정분威儀寂靜分

須菩提야 若有人言호되 如來- 若來若去若坐若臥
라 하면 是人은 不解我所說義니라

수보리야, 만약 여래로 혹 온다든가, 혹 간다든가, 혹 앉는다든가, 혹 눕는다든가 하는 사람이 있으면 이는 나의 말한 바 뜻을 알지 못함이다.

그러면 이곳은 본 곳도 아니요, 다른 곳도 아닌 항상 주住하여 생生하고 멸滅하지 않는 본 땅本地을 말함이 되는 것이다. 그러므로 상相 있음도 떼이시며 상相 없음도 떼이시려 본 곳도 말씀해 보시고 다른 곳도 말씀해 보시게 된 것이다.

다시 말하면 청중이 구족상에 착하여 여래복如來福을 봄으로, 부처님께서 착상着想을 떼이시고 착상을 떼이심에는 공空에 착着하여 일체상은 여래와 관계없음을 봄으로 부처님께서 다시 무상無相을 떼이심이다.

상相과 무상無相을 떼임에 여래의 본형本形이 엄연히 들어나거늘 이를 보시고 한 말씀을 던지시니 본곳을 말씀하신 것이요, 대중이 이 말을 알지 못하고 묻거늘 부처님이 다시 받지 않는 복덕은 응당 탐착이 없으므로서 생길 것을 말씀하심인 것이다.

이것이 다 청중이 삼신일체三身一體를 알지 못함에서 나옴이니 어찌 한 연고냐?

청중이 행주좌와行住坐臥로 응화신應化身을 보고 무거무래無去無來로 법신을 여김에는 물론 응화신應化身의 받는 복을 지견知見케 될 것이다.

다시 말하면 여래의 복은 화신으로 나투어 받는 줄 알 것이다. 이 까닭에 본 곳과 딴 곳이 아닌, 받지 않는 복덕을 연해 잊어버리고 여래의 행주좌와行住坐臥로만 생각이 가는 것이다.

동시에 보살의 복덕은 비록 탐은 아니라 하여도 받음은 사실이라 하는 것이다. 이러하여서 여래의 받는 복을 연해 지견知見케 되는 것이다. 이것은 상相과 무상無相을 여의고 본 곳과 다른 곳을 여읜 여래의 본 땅本地을 맛보지 못한 탓이다.

이 과실過失을 말하자면 대략 법신과 화신을 따로 봄에서 생김이니 화신의 구족상이 본래 실다움이 없어 법신체法身

體임을 알지 못함이요, 법신의 실상이 본래 단멸斷滅이 아니어서 화신상化身相임을 알지 못하는 까닭이다.

그렇다면 법신과 화신을 따로 보게 되는 과실過失은 어디에 있는가?

아직도 사상四相의 지견을 잊지 못한 탓이니 담적湛寂하여 공에 돌아간 무상無相을 볼 때에는 화신상化身相을 잊어버리고 행주좌와의 구족상을 볼 때에는 법신상法身相을 잊어버리는 까닭이다.

이는 착상着相에 잡히어 상주불멸常住不滅하는 여래이치에 어두어짐인 것이다.

애다롭다. 여래는 상相에서 찾을 것이다. 즉 행주좌와에서 찾을 것이나 행주좌와에 집착하면 아니 나오는 것이다.

그러므로 부처님께서 '여래를 혹 온다, 간다, 앉는다, 눕는다 하면 이 사람은 나의 말한 바 뜻을 알지 못한다' 하셨다.

왜냐? 여래는, 행주좌와行住坐臥에 있는 것이 아니다. 여래는 가고 안 감에 있지 않으며, 오고 안 옴에 있지 않은 까닭이다.

그러므로 여래는 가도 아니 감이며, 와도 아니 옴이며, 앉아도 아니 앉음이며, 누워도 아니 누움이고, 또 아니 가도 감이며, 아니 와도 옴이며, 아니 앉아도 앉음이며, 아니

누워도 누움인 것이다.

이같이 여래는 가고, 오고, 앉고, 눕는 상相에 있는 것이 아니요, 또 가고, 오고, 앉고, 눕는 상이 여래를 떠나서 있지도 아니한 것을 알아야 한다.

何以故오 如來者는 無所從來며 亦無所去이니 故名如來니라

왜 그러냐? 여래라는 자는 쫓아 올 곳도 없으며 또한 갈 곳도 없으므로 이 까닭에 여래라 이름함이다.

부처님께서 여래라고 하면 오고, 가고, 앉고, 눕는 것을 말함이 아닌 것을 설명하시기 위하여 이렇게 말씀하신다.
'어찌하여 그런줄 아느냐? 여래如來라고 하는 것은 본래가 여여如如하여 옴도 아니요, 본래가 여여하여 감도 아닌 그 진리처眞理處를 지적함이니 그 진리라면 여여如如한지라 없는 곳이 없으며, 또 여여하여 있는 일도 없는 것이다.
그러므로 여래는 오고, 가고, 앉고, 누움이 없으나, 일찍이 오고, 가고, 앉고, 누움에 아니 계심이 아니오, 또 일찍이 아니 계신 곳이 없으나 그 모양을 찾을 바도 없는 것이 여래이다.
이런 까닭에 경에 말씀하시기를 '여래께서는 쫓아 올 곳도 없고, 갈 곳도 없다 하시고 나서 말하자면 이것이 여래_{如來}라' 하신 것이다.

　여래는 본래 구할 것이 없는 것이니 여래가 여래를 구하면 여래는 달아나는 것이다. 그렇지만 여래께서 여래를 설하심이 있으므로 여래는 멀어지는 것이다.
　그러나 여래가 여래를 아니 설할 수도 없으니 여래가 여래를 설하지 않으면 중생이 여래를 알 길이 없는 것이다. 그러니 여래께서 중생에게 대하여 여래를 설하시게 됨은 중생에게 모르는 허물이 있는 까닭이니 이 법을 듣는 자는 불가불_{不可不} 자기 허물을 알고 들음이 옳은 것이다.
　또 중생이 여래를 구함이 있으므로 여래는 달아나는 것이니 중생이 여래를 구함이 그름인줄 모르게 됨은 여래께서 여래를 설하신 허물이 계신 것이다.
　그러나 이 법을 듣는 자가 다시 여래의 허물 아닌 곳을 살피고 들어야 한다. 그러므로 경에 여래가 아뇩다라삼먁삼보리를 얻음이 있느냐? 하시어 얻음이 없음을 암시하셨고 또 '여래가 법을 과연 설함이 있느냐?' 하시어 한 법도 설함이 없음을 말씀하셨으니 이는 여래의 허물 아닌 곳이 나온 곳이다.
　또 '중생 중생함이 곧 중생이 아니요, 아뇩다라삼먁삼보리가 아뇩다라삼먁삼보리가 아니어서 그 이름이 중생이요, 아뇩다라삼먁삼보리이니' 하셨으니 이는 본래 중생이 없고 미迷도 없는 곳을 보이셨으니 이는 중생이 중생의 허물 아닌 곳도 들어내신 것이다.

이같이 중생이 없으니 미迷가 공했고, 미가 공했으니 각覺이 공했고, 각이 공했으니 부처가 공空했고, 이러히 부처와 중생이 같이 공했으니 부처와 중생의 허물은 같이 판명된 것이다.

그러면 여기에서 중생의 허물과 부처의 허물이 없어지고 돌아온 듯이 여래땅如來地이 될 것이다. 그러나 만약 여기에서 조금이라도 지견知見을 내면 이는 같거나 다름에 떨어질지니 여래의 복덕을 오고 가고, 앉고 눕는 신상身相에서 생각하게 될 것이다.

이 사람은 여래를 따로 봄이니 여래법신如來法身은 상相이 없는지라 복덕을 받음이 없되 여래화신如來化身은 상相이 있는지라 복덕을 받음이 있다 함일 것이다.

그러므로 경에 '오고 가고, 앉고 누움으로써 여래를 보겠느냐?' 하시어 법신과 화신이 하나인가? 다른 것인가? 하는 허물을 없애신 것이요, 또 '보살은 복덕을 받지 않나니라' 하시어 복덕에 탐착하는 허물을 없게 하신 것이다.

왜냐? 삼신三身이 같고 다름이 없는지라 화신化身이 곧 법신法身이니 복덕을 받을 곳이 없고, 법신이 곧 화신이니 복덕이 본래 구족한 까닭이다.

  이 까닭이 복덕을 받지 아니함이 일찍이 복덕을 받음이 되는 까닭이다.

  이러므로 여래의 복덕은 본래 구족하여 쫓아 옴도 없고 또한 갈 곳도 없다 말씀하신 것이다. 여기에서 비로소 상주불생常住不生하고 상주본연常住本然한 여래땅如來地이 환연히 드러날 것이니 허심탐구虛心探究하면 묘미妙味가 생길 것이라 본다.

PART 30.
일합이상분

第三十. 一合理相分

須菩提 若善男子善女人以三千大千世界碎爲微塵 於意云何是微塵衆寧爲多不甚多世尊何以故若是微塵衆實有者佛卽不說是微塵衆所以者何佛說微塵衆卽非微塵衆是名微塵衆世尊 如來所說三千大千世界 卽非世界 是名世界何以故 若世界實有者卽是一合相如來說一合相 卽非一合相是名一合相 須菩提 一合相者卽是不可說但凡夫之人貪着其事

30. 일합이상분—合理相分

須菩提야 若善男子 善女人이 以三千大千世界를 碎爲微塵하면 於意云何오 是微塵衆이 寧爲多不아

수보리야, 만약 선남자 선여인이 삼천대천세계를 부수어 가는 먼지를 만들었다 하면 이 가는 먼지가 네 생각에는 어떻게 많다고 하겠느냐?

이상 결론에서 설한 바같이 삼신三身이 본래 다르고, 같음이 없거늘 청중은 이를 알지 못하여 법신과 화신이 본래 다르지 않다 하여서 하나의 지견知見을 내게 되는 것이니, 하나一도 아님을 알지 못한 탓이요, 한 걸음을 더하여 하나가 곧 다름異이라는 융통지견融通知見을 냄도 옳지 못하다. 같음이 곧 다름이라든지, 다름이 곧 같음이라든지, 곧 같고 곧 다르다든지, 같지도 않고 다르지도 않다든지가 모두 붙을 수 없는 것을 알지 못하는 탓이다.

이런 까닭에 근원이 무궁하여서 단멸斷滅이 아닌 무궁무위無窮無爲의 구족처具足處가 되는 것이다.

부처님께서 이곳을 알리시려 비유해서 말씀하시기를 '수보리야, 만약 선남자 선여인이 삼천대천세계를 부셔서 먼지 가루를 만들었다면 그 먼지가 얼마나 많다 하겠느냐?' 하시었으니 이 말씀 가운데에는 세계는 법신에 비교하고, 먼지는 화신化身에 비교하심인 것이다.

세계를 하나라 하면 먼지를 다름異이라 볼 수 있는 까닭이다. 왜냐? 청중이 법신을 거래去來가 없는 담연한 하나로 보고 화신을 거래가 있는 행주좌와상行住坐臥相의 다름으로 보는 까닭에 이 비유가 나오게 된 것이다.

그러나 세계를 부수면 먼지이고 먼지를 합하면 세계가 되는 것이다. 이같이 세계와 먼지의 자체가 없다. 다시 말하면 세계를 부수어 먼지를 만들었으나 먼지의 다른 성품이 없다.

왜냐? 먼지를 합하면 세계인 것이니 각자의 성품이 없는 까닭이다. 또 먼지를 합하여 세계가 되었으나 세계가 하나인 성품도 없다. 왜냐? 세계가 나뉘면 먼지이니 하나인 성품이 있을 수 없는 까닭이다.

이러한 까닭에 하나인 성性도 아니요 다름異인 성性도 아닌 것이다.

甚多니다 世尊이시여 何以故오 若是微塵衆이 實

有者댄 佛이 卽不說 是微塵衆이니

 심히 많습니다. 세존이시여, 왜 그럽니까? 만약 이 먼지가루가 실로 있는 것일진대 부처님께서 곧 이 먼지가루라 말씀하지 아니하시리니.

 부처님께서 세계를 부순 먼지가루가 어떻게 많겠느냐 물으심에 수보리는 곧 '심히 많습니다.' 대답드린 것이다. 그러면 이 심히 많다는 말은 전례대로 중생경계로 많음이요, 여래지如來地의 절대의 많음은 아니다.
 이 까닭에 심히 많다는 말은 절대의 많음에서 보면 부족한 가운데 많음인 것이다. 왜냐? 앞에서 한 말같이 먼지 가루라는 것은 자체가 허망하여 먼지 가루가 본래없는 것이니 숫자가 있을리 없는 것이다.
 또 먼지를 실상체(곧 여래땅)로 본다 할지면 이는 일이생멸一異生滅을 떠나 있는 곳일지니 이곳에는 언설도 명자도 없음이어 부처님께서 먼지 가루라는 말은 아니하실 것이다.
 하지만 부처님께서는 중생경계를 쓰시느라고 먼지 가루를 말씀하심이니 수보리도 또한 중생경계를 쓰느라 '심히 많습니다.' 한 것이다.
 그러나 실상 본땅本地에는 먼지 가루도 없고 심히 많다는 말도 없는 것이다.

*所以者何*오 *佛說微塵衆*이 *卽非微塵衆*이요 *是名微塵衆*이니다 *世尊*이시여 *如來所說三千大千世界*도 *卽非世界*이요 *是名世界*이니다

이유가 무엇이겠습니까? 부처님께서 말씀하신 먼지 가루가 먼지 가루가 아니요, 이 이름이 먼지 가루입니다. 세존이시여, 여래께서 말씀하신 삼천대천세계도 곧 세계가 아니요, 이 이름이 세계입니다.

그 이유가 무엇인가? 물으면 수보리의 대답 그대로 '부처님이 말씀하신 먼지들이 곧 먼지가 아니요, 이 이름이 먼지이며 부처님께서 말씀하신 삼천대천세계도 곧 세계가 아니요, 잠시 이름이 세계인 것이며 또는 수보리가 말한 바 '심히 많다함도 심히 많음이 아니요, 이 이름이 심히 많음이라' 한 것이다.

왜 그러냐? 만약 세계를 부수어 먼지가 된줄 알지면 먼지는 전부 이 세계뿐이니 먼지의 자성은 공空한 것이다.

그런고로 말하기를 곧 먼지가 아니라 한 것이고, 또 이 먼지는 실성實性을 떠나서 망령된 집착으로 먼지를 말하게 됨인 것이다.

그런고로 말하기를 이름뿐이 먼지라 한 것이고, 또 만약

먼지가 합하여 세계가 됨인줄 알 것 같으면 세계는 전부 이 먼지이니 세계도 실성이 없는 것이다.

그런고로 말하기를 "곧 세계가 아님이라"한 것이고, 또 이 세계도 실성實性을 떠나 망령된 계교로서 세계라 말하게 된 것이니, 그런고로 말하기를 "이 이름뿐이 세계다"라고 한 것이다.

何以故오 若世界實有者댄 卽是一合相이오니 如來說一合相도 卽非一合相이요 是名一合相이니다

어찌한 연고입니까? 만약 세계가 실로 있음일진대 곧 "일一에 합하는 상"일 것이옵니다. 여래의 말씀으론 일一에 합하는 상도 곧 일一에 합하는 상이 아니요, 이 이름이 일一에 합하는 상입니다.

【주해】

일一에 합하는 상相은 알아듣기 심히 어려우니 천사량千思量 만사량萬思量을 두둘겨 한 조각을 만든 곳을 말함이다. 곧 여래땅如來地이요, 얻음이 없이 얻음인 땅이다.

이 땅은 만법이 여여如如하여 한 이치도 도망치지 못하고 이 한곳에 돌아와 합치는 까닭이다.

【강의】

왜 먼지가 먼지 아니요, 세계가 세계 아니요, 그 이름이 먼지요, 세계라 하는가? 만약 세계나 먼지가 이같이 허망하여 실성이 없거늘 이를 모르고 세계는 참 있음이라 탐착할진댄 이는 망령된 계교이어서 세계 아닌 참세계만은 알려질 때가 없는 것이다.

만일 있다면 망견妄見일 것이다. 그러나 망견이 아닌 진실한 세계가 또 있다면 이는 여여불변如如不變한 세계! 곧 일합상一合相이 있을 따름이다.

이 일합상一合相이야 말로 여래의 세계다. 이 여래의 세계는 일합상도 없으므로 여래세계가 되는 것이다. 이것이 바로 '곧 일합상이 아니라' 한 수보리의 말이다.

이 일합상一合相이라 함은 여래세계에서는 이름도 없지만 중생경계에 쓰느라 생긴 명사名詞이니 '곧 이 이름이 일합상一合相이라' 한 그것이다.

그러면 수보리는 세계가 세계 아닌 때에 먼지가 먼지 아니요, 먼지가 먼지 아닌 때에 "숫자에 많다, 적다"가 없는 것이다. 그렇지만 부처님께서 중생경계를 쓰느라 먼지를 말씀하시게 되니 수보리도 그 경계에 맞춰서 심히 많다는 말을 하고 다시 일합상一合相을 끝으로 말하여 일합상에도 또한 이러히 아무것도 설할 수 없는 것을 드러내어 결론 지은 것이다.

須菩提야 一合相者는 卽是不可說이어늘 但凡夫 之人이 貪着其事니라

수보리야 일一에 합하는 상은 곧 가히 말할 것이 못 되거늘 다만 범부의 사람들이나 그 일에 탐착하는 것이다.

그러면 수보리의 일합상一合相을 말하여 결론지음이 부처님의 뜻에 험이 없으셨다. 그러므로 그 말에 응하여 그러히 여기시되 '수보리야 본래가 여여如如하여 이 이름이 일합상이란 것은 중생경계로는 언어와 사량이 아니어 말할 수 없거늘 단지 범부들이나 이 일에 탐착한다' 하시었다.
왜냐? 범부인지라 이 일에 탐착할 것이다.
왜냐? 이곳은 언설言說이 아니요, 사량思量이 아니요, 수량數量이 아니어서 생각할 수 없거늘 범부들이므로 해서 이 일을 알지 못하고 부질없이 말을 꺼내어 의논하여 사량을 일으켜 분별하며 탐착하여 증득하려는 것이다.

아뇩다라삼먁삼보리의 이 법! 말은 바른대로 말이지 수행하므로 멀어지고, 사량하므로 틀려지고, 증득하므로 깨

30. 일합이상분 443

어지고, 말하므로 어그러지는 것이다.

이 법만은 수행없음으로 본 수행에 합해야 할 것이며, 증득없음으로 본 증득에 합해야 할 것이며, 사량없음으로 본 사량에 합해야 할 것이며, 언설 없음으로 본 언설에 합해야 하는 것이다.

왜 그러냐? 본래의 증득된 곳이요, 본래의 사량인 곳이어서 다시 수행과 사량과 증득을 기다릴 필요가 없는 곳인 까닭이다.

그러므로 수행과 사량과 증득이 오히려 도적이 되는 것이니, 비유하면 흐린 날에 일월(日月)을 찾는 자가 다시 해와 달을 만들려 하거나(수행), 사량하거나, 봄이있는(증득) 것이 옳지 않은 것 같다.

또 다시 해와 달을 얻었다 말해도 옳지 않는 것이다. 얻었다면 해와 달이 아님을 얻음인 것이다.

구름속에 해와 달은 본래 해와 달이니 만들거나 사량해서 되는 것은 아니다.

구름이 없어지기 전에 해와 달을 보았다면 이는 착오된 환각이다. 그 해와 달을 보려하는 조작과 사량과 환각이 없이 하여 즉 구름이 간 후에 본 해와 달에 합하듯 하여야 한다.

이와 같이 자성을 보려는 자는 사량분별이 없이, 언설논

쟁이 없이, 노심수행勞心修行이 없이, 착각증득錯覺證得이 없이, 여여히 수행없음을 수행을 삼고, 사량思量 아님으로 사량을 삼으면 일념을 옮기지 아니하여 증득이 없는 곳을 가히 기약할 수 있을 것이다.

이같이 하여 어기지 아니하면 업業 구름이 다할 때에 증득없음이 증득일 때가 있을 것이다. 이와 같이 하지 않고 별달리 탐구하거나, 수행하거나, 증득하려는 것은 다 범부들의 어리석음이 이 일을 탐착하는 것 밖에 안된다.

PART 31.
지견불생분

第三十一. 知見不生分

須菩提若人言佛說我見人見眾生見壽者見 須菩提 於意云何 是人解我所說義不不也世尊是人不解如來所說義何以故 世尊說我見人見眾生見壽者見 卽非我見人見眾 生見壽者見是名我 見人見眾生見壽者見須菩提發阿耨多羅三藐三菩提心者於一切法應如是知如是見如是信解不生法相須菩提所言法相者如來說卽非法相 是名法相

31. 지견불생분知見不生分

須菩提야 若人言하되 佛說我見人見衆生見壽者見이라면 須菩提야 於意云何오 是人이 解我所說義不아

수보리야, 만약 사람이 말하되 부처가 아我의 지견과 인人의 지견과 중생의 지견과 수자의 지견을 말했다하면 수보리야 네 뜻에 어떠하냐? 이 사람이 나의 말한 바 뜻을 아는 사람이겠느냐?

일합상一合相이라 함은 만물이 등등等等하여 일선상一線上에 돌아감을 이름함이다. 그러므로 이 일합상一合相에 서는 세계도 없고 먼지 가루도 없고 따라서 수數의 많고 적음도 없다.

이곳에는 물론 아我도, 인人도, 중생衆生도 수자壽者도 없는 것이다. 이같이 만 가지 물건과 만 가지 이치가 다 일합상一合相에 돌아가 일합상일 뿐이다.

그렇다면 부처님께서는 어찌해서 이러한 곳에서 아상我相이니, 인상人相이니, 중생상衆生相이니, 수자상壽者相이니를 분별하여 말씀하셨던가?

이것이 부처님의 아, 인, 중생, 수자의 사상견四相見이 계심이 아님일까? 듣는 자는 이런 의심이 일어나기 쉬울 것이다.

부처님께서 이를 바로 아시고 수보리를 부르시어 힐난하여 물으신다.

'수보리야 만약 어떤 사람이 말하되 부처가 아견, 인견, 중생견, 수자견을 말했다 하면 이는 불이 스스로 망령된 지견을 일으킴이 될지니 수보리야 네 뜻에 어떠하냐? 이 사람이 나의 말한 바 뜻을 아는 사람이라 하겠느냐? 모르는 사람이라 하겠느냐?' 하시니 이러한 의심을 가지는 자는 아직도 자기의 말뜻을 알아듣지 못하는 사람으로 저희들의 망령된 지견일지요, 부처 나의 망령된 지견은 아님을 은근히 일깨우셨다.

不也니다 世尊이시여 是人은 不解如來所說義이니다 何以故오 世尊說我見人見衆生見壽者見은 卽非我見人見衆生見壽者見이오 是名我見人見衆生見壽者見이니다

아니올시다. 세존이시여, 이 사람은 여래의 말씀하신 바 뜻을 알지 못함이올시다. 왜 그러하옵니까? 세존께서 말씀하신 아의 지견, 인의 지견, 중생의 지견, 수자의 지견은 곧 아의 지견, 인의 지견, 중생의 지견, 수자의 지견이 아니옵고, 이 이름이 아의 지견, 인의 지견, 중생의 지견, 수자의 지견이 올시다.

수보리는 이 말씀을 알아듣고 단번에 '아니옵니다.' 하여 부정하는 말씀을 드렸다.

무엇이 아닌가? 부처님께서 사상견四相見을 말했다는 이런 사람들은 여래께서 말씀하신 뜻을 알지 못하는 사람이다. 왜냐? 부처님께서 사상견을 말씀하시게 됨은 실實에는 사상견四相見이 계시거나 사상견을 일으키심이 아니요 중생에게 사상견이 있으므로 이 사상견의 집착을 버리게 하기 위하여 사상견으로 나누어 교정하신 것에 불과한 것이다.

그러면 이 사상견四相見은 중생의 것이요, 세존의 것은 아니다. 이 까닭에 부처님께서 설하신 사상견이 곧 사상견이 아니요, 이 이름이 사상견이라는 것이다.

그리고 또 중생의 사상견도 본래가 허망하여 사상四相의 경계를 나누기에 곳이 없거늘 저들이 망령되이 집착하여 사상에 착着하는 것이다.

이 까닭에 중생의 사상견도 사상견이 아니요, 이 이름이 사상견이라 할 것이다. 이같이 부처님의 사상견도 이러하고 중생의 사상견도 이러하여 이렇다 할 곳이 없어 실다운 것이 아닌 것이다.

또 삼천대천 세계도 이러하고 미진중생도 이러하여 이렇다할 실성實性을 잡을 곳이 없는 것이다. 부처와 중생도 이러하고 세계와 먼지도 이러하니 마음을 밝힐 자가 망상을 어느 곳에서 낼 것이며 어느 곳에 망령된 지견을 세울 것인가?

또 어느 곳에 단멸斷滅이니, 집착이니, 수행이니, 증득이니의 생각을 가질 것인가? 이 속이 이러하거든 하물며 부처님에게 사상견이 있다는 망상을 일으킬 것인가? 이 까닭에 수보리가 '세존이 말씀하신 사상견이 곧 사상견이 아니요, 이 이름이 사상견입니다.' 하여서 중생의 망상처를 말한 외에 부처님의 망상아닌 곳까지 말하였다.

須菩提야 發阿耨多三藐三菩提心者는 於一切法에 應如是知하며 如是見하며 如是信解하여 不生法相이니라

수보리야, 아뇩다라삼먁삼보리심을 발한 자는 일체법에 응당히 이러히 알며 이러히 보며 이러히 믿고 알아 법의 상을 내지 말 것이다.

부처님께서는 수보리의 이 말에 이르러서는 더 말하실

필요가 없으므로 이 말에 누르시어 수행없는 수행의 곳을 가르치신 것이다. '수보리야 아뇩다라삼먁삼보리를 발發한 자는 응당 이러히 알 것이며, 이러히 볼 것이며, 이러히 신해信解하여서 법상法相을 내지 말 것이다' 라고 일러주신 것이다.

그러면 어떻게 하여서 수행없는 수행을 하라는 말씀인가? 부처와 중생이 저러하고 세계와 먼지가 저러함과 같이 일체법이 **이러한줄** 알 것이며, 일체상이 **이러한줄** 볼 것이며, 일체 부처님 말씀이 또한 **이러한줄** 신해하여서, **이러한** 법들과 **이러한** 법들의 상을 내지말라 하심인 것이다.

단멸이 아님, 집착이 아님, 수행이 아님, 증득이 아님이 곧 아뇩다라삼먁삼보리이다. 이 까닭에 털끝의 당기고, 놓음이 없이 그대로가 아뇩다라삼먁삼보리인 것이다.

그러나 중생들은 이와 판연히 다르게 남이 되고 있어서 일체의 허망상으로 교차하면서 있는 것이다. 일체상이 허망하여 실체성實體性이 없거늘 이를 실상으로 그릇 인식케 됨은 다름이 아니다.

사상四相이 있음 뿐이다. 또 이 사상도 실제성實在性이 없는 것임에 이같이 허망이 허망을 인식함에 허망이 거듭하여 단멸 아닌, 증득 아닌, 아뇩다라삼먁삼보리를 전연 모르게 됐고, 또 다시 일체상의 허망성을 전연 망각하여 일체상을 탄탄히 집착하게 되었음이다.

이로 말미암아 보리菩提의 진성眞性이 있었던가? 의심하게도 되고 일체의 상相이 허망이던가 의심하게도 되었다.

이에 있어 부처님이 금강의 방망이로 중중重重한 허망성虛妄城을 깨트리시고 본래의 아뇩다라삼먁삼보리땅을 드러나게 하시려 무주상無住相 보시도, 사상四相의 법도, 설하시게 된 것을 알아야 한다.

일체상에 착하게 됨은 사상四相이 있음이요. 사상에 착하게 됨은 탐욕이 있음이다. 그러나 탐도 허망인고로 부처님께서 보시로 대치케 하셨으니 보시도 허망인 것을 알아야 한다.

그러므로 무주상보시를 말씀하시어 본연한 성품에 돌아가게 하심도 알아야 한다. 또한 이것이 모두 중생을 위하여 설하심이요, 부처님이 자기를 위하여 설하심은 아니시다.

이 까닭에 부처님이 사상견四相見을 말씀하심은 사상견이 계심이 아니요, 중생의 허망성虛妄性을 타파키 위함이니 곧 사상견四相見이 아니요, 이름이 사상견일 것이다.

또 중생의 허망한 집착인 사상四相도 사상이 아니니 이름이 사상인 것이다. 이러하므로 이같은 아뇩다라삼먁삼보리에는 본래 한 물건도 없으나 **단멸은 아니라** 하신 것이

다.(本性이 常住故로)

이러하므로 이러한 아뇩다라삼먁삼보리에는 일체가 이 곳을 떠나지 못하나 **집착은 아니라** 한 것이다.(무위본성無爲本性이 항상 담적한 까닭이다) 이러므로 이러한 아뇩다라삼먁삼보리에는 허망을 타파하여서 생겼으나 **증오證悟가 아니라** 한 것이다.(本然한 覺性이 本來證, 본래悟인 까닭)

이러므로 이러한 아뇩다라삼먁삼보리는 깨닫지 못한 자로는 경로經路가 없지 못할지나 **수행이 아니라** 한 것이다.(청정본성에는 망상을 하나 더할 뿐인 까닭)

만약 능히 이러한 마음을 알아 일체 곳과 일체 때에서 일체 일과 일체 법에 대하여 법에 처하되 법상法相이 없게 되면 곧 아뇩다라삼먁삼보리를 얻음이요, 행함일 것이다.

그런고로 경에 부처님이 가르치시기를 '아뇩다라삼먁삼보리를 발한자는 일체법에 응당히 이러히 알며 이러히 보며 이러히 믿어서 법상法相을 내지 말라' 하신 것이다.

須菩提야 所言法相者도 如來說 卽非法相이오 是名法相이니라

수보리야, '말한 바 법상이란 것도 여래가 곧 법상 아니요 이 이름이 법상이라' 말함이다.

31. 지견불생분

부처님께서 말씀하시기를 '일체법에 이러히하여 법상法相을 내지말라' 하시었으나 부처님부터가 입으로 법상이란 두 글자를 말씀하시게 되니 이것을 가지고 부처님께서 법상을 말씀하셨다거나 법상지견法相知見을 가지셨다 할 수 있겠는가?

이 대답은 전번에 말한 바 같은 논법일지니 부처님이 말씀하신 사상지견四相知見이 곧 사상지견이 아니요, 이 이름이 사상지견이라 함같이 근본성이 없는 법상을 중생으로 해득케 하기 위한 가명假名뿐의 법상인 것이다.

그러므로 부처님께서 '일체법에 이러히 알고, 이러히 보고, 이러히 믿어 법상法相을 내지말라' 하신 최후 결론이 되시는 이 말씀에 대하여서도 중생이 혹여나 또 집착을 남길가? 혹여나 본신本身이 독로獨露치 못할까? 하여 남은 한 실마리의 집착을 마저 떼어주셨다.

'수보리야, 내가 말한 바 법상이라는 것도 여래 경계에는 법상이라 함이 없으니 곧 법상이 아니요, 이 이름이 법상이니라.' 하시어서 최후 법상착法相着을 마저 떼이셨으니 중생경계의 말로는 더 갈 곳이 없어지게 되었다.

PART 32.
응화비진분

第三十二. 應化非眞分

須菩提 若有人以滿無量阿僧祇世界七寶持用布施若有善男子善女人發菩薩心者持於此經乃至四句偈等受持讀誦爲人演說其福勝彼云何爲人演說不取於相 如如不動 何以故 一切有爲法 如夢幻泡影 如露亦如電 應作如是觀 佛說是經已 長老須菩提及諸比丘比丘尼優婆塞優婆夷一切世間天人阿修羅聞佛所說皆大歡喜信受奉行

32. 응화비진분應化非眞分

須菩提야 若有人이 以滿無量阿僧祇世界七寶로
持用布施라도 若有善男子善女人에 發菩薩心者가
持於此經하여 乃至四句偈等이라도 受持讀誦하여
爲人演說하면 其福勝彼하리라 云何爲人演說고 不
取於相하여 如如不動이니라

수보리야, 만약 사람이 있어 무량아승지 세계에 가득찬 칠보를 가지고 보시에 썼다할지라도 만약 선남자 선여인이 보리심을 발한 자 있어 이 경을 갖되 내지 사구게등이라도 수지독송하여 남을 위해 연설하면 그 복덕이 저 복보다 나은 것이다. 어떻게 남을 위하여 연설할까? 상에 취하지 아니하여서 여여히 움직이지 아니함이다.

더 갈 곳이 없는 이곳에 이르셔서는 전례前例와 같이 부처님께서는 경 가지는 공덕으로 말씀하시게 되었으니 경 가지는 공덕도 여러 가지로 말씀하셨으나 이번이면 마지막이 된다.

이 경 가지는 공덕으로 말하면 입으로 독송하는 것보다 마음으로 뜻을 가짐이 귀하고, 마음에 뜻을 가짐도 귀하지만 그 아는 바 경 뜻을 남을 위하여 연설하고 해석해 줌이 더 귀한 것이다.

그러므로 이 경 가지는 공덕의 최고는 남을 위하여 연설함에 있다 할 것이다. 어떻게 남을 위하여 연설할 것인가?

이 경의 뜻이 여여如如하여 일체상에 즉하여 집착이 아니며 일체상에 여의어 단멸이 아니니 쉬운 말로 하자면 언어동작言語動作을 떠나서 적연寂然 공했으나 여여부동하여 끊인 듯 없음이 아니요, 언어동작에 나아가 찬연燦然히 앎이나 여여부동如如不動하여 끌리지 아니한 것이니 이 법을 연설함에도 또한 그러히 하여서 여여부동할 것이다.

또 어떠한 것이 부동不動인가? 일체법의 여여함을 앎이니 말하는 자가 여여하며 듣는 자가 여여한 것이다. 듣는 자가 여여하니 듣는 상相이 없고, 말하는 자가 여여하니 말하는 상相이 없을 것이다. 말하는 상相, 듣는 상이 공하였으니 아상我相, 인상人相이 공한 것이다.

또 법이 여여하고 득得이 여여한 것이다. 득이 여여하니 득상得相이 공空하고 법이 여여하니 법상法相이 공할 것이다. 법상과 득상得相이 공하니 중생상衆生相과 수자상壽者相이 공일 것이다.

이렇게 법상이 공하고 설상說相이 공하였으니 설법이 곧 설법이 아니요, 이 이름이 설법이며, 또 듣는 상과 얻은 상相이 공하였으니 중생이 곧 중생이 아니요 이 이름이 중생인 것이다.

이와 같이 법을 듣는 중생이 공하고 따라서 설說한 법이 공空한 이상 종일 설해도 설說이 아닐 것이요 육취중생六趣衆生이라 해도 중생이 아닐 것이요, 무진법문無盡法門이라 해도 법이 아닐 것이다.

이것이 이른바 여여하여 부동이란 것이니 이같이 하여 남을 위하여 연설할 것이다. 능히 이같이 남을 위하여 연설함을 말하되 상相에 취取치 아니하여 여여부동이라 하는 것이다.

또 이 법이 이러하되 이러한 상相에 취取하지 아니하므로 여여부동이니 이 때의 모든 세계는 법을 설할 것이요, 모든 먼지들로 법을 설할 것이요, 모든 중생들도 스스로 법을 설할 것이다.

법이 본래 이러하므로 설說도 또한 이러할 것이다. 이 때에 있어 어떠한 설說의 상相이나, 법의 상이 있어서 취取할 것이냐? 본래가 여여如如하여 부동不動일 따름이다.

何以故오 一切有爲法이 如夢幻泡影하며 如露亦

如電하니 應作如是觀하라

어찌한 연고냐? 일체 다함이 있는 법이 꿈같고, 환같고, 물거품 같고, 그림자같고, 이슬같으며 또한 번개같으니 응당 이러히 여길 것이다.

중생들은 본래가 거짓이요, 없음인 색상色相을 또 본래가 환화幻化요, 공화空華인 세계상을 그릇 집착하여 중생을 봄이 있고, 법을 봄이 있고, 말함을 봄이 있고, 생生을 봄이 있고, 사死를 봄이 있고, 먼지를 봄이 있고, 세계를 봄이 있고, 따라서 고苦를 봄이 있고, 낙樂을 봄이 있고, 슬픔을 봄이 있어 괴롬의 세계인 것이다.

이것들이 다 이름이 다함이 있는 바 법有爲法이니 다함이 있는 바 법인, 세간의 일체색연상一切色緣相(산하대지 또는 허공 등)과 일체심연상一切心緣相(시비분별법과 일체보리법一切菩提法)이 모두가 공중에 헛보이는 꽃이요, 잠속의 헛깨닫는 꿈인 것이다.

만일 이것들을 여실히 허망무실한 헛것인 줄 알 것 같으면 이것들은 스스로 여여부동한 곳이었음을 알 것이다.

일체 다함이 있는 바 모든 법은
꿈과 환과 거품과 그림자 같으며

또한 이슬과 번개같으니
응당 이러히 여기고 볼지니라.

하였다. 이 사구게는 다함이 없는 땅의 여여부동함을 보이심이니 스스로 여여부동한 저 다함이 없는 땅은 안팎 허망으로 된 땅임을 보이신 것이다.

그런데 이 사구게로 보이신 여여부동한 다함이 없는 땅無爲地이 곧 깨달은 후 삼단수행三段修行에서는 끝으로 남은 하나를 마저 보이심이 된다.

말하자면 동적動的인 일용법日用法과 정적靜的인 일용법을 이미 보였으나 이 동정動靜의 두 가지 수행법修行法에 근기가 못미치거나 근기가 되어도 내심외경內心外境에 부딪침에 실적이 드러나지 못할 때에는 이 사구게로써 보수補修하고 채찍질 해 일용日用을 삼아야 한다.

만일 반야의 힘이 약화되고 번뇌의 힘이 성盛할 때를 당하거든 고요히 앉아 이 사구게四句偈를 관함으로 모든 망상의 적을 물리칠 것이다. 그리고 시시때때로 어느 때와 어느 곳에서 어느 색상과 어느 사건을 접촉될 때라도 이 사구게 뜻을 관觀하여 깨달은 후의 수행悟後修行을 완전케 할 것이다.

그러면 어떻게 관觀할까? 안으로 일체 희비고락의 유위

심有爲心과 밖으로 색성향미촉의 모든 상相은 모두가 근본이 허망하여 꿈같이 없는 사실이며, 환상같이 헛된 존재이며, 거품같이 약한 존재이며, 그림자같이 실없는 존재이며, 이슬같이 순간인 존재이며, 번개같이 번쩍할 뿐의 존재이며, 구름이나 무지개같이 오래하지 못할 존재인 것을 여실히 관찰하여 탐하고 집착하지 말지며, 따르고 쫓지 말지며, 끌리고 매달리지 말지며, 생각하고 그리워 하지 말지며, 섬기고 위하지 말지며, 사랑하고 좋아하지 말아서 항상 그 마음을 가벼이 하여 살릴지며, 깨끗이 하여 살릴지며, 바르게 하여 살릴지며, 고요히 하여 살릴지며, 성성惺惺히 하여 살도록 할 것이다. 이것이 깨달은 다음의 수행悟後修行에 하열한 근기로의 일용日用인 법이다.

【문】

허망을 내외內外로 여읜다 하였으니 어떠한 것이 내외內外인가?

【답】

허망은 밖外이요, 허망을 버림은 안內이다. 왜냐? 허망은 허망인지라 버림없이 스스로 없음이거늘 이를 버림으로 해서 버림이 다시 허망이 될것이니 이 허망을 안內이라 하는 것이다.

【문】

또 말하되 모든 세계, 모든 먼지들이 법을 설說한다 하니 어떻게 법을 설하며 어떠한 법을 설하는가?

【답】

이 물음은 물론 여여부동의 뜻을 알아듣지 못함에서 나온 것이다. 물었으니 어떻게 법을 설하는 가를 대답하겠다.

'일체 다함이 있는 바 법一切有爲法이 꿈과 같이, 환과 같이, 거품 같이, 그림자 같이 허망하며 또 이슬과 같이, 번개와 같이 순간이니 응당히 이같이 여길지니라.' 하는 무상無常 설법을 역력히 하는 것이다. 이러히 설하는 것이며 이러한 법을 설하는 것이다. 보라! 어떠한 것이 이러한 법을 설하지 아니 하는 가를! 물건이나, 사람이나, 사회나, 국가나 모두가 이를 말하고 있는 것이다.

또 이 반면에 떳떳함이 있는 법도 들을 줄 알아야 한다. 저 떳떳함이 없는 법은 저러히 꿈과 환과 거품과 이슬과 번개같지만 이 떳떳함이 있음은 **이러히** 여기에서 여여如如하고 저기에서 여여如如하고 어디에서든 여여如如를 변치 아니하여서 부동不動하고 있는 것이다.

이와 같이 모든 세계, 모든 중생이 각기의 법을 유상有常으로 무상無常으로 설하는 것이니 이 법을 들을 줄 아는 자는 귀가 없이 들으나 안 들림이 없고, 못 들음이 없다.

또 입을 벌리지 않고 말하되 상相에 취取하지 않고 이 법을 설하는 것이다. 이 까닭에 경에 이르시기를 '이 법을 아는 선남자의 연설은 상相에 취取하지 아니하여 여여부동如如不動 한다.' 하시었다.

다시 입을 열고 상相에 취取하였다 할지라도 스스로 무상無常을 설함이 되어 스스로 유상有常은 부동일지니 아닌게 아니라 여여부동인 것이다. 이 법을 아는 자의 설법이다. 이것이 경經의 뜻이다. 곧 금강반야바라밀이요, 아뇩다라삼먁삼보리요, 동시에 번뇌망상이요 분별제법分別諸法이다.

佛說是經已이어늘 長老須菩提及諸比丘比丘尼優婆塞優婆夷며 一切世間天人阿修羅가 聞佛所說하고 皆大歡喜하여 信受奉行하니라

부처님께서 이 경을 설하시기를 마치시니, 장로 수보리와 및 모든 비구와 비구니와 우바새와 우바이며 일체 세간의 하늘과 사람과 아수라 등이 부처님의 말씀하신 바를 듣고 다들 크게 환희하여 마음으로 받아들여 실행하더라.

【주해】

비구니는 여승이요, 우바새는 청신사요, 우바이는 청신

녀이다. 일체 세간이라함은 삼천대천三千大千 세계를 말한다. 아수라는 육취중생六趣衆生 중의 한 중생의 이름이다. 이 경에 하늘과 사람과 아수라만 말하고 지옥과 아귀와 축생을 말하지 아니함은 위의 셋은 이 경을 들을 지혜가 있는 까닭이요, 뒤의 셋은 들을 지혜가 없는 까닭이다.

【강의】

부처님께서 이러한 경을 말씀하여 마치심에 이러한 법을 청하였던 수보리며, 그 때에 같이 모인 비구, 비구니의 남녀제자며 우바새, 우바이의 남녀신도며 하늘, 사람, 아수라의 상근上根 중생들이 부처님의 말씀하시는 바를 듣고 언하言下에 반야 땅般若地에 도달하였으니 곧 저 언덕이다.

저 언덕에 있으니 놀라지도 무서워 하지도 겁내지도 아니하여 모두들 크게 환희하였으니 환희는 만나기 어려운 정법을 부처님 은혜로 하여 알게 되었으므로 기쁘고 즐거워 함이다.

그러면 어떻게 하여야 그 뜻을 신수信受하여 봉행하겠는가? 그 뜻을 여실히 실행하여서 남을 위하여 연설함이다.

이러히 하여 영겁토록 이 법이 행하여져 필경에는 부처와 중생이 없을 때 까지 이 경 뜻이 후래중생에게 알려진다면 이것은 바로 금강의 불괴신을 살린 것이며, 동시에 금강불괴신을 친히 증하는 것이 되는 것이다.

　동시에 이 경뜻을 아는 사람이면 부처님의 지극한 자비를 깨달은 사람이요, 부처님의 소중한 은혜를 갚는 사람이라고 강술자는 합장하면서 부처님 은혜에 감사하는 바이다.

韶天大禪師 금강경 강의

2008년 4월 28일 인쇄
2008년 5월 5일 발행

지 은 이 　申韶天
펴 낸 이 　金正佶
펴 낸 곳 　弘法院
교　　정 　金摩那, 金慈仁
주　　소 　서울시 종로구 견지동 55-2
전　　화 　(02)734-7614
　　　　　(02)739-8745
팩　　스 　(02)735-2344
등록번호 　제1-450호 1968년 5월 20일
ISBN 978-89-92701-15-0

정가 25,000원

※ 잘못 만들어진 책은 바꾸어 드립니다.
※ 홍법원의 사전 동의 없이는 복제 및 전재를 할 수 없습니다. 이 책은 저작권법에 의해 보호를 받습니다.